당신은
문제해결에
얼마나
탁월한가?

无逻辑，无生活1 BY 于雷
Copyright ⓒ 2015 by 于雷
All rights reserved
Korean copyright ⓒ 2017 by SEORAE PUBLISHING CO.
Korean language edition arranged with 华中科技大学出版社有限责任公司
Through EntersKorea Co., Ltd.

이 책의 한국어판 저작권은 ㈜엔터스코리아를 통한 중국의 华中科技大学出版社有限责任公司와의
계약으로 도서출판 서래가 소유합니다.
신 저작권법에 의하여 한국 내에서 보호를 받는 저작물이므로 무단 전재와 무단 복제를 금합니다.

# 당신은 문제해결에
# 얼마나 탁월한가?

**1판 1쇄 인쇄** 2017년 12월 22일

**지은이** 위레이
**옮긴이** 송은진
**발행인** 김주복

**북디자인** 밥

**발행처** 서래
**출판등록** 2011.8.12. 제 305-2011-000038호
**주소** 서울시 동대문구 답십리 2동 한신아파트 2동 106호
**대표전화** 070-4086-4283, 010-8603-4283
**팩스** 02-989-3897
**이메일** 2010sr@naver.com

값 13,500원
ISBN 978-89-98588-17-5 (03170)

• 잘못된 책은 바꾸어 드립니다.
• 저자와의 협의에 의해 인지를 붙이지 않습니다.

# 당신은
# 문제해결에
# 얼마나
# 탁월한가?

위레이 지음 · 송은진 옮김

서래books

**서문**

# 세상을 대하는
# 가장 현명한 지혜, 논리

 우리가 무심코 하는 행위나 습관, 사람 사이의 규율, 일을 처리하는 방식과 기교, 그리고 사교의 기술까지……, 논리는 우리의 일상 어디에나 존재한다.

 한 아이가 부모님과 함께 장난감 가게에 갔다. 아이는 마음에 드는 장난감을 고른 후, 엄마에게 사달라고 했지만 거절당했다. 아이는 다시 아빠에게 달려갔다. 그러자 아빠는 즉각 돈을 꺼내 장난감을 계산해주었다. 이를 계기로 아이는 '엄마=나쁜 사람, 아빠=좋은 사람'이라는 결론을 내렸다. 아빠만 자신에게 장난감을 사주었기 때문이다. 이것이 바로 일상 속의 논리다.

 이 책에서 이야기하는 논리는 철학에서 다루는 어려운 것이 아니다. 일상에서 종종 듣거나 말하는 "저 사람은 무슨 일을 할 때 전혀 논리적이지 않아!"라고 말할 때의 논리다. 이것은 우리가 추론이나 논증을 할 때 거쳐야 하는 생각의 과정이기도 하다.

　모든 사람은 어떤 판단을 내려야 할 때, 항상 논리적으로 생각하려고 한다. 가장 비논리적이라고 여겨지는 사람들조차 언제나 '그만의 논리'가 있다. 하지만 이를 크게 나누자면 이성적인 사람과 감성적인 사람의 논리는 다르다. 만약 우리가 그 차이를 이해하고 구분한다면 상대방의 행위 규칙 등을 명확하게 알아차릴 수 있다.

　논리는 갖가지 모순이 한데 섞인 것으로 특정한 상황에서만 결론을 얻을 수 있다. 일반적으로 논리적인 사람은 이성적인 편이다. 하지만 그것이 꼭 좋거나 옳은 것만은 아니다.

　예를 들어 그다지 이성적이지 않은 한 명의 남성이 있다고 가정해보자. 그는 무슨 일을 해도 신뢰감이 들지 않는 데다 미숙하다는 인상을 주어 여성들에게 도통 인기가 없다. 하지만 논리 따위는 별로 중요하지 않다고 생각하는 여성이라면 어떨까? 그녀는 아마 그가 매우 귀엽고 매력적이라고 생각할 것이다.

　이번에는 연인과 이야기를 나누고 있는 여성을 떠올려보자. 만약 그녀가 곧 울음을 터트릴 듯한 어두운 표정으로 "당신은 좋은 사람이에요"라고 말한다면 그들은 곧 '이별'할지도 모른다. 반면에 얼굴 가득 환한 웃음을 지으며 "이 나쁜 사람!"이라고 말한다면 두 사람 사이에 조만간 좋은 소식이 있을 가능성이 높다.

여성이 비논리적이라는 이야기가 아니다. 그저 남성과 여성의 성향이 다르다는 말이다. 문제가 발생하면 대부분 남성은 논리에 따라, 그리고 대부분 여성은 직감을 좇아 해결하려고 한다. 천성적으로 남성은 이성의 영향을, 여성은 감정의 영향을 더 많이 받기 때문이다.

하나의 과학으로 자리 잡은 논리는 아리스토텔레스Aristoteles로부터 시작된다. 하지만 그는 자신의 연구를 '논리'라고 부르지 않고 '삼단논법'이라고 했으며, 이는 '전제들로부터 결론이 필연적으로 이끌려 나오는 것'이라고 정의했다. 다시 말해, 아리스토텔레스가 말하는 '논리'는 '필연적인 추론의 규칙' 혹은 '필연적으로 증명되거나 논증되는 규칙'에서 제시하는 것이다.

'논리'는 이성의 산물이자 객관적 세계를 이해할 때 가장 믿을 만한 도구다. 이 책은 일상에서 흔히 볼 수 있는 사건과 현상 속에 숨어 있는 논리적 규율을 논리학, 심리학, 그리고 게임의 이론으로 분석했다. 이러한 심층적인 사고가 있어야만 생활 속의 오묘한 이치를 이해할 수 있는 법이다. 독자들이 이 책을 통해 논리를 생각하고, 논리를 배우고, 나아가 논리의 고수가 되기를 바란다.

책의 집필과 출판 과정에서 많은 이의 도움을 받았다. 위레이<sup>於雷</sup>, 뤄페이<sup>羅飛</sup>, 궁위화<sup>龔宇華</sup>, 천이칭<sup>陳一婧</sup>, 위옌링<sup>於艷苓</sup>, 허정슝<sup>何正雄</sup>, 리쯔신<sup>李志新</sup>, 예수잉<sup>曄淑英</sup>, 허징<sup>何晶</sup>, 리팡웨이<sup>李方偉</sup>, 류잔투<sup>劉展圖</sup>, 왕잉<sup>王瑛</sup>, 왕춘펑<sup>王春風</sup> 등 이 책에 참여한 모든 이에게 지면을 빌어 감사의 마음을 전한다.

**차례**

서문 세상을 대하는 가장 현명한 지혜, 논리   004

## 제1장 일상 속의 논리
### 논리가 없는 생활은 없다
논리란 무엇인가?   015
재미있는 역설 이야기   030
생활 곳곳이 논리다   041
논리는 만능열쇠가 아니다   046

## 제2장 논리로부터 얻을 수 있는 것
### 맑은 생각으로 참모습을 바라보라!
더 조리 있게 말하는 법   064
더 효율적으로 일하는 법   078
더 쉽게 참모습을 보는 법   089
더 이성적으로 문제를 처리하는 법   103

## 제3장 현상의 논리
### 이상한 일은 어디에나 있다
도무지 이해할 수 없는 일   116
어쩔 수 없는 일   132
겉과 속이 다른 일   145
보이는 것이 중요한 일   155

## 제4장 행위의 논리
### 기괴한 선택, 놀라운 결과
첫 번째 선택이 중요하다   172
가장 적합한 것이 가장 좋은 것이다   178

완벽하게 독립적인 선택은 없다　188
당신의 용기를 보여라　196

### 제5장 언어의 논리
**새로운 방법으로 설득하다**

방법을 바꾸면 설득이 쉬워진다　216
지피지기면 백전백승이다　228
언어의 가장 큰 역할은 소통이다　240

### 제6장 일의 논리
**어떻게 선택해야 하는가?**

뜻이 좋아도 일이 잘못될 수 있다　254
당신은 선택권이 없다　269
복잡한 일은 다양한 전략으로 해결해야 한다　280

### 제7장 사교의 논리
**모두가 좋아해야 진짜 좋은 것!**

함께하는 법을 배우다　295
세상은 돌고 돈다　311
사람은 모두 이기적이다　320
멀리 있는 이익이 더 중요하다　332

### 제8장 논리 실전 훈련
**생각을 연습하라!**

더 많이 변론하라! 논쟁을 줄이고, 궤변은 버려라!　345
끊임없이 질문하고 다양한 각도로 생각하라!　347
비이성을 극복하라!　350
논리적 사고를 연습하라!　352

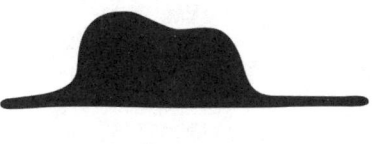

## 제1장
# 일상 속의 논리

# 논리가 없는
# 생활은 없다

텔레비전 시청 중, 갑자기 화면이 꺼지고 아무 소리도 들리지 않는다면 어떻게 하겠는가? 당신은 우선 리모컨을 이리저리 눌러볼 것이다. 하지만 텔레비전에서는 아무 반응이 없다. 그럼 리모컨이 고장 난 것일까? 이번에는 텔레비전의 코드를 뽑았다가 다시 꽂아본다. 역시 아무 반응이 없다. 그렇다면 텔레비전의 문제인가? 이때 당신의 머릿속에는 또 다른 가능성이 떠오른다. 어쩌면 정전일지도 몰라! 곧장 방 안의 전등 스위치를 눌러보았더니 아니나 다를까, 불이 켜지지 않는다. 그러니까 텔레비전이나 리모컨이 고장 난 것이 아니라 정전이었다. 이제 당신은 전기 계량기가 있는 곳으로 가서 찬찬히 살펴본다. 계량기에는 별다른 문제가 없었고, 차단기 역시 내려오지 않았다. 여기에서 당신은 동네 전체가 정전이라는 결론을 얻을 수 있다. 그리고 마지막으로 전력회사에 전화를 걸어 문의한 후, 예상치 못한 사고 탓에 정전이 발생했다는 답변을 듣는다.

 길을 걷던 중에 잊고 있던 약속이 갑자기 생각났다. 오후 3시에 만나기로 했는데 벌써 2시다. 어떻게 해야 한 시간 안에 약속 장소까지 갈 수 있을까? 버스를 탈까? 하지만 몇 번 버스를 타야 하는지 모르겠다. 게다가 버스는 속도가 느려 제시간 안에 도착할 수 없을지도 모른다. 그렇다면 택시는 어떨까? 지금은 러시아워도 아니니 30분이면 충분히 도착할 수 있다. 하지만 택시비가 만만치 않을 것이다. 더 좋은 방법은 없을까? 아! 약속 장소는 지하철역과 아주 가깝다. 마침 이 근처에도 지하철역이 하나 있다. 지하철을 타면 적은 비용으로 제시간에 도착할 수 있을 것이다.

 이것이 바로 우리가 매일 일상에서 경험하는 '논리적 추론<sup>logical reasoning</sup>'의 과정이다. 이 추론은 오늘의 점심 메뉴나 주말에 나들이 갈 장소를 결정하는 것처럼 아주 사소한 일에도 적용된다. 이미 확보한 정보를 이용해서 논리적 추론과 사고를 통해 최종 결론을 내리는 것이다.

 여기서 이야기하는 논리는 헤겔<sup>Hegel</sup>의 대大논리학이나 소小논리학[1] 같은 것이 아니다. '일상 속의 논리'다. 다시 말해, 어떠한 일을 추론하고 증명하는 사고과정을 의미한다. 철학 용어로는 '형식논리

---

1) 대논리학은 헤겔의 독립저작인 《논리학<sup>Wissenschaft der Logik</sup>》을, 소논리학은 헤겔의 《철학강요<sup>Enzyklopädie</sup>》 중 1부를 가리킨다.
2) 내용에 대해서는 무시하고 형식상의 타당성만으로 진위를 판단하는 논리. 언어를 이용해서 참과 거짓을 밝히다 보면 반드시 진리에 도달할 수 있다는 입장이다.

Formal logic'[2])라고 하는데 여기에서는 일반적으로 부르는 것처럼 간단히 '논리'라고 하겠다.

추론 방식으로서의 논리는 2600여 년 전에 최초로 연구되었다. 당시 고대 인도 불교의 '인명학因明學'은 사물의 참과 거짓, 옳고 그름을 논증했다. 또 2400여 년 전 중국의 춘추전국시대에는 묵자墨子가 이 내용을 연구했다. 하지만 두 학문은 이런저런 이유 탓에 지금의 논리학에 큰 영향을 미치지 못했다. 현대 형식논리학의 기초는 2300여 년 전, 고대 그리스의 알렉산드리아Alexandria에서 그 기초가 만들어졌다고 할 수 있다.

사회, 경제 그리고 문화가 발전함에 따라 점차 이성적인 사유와 과학적인 정신이 주류로 떠오르고 있다. 이와 더불어 '논리'에 대한 관심도 날로 커지고 있다. 논리가 변론이나 이성적인 담론뿐 아니라 모든 사람의 일상생활 각 방면에도 밀접한 관련이 있기 때문이다.

## ; 논리란 무엇인가?

**논리는 어려운 것이 아니다**

'논리'라는 단어를 들으면 어떤 느낌이 드는가? 혹시 그 끝이 보이지 않을 정도로 높고 깊은 수준의 무언가가 떠오르는가? 그렇다면 그동안 '논리'를 들먹이며 대단한 양 허세를 부리는 사람들만 만났기 때문일 것이다.

자신이 매우 논리적이라고 생각하는 두 사람이 이야기를 나눌 때, 종종 다음과 같은 상황이 벌어진다. 한 명이 "나는 당신이 무슨 생각을 하는지 잘 알고 있습니다. 하지만 결코 그렇지 않습니다"라고 말한다. 그러면 다른 한 명은 이렇게 반박한다. "천만에요. 내 생각은 옳기 때문에 옳고, 옳은 것이 확실하므로 옳습니다. 아니라면 애초에 옳았을 리도 없죠. 논리적으로 생각해봐도 그렇지 않습니까?"

이처럼 자신이 무척 논리적이라고 밀어붙이는 말들은 아이러니하게도 그것이 얼마나 논리가 없는지를 여실히 보여준다.

어느 날, 아인슈타인이 제자에게 다음과 같이 물었다. "두 사람이 굴뚝을 기어서 집안으로 들어왔네. 그중 한 명은 재로 머리가 완전히 뒤덮였지만, 다른 한 명은 깨끗한 편이었지. 둘 중에 누가 먼저 머리를 감으러 가겠는가?"

"당연히 재로 뒤덮인 사람이겠죠." 제자는 제대로 생각해보지도 않고 냉큼 대답했다.

그러자 아인슈타인은 이렇게 말했다. "그럴까? 그 사람은 자신의 머리를 볼 수 없네. 오히려 깨끗한 상대방을 보고 자신도 깨끗하다고 생각할 걸세. 반면에 깨끗한 사람은 상대방이 아주 더러워진 모습을 보고 자신도 그럴 거라고 생각하겠지. 그러니 아마 깨끗한 사람이 먼저 머리를 감으러 가지 않겠나!"

　논리적 추론을 배워 익히면 사물의 겉모습 뒤에 숨어 있는 복잡한 내면까지 알아낼 수 있다. 이러한 능력은 문제를 정확하게 인지하고 해결하는 데 큰 도움이 되며, 나아가 당신의 성공 여부를 결정하는 중요한 요소로 작용한다.

　언어는 사람들이 일상에서 가장 흔히 사용하는 교류 방식이라고 할 수 있다. 논리적인 사람은 언어로 교류의 효율을 높일 수 있을 뿐 아니라 종종 논리를 이용해 재미있는 농담을 구사하기도 한다.

　미국의 링컨 대통령이 자신의 구두를 닦고 있었다. 한 기자가 그 모습을 보고 깜짝 놀라며 이렇게 말했다. "대통령님! 정말 훌륭하십니다! 항상 이렇게 본인의 구두를 닦으시나요?"

　그러자 링컨은 "당연하죠! 내 구두를 내가 닦지 누구의 구두를 닦겠습니까?"라고 반문했다.

　눈치 챘겠지만 원래 기자의 의도는 직접 구두를 닦는 '소탈한 대통령'에 대한 존경과 찬사를 드러내려고 했던 것이었다. 그런데 링컨은 기자의 말에 담긴 논리적 결함을 교묘하게 이용했다. 그 결과, 기자가 마치 '링컨이 다른 사람이 아닌 자신의 구두를 닦는 데 놀란 것'처럼 만들었다. 바로 논리를 이용해서 유머를 구사한 것이다.

## 아는 것부터 모르는 것까지

세상의 모든 사물은 서로 크거나 작게 연관되어 있다. 논리는 바로 이러한 연관성으로부터 출발해 모르는 정보를 추론해내는 것이다.

점심시간, 잭은 한 카페에 앉아 커피를 마시고 있었다. 맞은편에는 옷을 잘 차려입은 신사가 앉아 있었다. 두 사람은 곧 이야기를 나누기 시작했다. 얼마 지나지 않아 잭은 이 신사의 말투에서 무언가 비범한 느낌을 받고 이렇게 물었다. "제 무례를 용서하십시오. 당신은 왠지 다른 사람과 다르다는 느낌이 드는군요. 혹시 무슨 일을 하시는지 여쭤 봐도 되겠습니까?"

그러자 신사는 이렇게 대답했다. "저는 논리학자입니다."

이 직업을 처음 들어본 잭은 다음과 같은 질문을 했다. "아! 그렇군요! 논리학자는 어떤 일을 하나요?"

"예를 들어 설명하죠. 그러면 금방 이해하실 수 있을 겁니다. 혹시 집에서 애완동물을 기르십니까?"

"네, 금붕어를 기릅니다."

"그렇다면 금붕어들을 어항이나 연못에서 기르겠군요. 그렇죠?"

"네, 맞습니다. 연못에서 기르고 있습니다."

"당신은 집안에 연못이 있군요. 그렇다면 정원이 무척 크겠네요?"

"네, 우리 집에는 꽤 커다란 정원이 있죠."

"커다란 정원이 있으니 집도 아주 크겠군요."

"맞습니다! 우리 집은 방이 많고 큰 편입니다."

"그렇게 큰 집에서 당신 혼자 살 리 없죠. 그러니까 논리적으로 추론해보았을 때 당신은 분명히 가정이 있는 사람입니다. 그렇죠?"

잭은 깜짝 놀랐다. "네! 정확합니다! 저는 이미 결혼해서 아내, 아이들과 함께 살고 있습니다."

그러자 논리학자는 미소를 지으며 이렇게 말했다. "저는 당신이 집에서 금붕어를 기른다는 정보에서부터 한 걸음 더 나아가 당신이 결혼한 사실을 추론해냈습니다. 이것이 바로 논리입니다. 저는 바로 이런 일을 합니다."

이야기 속의 논리학자는 간단한 사실에서 출발하여 논리와 상식을 동원해 잭의 사생활까지 추론했다. 이것이 바로 논리의 힘이다. 그런데 이러한 논리적 추론은 반드시 일정한 규칙을 따라야 정확한 결론을 내릴 수 있다. 이 점을 무시하고 제멋대로 추론한다면 결국 남는 것은 말장난일 뿐이다.

잭과 논리학자의 이야기는 아직 끝나지 않았다. 잭은 논리학자의 말을 모두 들은 후에 이렇게 말했다. "알겠습니다. 논리라는 것은 참 재미있군요. 그런데 사실 너무 단순하지 않나요? 누구든지 한 번만 배우면 할 수 있을 것 같은데요. 무슨 연구가 필요하죠?"

논리학자가 웃으며 "제 이야기를 듣고 벌써 다 배우셨습니까?"라고 물었다.

그러자 잭은 자신만만한 태도로 이렇게 대답했다. "그렇습니다. 못

믿겠으면 나도 논리를 이용해서 당신에 대해 추론해보죠. 혹시 집에서 애완동물을 기르시나요?"

"아뇨. 저는 한 번도 애완동물을 길러본 적이 없습니다."

"그렇다면 논리적으로 생각해보았을 때 당신은 결혼을 하지 않았겠군요!"

잭은 단순히 논리적 추론 과정의 겉모습만 보았지, 그 안에 숨어 있는 규칙을 완전히 무시했다. 그러다 보니 '애완동물을 기르지 않는다'는 정보로부터 황당무계하게도 '결혼하지 않았다'는 결론을 내린 것이다.

## 논리적 추론의 규칙

논리적 추론은 반드시 일정한 규칙들을 지켜야만 엉뚱한 결론을 피할 수 있다. 다음은 가장 기본이 되는 네 가지 규칙이다.

### 1) 동일률 Law of identity, 同一律: 당신은 당신이다

동일률이란 모든 대상은 바로 그 자체일 뿐이며, 논리적 추론 과정에서 개념과 판단을 동일한 의미로 사용해야지 다르게 사용할 수 없다는 규칙이다. 여기에는 대상의 동일, 개념의 동일, 판단의 동일이 포함된다. 동일한 주체가 동일한 시간에서, 동일한 방면으로부터,

동일한 사물에 대해 내린 판단은 반드시 동일성을 유지해야 한다. 다시 말해 동일한 시간과 방면에서 동일한 문제에 대해 추론할 때, 앞에서 긍정했다면 나중에도 긍정해야 하고, 앞에서 부정했다면 나중에도 부정해야 한다는 의미다.

추론 과정에서 사용한 개념과 판단은 동일률에 따라 다시 사용할 때도 반드시 똑같은 의미로 사용해야 한다. 세상을 가득 채운 온갖 사물은 모두 유일무이한 존재다. 그러니까 각각의 사물은 그 자체일 뿐이다. 사과는 사과이지, 바나나가 아니다. 귤은 귤이지, 복숭아가 아니다. 흔히 말하는 "하나는 하나이고, 둘은 둘이다"와 상통한다. 한 가지 논제에 대해 추론할 때 A를 B로 생각하거나, 개념을 슬쩍 바꿔서는 안 된다. 이렇게 이야기하면 '당연하지, 설마 다르게 생각할까?'라는 의문을 가질지도 모르겠다. 하지만 자신도 모르게 이 규칙을 위반한 탓에 비논리적인 추론을 하는 경우가 의외로 많다.

한 쌍의 연인이 말다툼을 하고 있었다. 남자가 "너는 돈을 너무 헤프게 써! 항상 비싼 물건만 사달라고 하지! 설마 비싼 선물을 사다 나르는 게 사랑이라고 생각하는 거야?"라고 말했다.

그러자 여자는 이렇게 반박했다. "무슨 소리야? 옛말에도 '생명은 고귀하다. 그리고 사랑의 가치는 그보다 더 크다'고 했잖아. 내 사랑의 가치는 절대 낮지 않다고!"

여자의 말 속에 등장하는 두 개의 '가치'는 사실 같은 것이 아니다. '사랑의 가치는 그보다 더 크다'에서의 '가치'는 자신의 생명보다 더 고귀한 진정한 사랑을 찬미하기 위해 사용한 말이다. 반면에 두 번째로 등장하는 '가치'는 금전의 양을 가리킨다. 그런데도 이 여성은 이 두 가지의 개념을 고의적으로 혼동해서 자신에게 유리한 쪽으로 사용함으로써 동일률을 위반했다. 그 결과 논리적인 오류가 발생해서 말장난에 불과한 결론이 나고 말았다.

동일률을 위반하는 또 다른 경우는 바로 개념을 바꾸는 것이다. 이는 본래의 함의를 언뜻 성립 가능해 보이는 해석으로 왜곡하는 것을 의미한다. 이러한 말장난에 가까운 오류는 시시비비를 명확히 가려야 하는 추론을 혼란스럽게 만들 뿐이다.

어느 날, 사장이 회사 복도에서 몰래 담배를 피우는 직원을 보았다. 그는 곧바로 직원에게 다가가 이렇게 말했다. "근무 시간에 담배를 피워서는 안 되지!" 그러자 직원은 당당하게 "그렇습니다. 그래서 저는 담배를 피울 때는 일하지 않습니다"라고 대꾸했다.

이 이야기에서 직원은 '(회사에서 규정한) 근무 시간'을 '(내가 실제로 일하는) 근무 시간'으로 바꾸어 말했다.

동일률은 논리적 추론에서 가장 우선적으로 지켜야 하는 기본 규칙이다. 어떠한 문제에 대해 사고하거나 자신의 생각을 드러낼 때, 동일률을 위반한다면 그 논술은 불명확하고 혼란스러울 것이 분명하다. 이래서는 상대방을 설득하기는커녕 이해시킬 수도 없다.

또 듣는 사람의 입장에서는 말하는 사람이 동일률을 위반했음을 눈치 채지 못한다면 그가 설치한 교묘한 말의 함정에 빠지게 될 것이다.

## 2) 배중률 Principle of excluded middle, 排中律: 잘못은 잘못이다

배중률은 한 사물이 어떠한 속성을 구비하거나 구비하지 않을 뿐, 이외의 다른 가능성은 없다는 의미다. 논리적 추론 과정에서 한 가지 사물이 동일한 조건 아래에 있다면 반드시 '옳다' 혹은 '틀리다'의 명확한 판단만 내릴 수 있다. 그 중간 상태, 그러니까 '옳기도 하고 틀리기도 하다'는 절대 있을 수 없다. 정리하자면 배중률은 동일한 명제에 대해 긍정하는 동시에 부정할 수 없다는 규칙이다.

《묵경墨經》에 '어떤 이들은 소라 하고, 또 어떤 이들은 소가 아니라고 한다'라는 대목이 등장한다. 이 역시 배중률에 대한 이야기다.

A: "귀신이 있다고 믿나요?"

B: "귀신이 있다는 말은 미신이므로 동의하지 않습니다. 하지만 귀신이 없다는 단정에도 동의하지 않습니다. 세상에는 설명하기 어려운 일들이 정말 많으니까요."

이 대화에서 B의 대답은 배중률을 위반한 전형적인 사례다. 귀신은 있거나 없거나 둘 중 하나여야 한다. 그런데도 B는 '귀신이 있다'와 '귀신이 없다'라는 서로 부정하는 두 개의 명제를 동시에 부정함으로써 배중률을 위반했다.

이처럼 서로 부정하는 두 개의 명제를 동시에 부정하면 배중률을 위반하게 된다. 그러나 관점이 상반된 두 개의 명제를 동시에 부정했을 때는 반드시 배중률을 위반했다고 할 수 없다. 다음의 대화를 살펴보자.

A: "인간이 이기적인 존재라고 생각합니까?"

B: "나는 모든 인간이 이기적이라고 생각하지 않습니다. 또한 모든 인간이 이기적이지 않다고 생각하지도 않습니다."

이 대화에서 B는 배중률을 위반하지 않았다. 왜냐하면 '모든 인간은 이기적이다'와 '모든 인간은 이기적이지 않다'라는 말은 관점이 상반되지만 서로 부정하는 명제는 아니기 때문이다. '모든 인간은 이기적이다'의 부정명제는 '어떤 인간은 이기적이지 않다'이며, '모든 인간은 이기적이지 않다'의 부정명제는 '어떤 인간은 이기적이다'이다.

배중률을 위반하거나 잘못 사용하면 기이한 패러독스, 즉 역설이 발생할 수 있다. 가장 대표적인 예가 바로 고대 그리스의 철학자 제노Zeno의 '움직이지 않는 화살'에 관한 역설이다.

다음은 제노와 제자의 대화다.

"시위를 떠난 화살은 움직이는 것인가, 정지한 것인가?"

"당연히 움직이는 것이지요."

"그렇지. 분명히 그렇지! 사람의 눈으로 보았을 때, 이 화살은 항상 움직이고 있어. 그런데 생각을 조금 바꾸어보면 어떤가? 이 화살은 매 순간마다 각각의 위치가 있어. 그렇지?"

"네! 모든 순간에 확정적인 위치가 있습니다."

"그 순간에 화살이 차지한 공간과 그 부피는 일치하는가?"

"그렇습니다. 이 화살은 모든 순간에 확정적인 위치가 있고, 차지한 공간과 부피가 일치합니다. 즉, 면적, 부피, 형태가 모두 같은 공간을 차지합니다."

"그 모든 순간에 화살은 운동하는가, 아니면 정지하는가?"

"정지합니다."

"어느 순간에 정지한 것이라면 다른 순간에서는 어떤가?"

"역시 정지한 것입니다."

"그렇다네. 화살은 모든 순간마다 정지하고 있어. 그러니 시위를 떠난 화살은 운동하지 않고 정지했다고 말할 수 있지."

제노의 논리에 따르면 시위를 떠난 화살은 모든 순간마다 하나의 확정적인 위치가 있고, 그 위치에서 정지한다. 화살이 모든 시간에서 정지하고 있으니 결코 움직인다고 할 수 없다는 뜻이다. 이 결론은 언뜻 보면 일리가 있는 듯하다. 하지만 실제 우리가 눈으로 보는 현실과는 전혀 맞지 않다. 제노의 추론은 어느 부분이 잘못되었을까?

이 추론의 문제는 바로 제노가 배중률을 잘못 사용한 데 있다. 그는 화살이 모든 순간에서 '운동'하지 않으니, 배중률에 따라 이는 곧 '정지'하는 것이라고 보았다. 그러나 '운동'과 '정지'는 시간과 관련된 개념으로 시간의 흐름을 무시하고 단지 '순간'만 보아서는 아무 의미가 없다. 적어도 원래의 뜻과는 달라진다. 이 때문에 화살이 모든 순간에 '정지'한다고 해서 연속된 시간 속에서 운동하지 않는다고는 할 수 없다.

배중률은 매우 광범위하게 활용된다. 논증 과정에 자주 사용하는

'귀류법'이나 '열거법' 등에 활용되며, 특히 '논리적 사고 테스트' 같은 것에서도 배중률을 응용하고 있다.

### 3) 모순율 Law of contradiction, 矛盾律: 날카로운 창으로 견고한 방패를 찌르다

모순율이란 하나의 논리적 추론에서 서로 모순되거나 부정하는 두 개의 명제가 동시에 모두 참일 수 없으며, 그중 하나는 반드시 거짓이라는 규칙이다. 사유 과정에서도 생각은 반드시 앞뒤가 일치해야 하며 서로 모순되어서는 안 된다. 만약 두 개의 서로 모순되거나 반대되는 생각을 동시에 긍정한다면 이는 모순율을 위반한 것이다. 엄밀히 말해서 모순율은 '모순되어서는 안 되는 규칙'이다.

일상에서 다른 사람과 대화를 나눌 때, 서로 반대되는 말을 하나의 주어에 적용한다면 모순율을 위반하는 것이다. 일상에서도 주의를 기울이지 않으면 모순이 발생하기 쉽다. 다음의 두 문장을 살펴보자.

"그는 비행기 사고의 사망자 중에 천만다행으로 살아남은 사람 가운데 한 명이야!"

"그는 빠르거나 느리게 책상을 두들겨서 불규칙한 리듬을 만들어 냈다."

사실 이 두 문장은 한 번만 읽어도 무슨 이야기를 하려는지 금방 알 수 있다. 하지만 자세하게 분석해보면 모순을 발견할 수 있다. 우선 첫 번째 문장의 '그'는 '비행기 사고의 사망자' 중 한 명인데 어떻게 '천만다행으로 살아남은 사람'이 될 수 있겠는가? 또 두 번째 문장에서 '리듬'이란 원래 음의 강약이나 장단이 반복되는 규칙적인 흐름인데 어찌 '불규칙'할 수 있겠는가?

이것은 모두 평소에 말할 때 논리의 치밀함에 주의를 기울이지 않았기 때문에 발생하는 모순이다. 어떤 때에는 알면서도 어물쩍 넘기기도 한다. 그러나 이런 태도가 습관이 되면 자칫 웃음거리가 될 수 있다는 점을 명심해야 한다.

한 젊은이가 발명가 에디슨에게 말했다. "제게는 커다란 꿈이 있습니다. 만능 액체, 그러니까 세상의 모든 물체를 녹여버릴 수 있는 액체를 발명하는 것입니다."

이야기를 들은 에디슨은 잠시 생각하더니 이렇게 되물었다. "정말 훌륭한 꿈이군요. 그런데 한 가지 궁금한 것이 있습니다. 그 만능 액체를 만든 후에 어디에 저장할 생각인가요?" 그러자 젊은이는 얼굴이 붉어진 채로 아무 말도 하지 못했다.

젊은이는 왜 아무 말도 하지 못했을까? 바로 자신의 커다란 꿈이 모순율을 위반했음을 알아차렸기 때문이다. 그는 에디슨의 말을 듣고서야 만능 액체는 모든 물체를 녹여야 하는데, 만능 액체를 담을 용기는 녹지 않아야 한다는 사실을 깨달았다. 만약 이 젊은이가 좀 더 똑똑했더라면 자신의 모순을 마주했을 때, 부드럽게 해결했을 것이다. 지금은 존재하지 않지만 미래에 새롭게 발명될 용기가 그 '만능 액체'를 담을 수 있다고 이야기하면 될 일이다. "네, 선생님! 그런

용액을 담을 수 있는 용기는 없습니다. 하지만 필요하다면 그것도 발명해내야겠죠!"라고 말이다.

**4) 충족이유율** Principle of sufficient reason, 充足理由律: 모든 결과에는 원인이 있다

충족이유율이란 모든 것에는 충분한 이유가 있다는 원리다. 즉, 사물의 존재를 설명하며, 왜 이러한 모습이고 저러한 모습이 아닌지를 결정하는 것이다. 충족이유율은 이성의 중요한 구성 요소로 현대 과학에서도 중요한 지위를 차지하고 있다.

과학자들은 충족이유율에서 출발해 사물이 존재하는 이유를 탐구했으며, 그 안에서 일련의 규칙과 법칙을 탄생시켰다. 그 결과 거대한 과학 이론 체계가 완성되었다. 그래서 충족이유율은 현대 과학기술의 제1원칙이라고 할 수 있다. 과학기술이 사회에서 차지하는 비중이 점점 커지자 충족이유율은 다른 분야에서도 제1원칙으로 자리 잡았다.

논리학에서 충족이유율은 두 가지 조건을 만족해야 한다. 하나는 결론을 내리는 이유가 반드시 참이어야 하고, 다른 하나는 각각의 이유와 결론 사이의 논리적 관계가 명확해야 한다는 것이다. 그런데 전자의 경우, 사실 우리가 결론을 내리는 이유가 참인지 거짓인지 판단하기 어려운 경우가 종종 있다. 왜냐하면 개인이든 인류 전체이든 우리가 살고 있는 세상에 대한 인식이 항상 제한적이기 때문이다. 그래서 논리학에서는 주로 후자, 즉 논리적 관계의 명확성에 주목한다.

논리적 추론 과정에서 충족이유율을 위반하면 오류가 발생한다. 주관적으로 상상해서 이유를 만들어낸다면 '허구의 이유'이고, 추론 과정이 명확하지 않다면 '잘못된 추론'일 뿐이다. 이 두 가지는 모두 우리가 반드시 주의를 기울여 피해야 한다.

앞서 말했듯이 충족이유율은 주로 논증의 명확성, 즉 논증성을 보장하는 데 사용된다. 논증성이란 설득력의 기초라고 할 수 있다. 말로 하든 글을 쓰든, 논증성을 갖춰야만 설득력도 커진다. 만약 어떠한 이론이 일시적으로 대중의 인정을 받지 못하더라도 논증성만 확실하다면 걱정할 것 없다. 이 이론을 뒷받침하는 증거가 점점 더 많이 나오면서 결국 받아들여지기 때문이다.

천문학자 코페르니쿠스가 처음 지동설을 주장했을 때, 그것을 믿는 사람은 거의 없었다. 그들은 여전히 지구가 우주의 중심이라고 굳게 믿고 있었다. 그러나 코페르니쿠스의 지동설은 충족이유율을 만족한 이론이었다. 그는 포기하지 않고 이전의 천문 관측 기록들을 차근차근 설명했고, 태양이 우주의 중심이어야만 그 모든 천문 현상이 완벽하게 해석되는 것을 증명해 보였다. 일부 권력자와 종교인들이 맹렬하게 탄압하는 와중에도 지동설을 뒷받침하는 천문 관측 기록과 수치는 점점 더 많아졌다. 이리하여 코페르니쿠스의 지동설이 최종 승리를 거둘 수 있었다.

충족이유율은 앞서 설명한 동일률, 배중률, 모순율처럼 논리의 규칙이라기보다 사실을 인식하는 기본 원리이자 필요조건이다. 생각이 명확하지 않고, 서로 모순되거나 애매모호하다면 논증성을 갖추었다고 말할 수 없다. 그러므로 논리적 추론을 할 때는 우선 세 가지 규칙에 기초해서 개념과 판단의 명확성을 보장해야 한다. 그런 후에 충족이유율을 이용해서 한 단계 더 나아가 판단과 판단 사이의 연결 부분에 논증성을 더해야 한다. 다시 말해 논리의 규칙에 따라 명확하게 판단을 내리고 나서 그것이 왜 이렇게 되었는지에 대해 명확한 해석을 내리는 것이다.

# ; 재미있는 역설 이야기

### 거짓말쟁이의 역설

생각을 통해 사물의 옳고 그름을 논하기를 즐기던 고대 그리스인들은 각종 역설을 만들어낸 것으로도 유명하다. 크레타 섬의 철학자 에피메니데스 Epimenides도 그중 한 명이다. 그는 "크레타인은 모두 거짓말쟁이다"라고 말해서 유명한 '거짓말쟁이의 역설 the liar paradox'을 탄생시켰다.

얼핏 들어보면 에피메니데스의 말은 평범한 진술일 뿐, 역설 같아 보이지 않는다. 하지만 좀 더 생각해보면 그의 말에서 다음의 두 가지를 추론할 수 있다. 에피메니데스도 크레타인이므로 ①에피메니데스는 거짓말쟁이다. 그렇다면 그의 말은 거짓이 되므로, ②크레타 섬에는 진실을 말하는 사람이 적어도 한 명 있다.

그런데 만약 크레타 섬에 에피메니데스 한 사람만 있다면 어떨까? 일단 크레타인인 그는 거짓말쟁이다. 그러므로 그가 한 말도 거짓말이다. 그렇다면 크레타 섬에는 진실을 말하는 사람이 적어도 한 명 이상 있어야 한다. 그런데 크레타 섬에는 에피메니데스 한 명뿐이다. 바로 여기에서 역설이 발생하는 것이다.

이것은 어떤 사람이 "나는 지금 거짓말을 하고 있다"라고 말하는 것과 매우 유사한 형식이다. 그는 지금 거짓말을 하는 것일까, 아니면 진실을 말하는 것일까? 이와 같은 형식의 역설을 '거짓말쟁이의 역설'이라고 부른다. 가장 단순한 형식으로는 "내가 하는 말은 거짓말이다"가 여기에 속한다. 그의 말은 정말 거짓말일까? 이 역설을 해결하는 방법은 잠시 후에 알아보도록 하자.

거짓말쟁이의 역설 중에 또 유명한 것이 바로 '카드의 역설'이다. 이것은 1913년에 영국의 수학자 필립 조르딘 Philip Jourdain이 처음 고안했다.

테이블 위에 '뒷면에 적힌 문장은 참이다'라고 적힌 카드 한 장이 놓여 있다. 그런데 이 카드를 뒤집어보니 '뒷면에 적힌 문장은 거짓이다'라고 적혀 있다.

잘 생각해보면 역설이 보일 것이다. 첫 문장이 참이면, 두 번째 문장도 참이어야 한다. 그런데 그렇게 되면 첫 문장은 거짓이 된다. 반대로 첫 문장이 거짓이면 두 번째 문장도 거짓이 된다. 그러면 첫 문장이 거짓일 수 없다.

조금 더 복잡한 형태도 있다. 종이 한 장에 다음과 같은 세 문장이 적혀 있다.

1. 이 글은 일곱 자다.
2. 이 글은 세 글자다.
3. 종이 위의 세 문장 중에서 참인 것은 하나뿐이다.

글자 수를 세어 보면 1번은 참이고, 2번은 거짓인 것이 분명하다. 그렇다면 3번에서 역설이 발생한다. 만약에 3번이 참이라면 1번과 3번이 모두 참이 되니, 3번의 내용과 맞지 않는다. 반면에 3번이 거짓이라면 세 문장 중 두 개 이상이 참이어야 한다. 그러려면 3번이 반드시 참이어야 하므로 역시 역설이다.

생각해보자! 거짓말쟁이의 역설에는 어떤 문제가 숨어 있을까? 혹시 눈치 챘을지도 모르지만 어떤 형태이든 거짓말쟁이의 역설은 모두 '자신을 가리키는 문장'에서 출현한다. 즉, 문장이 말하는 내용이 그 문장 자체인 것이다. 그래서 어떤 학자들은 '자신을 가리키는 문장'을 모두 무의미한 것으로 규정하자고 주장하기도 한다. 물론 이것은 합당한 방법이 아니며, 그렇게 한다고 해서 모든 거짓말쟁이의 역설을 완벽하게 해결할 수 있는 것도 아니다. 예를 들어 '이 글은 일곱 자다'는 자신을 가리키는 문장이지만 글자 수를 세어 보기만 해도 참인지 거짓인지 금방 알 수 있지 않은가? 또한 카드의 역설에 나온 두 문장은 '자신을 가리키는 문장'이 아님에도 역설이 발생했다. 그러므로 '자신을 가리키는 문장'의 어떠한 특징이 역설을 일으키는지에 대해 자세히 연구할 필요가 있다.

어떤 문장의 참과 거짓을 판단할 때는 그 문장 속의 의미를 정확하게 이해하는 것이 중요하다. 예를 들어 "1 더하기 1은 2다"를 참이라고 말하려면 이 문장에 포함된 모든 단어의 의미를 명확하게 알고 있어야 한다. 만약 당신이 '1 더하기 1'이 얼마인지 모른다면, 심지어 덧셈 계산법조차 모른다면 이 문장이 참인지 거짓인지 판단할 수 없다.

당연한 것처럼 보이지만 사실 아주 중요한 이야기다. 살다 보면 그 뜻을 명확하게 알지도 못하면서 믿을 만한 근거나 정보를 바탕으로 그냥 판단하는 경우가 종종 있다. 예를 들어 덧셈을 할 줄 모르지만 아주 권위 있는 사람이 당신에게 '1 더하기 1은 2'라고 알려주면 그냥 참이라고 생각하는 식이다. 하지만 논리학의 관점에서 볼 때 '믿을 만한' 근거나 정보만으로는 어떤 명제가 참인지 거짓인지를 결정할 수 없다. 최대한 양보하더라도 '이 명제는 사실일 가능성이 높다' 정도의 결론만 내릴 수 있다. 다시 말해 덧셈 계산법을 익히기 전에는 절대 "1 더하기 1은 2다"에 대해 참과 거짓을 판단할 수 없다.

이제 당신은 어떤 문장의 참과 거짓을 판단하려면 그 자체의 의미를 잘 파악하고 이해해야 한다는 것을 알았다. 그런데 종종 "이 말은 거짓말이다"처럼 문장 안에 그 자체의 진위 여부가 포함된 경우가 있다. 논리학 용어로는 이런 문장을 '메타언어 meta language'[3]라고 한다.

거짓말쟁이의 역설에는 항상 메타언어가 등장한다. 그러나 모든 메타언어가 역설을 일으키는 것은 아니므로 주의해야 한다. 예를 들어 "이 말은 참이다"라는 문장은 메타언어이지만 역설을 일으키지 않으므로 그것이 참이든 거짓이든 논리적인 모순이 없다는 말이다.

## 아킬레우스의 역설

고대 그리스의 수학자 제논 Zēnōn은 다양한 역설을 이야기한 것으로 유명하다. 그가 제시한 역설들은 나중에 수학과 물리학에서도 중요한 역할을 했는데 가장 대표적인 것이 바로 '아킬레우스의 역설'이다.

그리스 신화의 영웅 중 한 명인 아킬레우스는 달리기를 무척 잘했다. 만약 그가 거북이와 경주한다면 그는 거북이보다 열 배 빠른 속도로 뛸 것이다. 그런데 이때 거북이가 100미터 앞에서 출발하고, 아킬레우스가 그 뒤를 쫓아간다면 어떻게 될까? 아킬레우스는 거북이를 따라잡을 수 있을까? 제논은 아킬레우스가 아무리 열심히 뛰어도 결코 거북이를 따라잡을 수 없다고 주장했다. 왜일까? 아킬레우스

---

[3] 폴란드의 수학자이자 논리학자인 타르스키 A. Tarski는 거짓말쟁이의 역설에 대한 해결책으로 '언어계층설'을 제시했다. 이는 지칭되는 대상언어 object language와 그것에 대해 진술하는 고차원의 메타언어를 구분하는 방식이다. 타르스키는 대상언어와 메타언어를 동일하게 보았을 때, 역설이 발생한다고 보았다.

가 거북이를 따라잡으려면 반드시 거북이의 출발점을 통과해야 한다. 그런데 아킬레우스가 100미터를 달려가는 동안 거북이도 10미터를 전진했을 것이다. 이렇게 해서 또 하나의 새로운 출발점이 생겼고, 둘 사이의 간격은 10미터가 된다. 그렇다면 아킬레우스는 다시 이 10미터를 쫓아갈 것이다. 하지만 이번에도 역시 거북이는 1미터를 기어갔다. 이런 식으로 거북이가 쉬지 않고 전진한다면 새로운 출발점 역시 계속 발생할 것이다. 거북이는 느린 동물이지만 그래도 항상 출발점으로부터 어느 정도 전진한다. 이런 이유로 거북이가 멈추지 않고 온 힘을 다해 전진하기만 한다면 아킬레우스는 결코 거북이를 따라잡지 못한다!

제논의 역설에 따르면 속도가 느리더라도 조금 앞에서 출발한다면 뒤에서 출발한 사람은 절대로 그를 따라잡지 못한다는 것이다. 여기서 그가 얼마나 빨리 달리는지는 중요하지 않다. 어차피 따라잡을 수 없기 때문이다. '따라잡으려면' 뒤쫓는 사람이 반드시 앞선 사람의 출발점을 통과해야 한다. 하지만 출발점에 도착해도 앞선 사람이 또 어느 정도 앞으로 갔을 테니 새로운 출발점이 생긴다. 이렇게 무한한 출발점이 생기기 때문에 뒤쫓는 사람은 절대 앞선 사람을 따라잡을 수 없다.

아킬레우스의 역설처럼 '앞사람 따라잡기'에 관한 수많은 역설이 있다. 우리는 여러 사례를 토대로 결론을 내릴 수도 있고, 간단한 방정식을 세워 따라잡는 데 필요한 시간을 계산해낼 수도 있다. 그런데도 아킬레우스가 영원히 거북이를 따라잡을 수 없다고 말한 까닭은 무엇일까? 문제는 '아킬레우스가 결국 거북이를 따라잡았다'는 가설이 있어야 이 시간이 구해진다. 그러니까 간단한 수학으로 해결하는 방법은 결과로부터 만들어내는 과정이다.

제논이 제시한 역설의 본질은 아킬레우스가 거북이를 어떻게 따라잡을 수 있는가에 있다. 앞에서 이야기했듯이 아킬레우스는 끝없이 생겨나는 출발점들에 도착할 수 없다. 역설 자체의 논리에는 아무런 문제가 없다. 그럼에도 실제 상황과 큰 차이가 나는 까닭은 제논이 우리와 다른 시간 개념을 적용했기 때문이다. 보통 사람들은 운동을 시간의 연속 함수로 보는 반면, 제논은 시간을 끝없이 쪼갠다. 다시 말해서 연속된 시간이란 결국 잘게 쪼개어진 시간의 극한값이라는 의미다.

그러니까 결국 시간의 문제다. 아킬레우스와 거북이는 각각 10m/s와 1m/s의 속도로 달리고, 거북이는 100미터 앞에서 출발한다고 가정해보자. 실제 상황이라면 아킬레우스는 100m/9s 후에 거북이를 따라잡을 수 있다. 제논의 논리에 따르면 100m/9s는 무한히 잘게 쪼개어지는 것처럼 보이지만 사실은 그렇지 않다. 간단하게 '1초'라고 생각해보자. 1초가 흐르려면 우선 2분의 1초가 흘러야 한다. 그리고 다시 절반인 4분의 1초가 흘러야 하고, 또다시 절반인 8분의 1초가 흘러야 한다. 이런 식으로 계속하면 이 1초는 영원히 흐르지 않을 것이다. 아무리 짧은 시간이라도 무한하게 쪼갤 수 있기 때문이다. 그러나 실제로 그럴까? 당연히 그렇지 않다. 제논의 논리처럼 2분의 1초, 4분의 1초, 8분의 1초……가 흘러야 하니 영원히 계속되는 것처럼 보일 수 있다. 그러나 실제 시간은 균등한 속도로 흐르고, 2분의 1초, 4분의 1초, 8분의 1초……를 모두 합하면 결국 하나의 상수, 바로 '1초'가 된다.

## 전지전능의 역설

"신이 전지전능하다면 아무도 들지 못할 정도로 무거운 바위를 창조할 수 있을까?"

이것은 매우 유명한 역설이다. 만약 '만들 수 있다'면 신조차 그 바위를 들지 못할 테니 전지전능하다고 할 수 없다. 또 '만들 수 없다'면 역시 전지전능하지 않다.

이런 종류의 "전지전능한 조물주가 자신보다 대단한 무언가를 창조할 수 있을까?"를 보통 '전지전능의 역설'이라고 한다.

이 역설은 결론으로 전제를 따져 묻는 식이다. 다음은 이와 같은 방식의 역설이다.

당신 앞에 두 개의 시계가 놓여 있다. 하나는 매일 1분씩 늦고, 다른 하나는 아예 멈춰 있다. 어떤 시계가 더 좋은 것일까?

아마 당신은 '매일 1분씩 늦는 시계'라고 생각할 것이다. 하지만 이

시계는 겨우 '2년에 한 번' 정확한 시간을 가리킨다. 반면에 아예 멈춰버린 시계는 적어도 '하루에 두 번씩' 시간이 정확하다. 그러면 당신은 이렇게 질문할 것이다.

"언제 맞는지도 모르는데 뭐가 좋다는 거죠?"

"어려운 문제가 아닙니다. 시계가 8시를 가리킨다면 시간이 8시가 되었을 때 맞는 거죠."

"시계가 멈췄는데 8시가 되었는지 어떻게 압니까?"

"간단합니다. 그냥 시계를 뚫어지게 계속 쳐다보세요. 그러다 보면 시계가 딱 맞는 순간이 되겠죠. 그때가 바로 8시입니다."

## 더미의 역설

쌀알 하나는 더미가 될 수 없다. 그리고 두 알도, 세 알도 더미를 이루지는 못한다. 이러한 논리라면 쌀알이 아무리 많아도 결국 더미를 이룰 수 없다.

이것은 참인 전제에서 출발해 납득할 수 있는 추론을 거쳐 나온 결론이지만 분명히 거짓이다. 왜냐하면 '더미'에 대한 명확한 정의가 부족하기 때문이다. 보통 삼단논법은 각각의 대大전제와 소小전제를 통해 추론하는 논법인데 반해, 이것은 하나의 전제가 연속으로 누적되는 과정 중에 만들어지는 역설이라고 할 수 있다. '더미가 아닌 것'

에서부터 '더미' 사이에는 정확한 경계가 없다. 그러므로 이 역설을 해결하려면 모호한 것을 명확하게 만들어야 한다.

사실 이 역설은 원래 수수께끼 같은 것이다.

A: 쌀알 하나는 더미입니까?

B: 아니오.

A: 그렇다면 두 알은 더미입니까?

B: 아니오.

A: 세 알은요?

B: 세 알도 더미가 아닙니다.

……

이 대화에서 B는 조만간 더미의 존재를 인정할 것이다. 하지만 몇 알부터 더미라고 하겠는가? 조금 더 논리적으로 분석해보자.

만약 한 알이 더미가 아니라면, 두 알도 더미가 아니다.

만약 두 알이 더미가 아니라면, 세 알도 더미가 아니다.

……

만약 9만 9,999알이 더미가 아니라면, 10만 알도 더미가 아니다.

즉, 쌀알 10만 알은 더미라고 할 수 없다.

고대 그리스인들 사이에서는 바로 이러한 논리로 더미인지 아닌지, 가난한지 부유한지, 작은지 큰지, 적은지 많은지 등 항상 논쟁이 끊이지 않았다.

## 수업료의 역설

고대 그리스의 철학자 프로타고라스Protagoras의 역설은 지금까지 알려진 것 중에 가장 오래되었다. 최초라고 해도 무방할 것이다. 프로타고라스는 가난하지만 재능이 뛰어난 학생을 제자로 받아들였다. 그리고 당장은 수업료를 받지 않겠지만 나중에 첫 번째 소송에서 승리하면 돈을 지불하라는 조건을 내걸었다. 제자도 여기에 동의했다. 그런데 제자는 학업을 마친 후에도 소송을 맡지 않고 한참을 빈둥거리며 보냈다. 화가 난 프로타고라스는 제자를 고소하고 즉각 수업료를 지불할 것을 요구했다. 얼마 후 양측은 법정에서 만나 각자의 주장을 펼쳤다. 제자가 먼저 변론을 시작했다.

"만약 제가 이 소송에서 승리하면 판결에 따라 수업료를 지불하지 않아도 됩니다. 또 이 소송에서 패하더라도 '첫 번째 소송에서 승리'하지 않았으므로 역시 수업료를 지불할 필요가 없습니다. 그러므로 나는 이 소송에서 이기든 지든 수업료를 지불하지 않아도 됩니다."

이에 프로타고라스는 다음과 같이 반박했다.

"그는 이 소송에서 패하면 판결에 따라 수업료를 지불해야 합니다. 또 승리하면 '첫 번째 소송에서 승리'했기 때문에 수업료를 지불해야 합니다. 다시 말해 판결 결과와 관계없이 그는 반드시 나에게 수업료를 내야 합니다."

대체 누구의 말이 맞을까?

이 역설의 핵심은 법률적 판결과 사제 사이의 약속의 효력을 동등하게 보았다는 것이다. 그래서 사람들은 딜레마에 빠져 어떻게 답변해야 할지 몰랐다. 다음과 같은 대답이 비교적 적합할 것이다.

"제자가 승리하면 그는 판결에 따라 수업료를 지불할 필요가 없다. 그런데 이 소송이 끝나는 순간, 제자는 프로타고라스에게 수업료를 빚지게 된다. '첫 번째 소송에서 승리'했는데도 수업료를 내지 않았기 때문이다. 프로타고라스는 즉각 제자를 다시 한 번 고소할 것이다. 이번에는 프로타고라스의 승리여야 한다. 왜냐하면 제자가 '첫 번째 소송에서 승리'한 사실이 분명하기 때문이다."

## ; 생활 곳곳이 논리다

### 나는 속았을까?

초등학생일 때, 나를 한참이나 어리둥절하게 만든 일이 있었다. 지금 생각해보면 그 일을 계기로 논리에 빠져든 것 같기도 하다. 그날은 4월 1일, 바로 만우절이었다. 이른 아침에 형은 내게 오더니 이렇게 말했다.

"동생! 오늘 만우절인 거 알지? 내가 너에게 거짓말을 할 거야. 단단히 준비하는 게 좋을걸!"

 형과 싸우는 데는 이골이 난 나는 절대 속지 않으려고 하루 종일 긴장하며 방어 태세를 취했다. 그런데 형은 밤에 잘 시간이 될 때까지 나를 속이려는 어떠한 시도도 하지 않았다. 더 정확하게 말하자면 말도 한마디 걸지 않았다. 그래서 나는 계속 경계하며 잠을 자지 않으려고 버텼다. 어머니는 이런 나를 보고서 왜 그러냐고 물었고, 이유를 들으시더니 바로 형을 불렀다.

"너 때문에 동생이 불안해서 잠도 못 자잖니! 거짓말을 할 거면 지금 빨리 해!"

 그러자 형은 나를 바라보며 이렇게 말했다.

"너 오늘 하루 종일 내 거짓말을 기다렸지?"

"응……."

"그런데 나는 너에게 거짓말을 하지 않았어. 그렇지?"

"맞아."

"이거 정말 큰일이군! 나는 이미 너를 속였어!"

 그날 밤, 침대에 누운 나는 계속 뒤척이며 한참이나 생각했다. '내가 형한테 속았나? 속지 않았나? 속지 않았으면 형의 말을 믿지 않았겠지. 그럼 하루 종일 기다린 건 뭐지? 형이 아침에 한 말 때문에 이유도 없이 기다린 셈이니 결국 속은 거야. 그런데 형이 마지막에 한 말이 거짓이라면? 결국 형이 거짓말을 할 때까지 잘 버틴 셈이야. 그래도 속았다고 할 수 있을까?'

그날 나는 속은 걸까, 속지 않은 걸까?

이 일 덕분에 나는 논리에 대해 큰 관심이 생겼고 지금까지 계속 논리를 연구하고 있다.

## 아이에게 말문이 막히다

대학을 다닐 때, 교수님 댁을 몇 차례 방문한 적 있다. 교수님은 여덟 살, 여섯 살이 된 손자 둘과 함께 사셨는데 이 아이들과도 친하게 지냈다. 하루는 그 아이들과 이야기를 나누다가 장난을 치려고 이렇게 말했다.

"나는 말이야, 마법을 사용해서 너희들을 모두 고양이로 만들 수 있어!"

그런데 예상과 달리 아이들은 무서워하기는커녕 오히려 더 재미있다는 듯이 이렇게 말했다.

"와! 좋아요! 어서 우리를 고양이로 만들어주세요!"

당황한 나는 어물어물거리며 "그런데 말이야……, 아! 한 번 고양이가 되면 다시 사람이 될 수 없어! 되돌리는 주문은 모르거든"이라고 말했다.

그런데도 아이들은 포기하지 않았다.

"괜찮아요. 그냥 고양이로 만들어주세요!"

"아니면 그냥 고양이로 바꾸는 마법 주문이라도 알려주세요!"

"주문을 알려주는 것은 어렵지 않아. 하지만 내가 너희에게 알려주려면 목소리를 내서 말로 해야 하잖아. 그러면 너희들은 바로 고양이가 될 거야. 너희뿐 아니라 이 주문을 들은 사람들은 모두 고양이로 변할 거야. 나도 마찬가지고!"

"그러면 종이에 적어요!"

"안 돼! 종이에 적힌 마법 주문을 보기만 해도 모두 고양이가 되거든."

아이들은 그제야 내 말을 믿는 듯했다. 그들은 약간 실망한 것처럼 무언가를 잠시 생각하더니 곧 다른 장난감을 가지고 놀기 시작했다.

한 달 후, 교수님 댁을 다시 한 번 방문했다. 내가 집에 들어서자마자 둘 중 큰 아이가 뛰어와서 이렇게 물었다.

"아무리 생각해도 이해할 수 없는 것이 있어서 형에게 꼭 물어보고 싶어요."

"뭐가 궁금한데?"

"저번에 말한 그 마법 주문 말이에요. 그럼 형은 그 주문을 어떻게 배웠어요?"

이렇게 해서 나는 한 아이를 논리의 세계로 안내했다. 마치 형이 만우절의 거짓말로 나를 논리에 빠지게 만든 것처럼 말이다.

## 나는 거짓말을 했을까?

졸업을 앞두고 사방에 이력서를 내던 때의 일이다. 어느 날 한 회사의 영업팀에서 나에게 면접 기회를 주었다. 면접관들이 던진 많은 질문 중 이런 게 있었다. "가끔 아주 작은 거짓말을 하는 것에 대해 어떻게 생각하나요? 반감이 있나요?"

가슴에 손을 얹고 말하건대 나는 거짓말을 좋아하지 않는다. 반감이 있냐고 묻는다면 당연히 그렇다. 특히 영업 실적을 올리기 위해 상품을 과장하는 영업사원들에게는 더 큰 반감을 느꼈다. 하지만 면접장에서 이 질문을 받고 사실대로 "정말 싫어합니다!"라고 한다면 일자리를 분명 얻지 못할 터였다. 결국 나는 거짓말을 했다. "아니오."

돌아오는 길에 면접 과정을 생각해보면서 나 자신에게 이런 질문을 던졌다.

'나는 아까 면접관에게 한 거짓말에 반감을 느끼고 있을까? 아냐, 어쩔 수 없는 상황이니까 반감이 없어. 어? 그렇다면 결국 모든 거짓말에 반감이 없다는 이야기잖아. 즉, 면접에서 아니라고 한 대답은 거짓말이 아니었다는 말이지. 그러니까 난 진실을 말한 거야!'

당시의 대답이 거짓말인지 아닌지는 지금도 확실하게 말하기 어렵다. 비록 논리적으로는 진실이지만 내가 스스로 거짓말을 한다고 생각하면서 대답했기 때문이다.

여기에 또 다른 문제가 하나 있다. 자신이 거짓말을 하는지 안 하는지 모를 수 있을까? 나는 불가능하다고 본다. 또 '거짓말'이라는 것이 단순히 그 말이 사실과 부합하는지를 가리키지만은 않는다고 생각한다. 중요한 것은 말하는 사람이 자신의 말을 거짓이라고 믿는가이다. 설령 그의 말이 사실과 부합하더라도 자신이 거짓이라고 생각한다면 거짓말인 것이다.

## ; 논리는 만능열쇠가 아니다

### 논리와 진리는 다르다

거짓말이 반드시 거짓인 것은 아니다. 또한 논리적인 서술이라고 해서 반드시 진리도 아니다. 다음은 논리학에서 말하는 '참'의 개념이다.

#### 1) 전제 혹은 명제의 참

이때의 '참'은 명제의 내용이 사실과 일치하는가를 가리킨다. 하나의 명제는 참이 아니면 거짓이다. 여기에서 참과 거짓은 사물의 상태에 대한 묘사가 아니라 명제의 내용에 대한 평가다. 그러므로 명제가 드러내는 지식 혹은 신념에 초점을 맞추어야 한다.

"어제 비가 왔다."

이 명제의 내용이 객관적인 사실, 즉 어제 비가 왔다면 '참'이고 그렇지 않다면 '거짓'이다.

### 2) 추론의 참

이것은 추론 과정에서 전제와 결론 사이의 관계가 정확하다는 의미다. 연역추론에서는 전제가 정확하면 결론도 정확하다. 반면에 귀납추론과 유비추론(유추)는 전제가 정확하면 결론은 '정확할 가능성'이 있다. 그러므로 '추론의 참'은 전제와 결론 사이의 논리적 추론 관계가 정확한지를 가리키는 것일 뿐, 명제의 내용 자체에 대한 평가는 아니다.

"모든 까마귀는 검정색이다. 이것은 까마귀다. 그러므로 이 까마귀는 검정색이다."

이것은 '추론의 참'이다. '모든 까마귀는 검정색이다'와 '이것은 까마귀다'에서부터 '이 까마귀는 검정색이다'를 논리적으로 명확하게 추론해낼 수 있다. 여기에서 정말 '모든 까마귀가 검정색인지'는 '추론의 참'이 평가하는 대상이 아니다.

### 3) 형식의 참

항진명제 tautology[4] 혹은 보편명제의 참을 가리킨다. 논리학은 정확한 논리적 추론들을 공식으로 만든다. 이 공식들의 변수는 어떠한 명제나 서술에 대입해도 언제나 참인 결론을 얻는다. 이와 같은 공식의 참이 바로 '형식의 참'을 의미한다.

논리학은 이상의 세 가지 '참' 중에서 뒤의 두 가지, 즉 '추론의 참'과 '형식의 참'에 집중한다. '전체 혹은 명제의 참'은 논리학으로 판단하기 어려우며 사람의 관찰과 지식의 누적으로 판단해야 하기 때문이다. 그런데 이러한 정보는 한계가 있다. 지금은 '참'인 내용이 나중에 알고 보니 '거짓'일 수도 있기 때문이다. 반면에 '추론의 참'과 '형식의 참'은 내용과 관계없이 논리학으로 판단이 가능하다. 그렇기에 '논리적으로 참'이라는 말은 반드시 '실제로 그러하다'는 의미가 아닐 수도 있다. 전제가 거짓이라면 논증 과정이 아무리 정확해도 매우 황당한 결론이 나올 수 있다.

흔히 볼 수 있는 광고를 예로 들어보자.

"×××은 천연 추출물로 만들어서 인체에 무해합니다." 이 광고 카피에는 "모든 천연 추출물은 인체에 무해하다"는 전제를 포함하고 있다. 하지만 알다시피 자연계에는 각종 유해한 동식물이 존재한다.

논리에는 선과 악이 없다. 다만 시작 지점이 잘못되면 논리를 통해 도착하는 지점도 잘못될 수밖에 없음을 반드시 기억해야 한다. 특히 다른 사람과 변론을 진행할 때 자신의 감정 요소를 개입시켜 변론을 감정의 배설구로 삼아서는 안 된다.

---

4) 항상 참인 명제다. 보통 'A는 A다'로 표현된다.

'논리적 진리 logical truth'는 '사실적 진리'와 다르다. 논리적 사유의 추상성 때문에 오히려 객관적 사실과 거리가 멀수록 더 확실한 참인 경우가 많다. 하지만 '사실적 진리'는 반드시 '논리적 진리'를 만족해야 한다. 바로 이런 이유로 논리학은 추론을 연구하는 학문이라고 할 수 있다. 논리학은 개념과 명제로 구성되어 있으며 명제와 명제 사이의 관계와 그 진위眞僞 여부에 집중한다. 그러므로 진리를 탐구하려면 반드시 사유의 논리성이 뒷받침되어야 한다.

## 이성의 한계

다음 두 서술문을 보자.
① 황산黃山은 안후이성安徽省에 있다.
② 황산의 풍경은 무척 아름답다.

①은 객관적 사실을 말한 것으로 논리와 사실을 토대로 참과 거짓을 판단할 수 있다. 반면에 ②는 매우 주관적인 요소가 포함되어 있기 때문에 논리적으로 참과 거짓을 판단할 방법이 없다. 이처럼 객관적인 명제의 경우에는 논리적으로 분석해 얻어낸 참과 거짓이 논쟁거리가 되지 않는다. 그러나 주관적인 명제에는 아무리 논리를 적용하려고 해도 소용없다.

경제학에는 '경제인經濟人'이라는 중요한 기본 개념이 있다. 인간은 이성적인 동물로서 자신의 이익을 최대화하기 위해 애쓴다는 의미다. 경제학은 각종 경제 활동에 참여하는 사람이 모두 이성적이라고 가정한다. 하지만 이 가정에는 많은 문제점이 있다.

　어느 날 인간보다 월등히 뛰어난 과학기술을 갖춘 외계인 '오메가'가 지구에 왔다. 그는 곧 인간의 뇌를 분석하고 사유방식을 탐구하기 시작했다. 얼마 후 그는 인간이 양자택일의 선택에 직면했을 때 어느 쪽을 선택할지 정확하게 예측할 수 있다고 발표했다. 실제로 많은 지구인이 오메가의 실험에 참가했는데 정답률은 100%였다.

　오메가가 고향별로 돌아갈 때가 되었다. 그는 한 지구인에게 커다란 상자 두 개를 주면서 이렇게 말했다. "왼쪽 상자 안에는 1,000달러가 들어 있습니다. 그리고 오른쪽 상자는 100만 달러가 있을 수도 있고, 텅 비어 있을 수도 있죠. 당신은 두 가지 중 하나를 선택할 수 있습니다. 첫째, 상자 두 개를 모두 가져가는 것입니다. 나는 당신이 이렇게 할 거라고 예측하고 오른쪽 상자를 비워두었습니다. 둘째, 오른쪽 상자만 가져갈 수 있습니다. 나는 이 선택을 예측하고는 오른쪽 상자에 100만 달러를 넣어두었지요."

　이야기를 마친 오메가는 지구를 떠났다. 상자를 받은 사람은 어떤 선택을 해야 할지 곰곰이 생각했지만, 머리만 복잡할 뿐 결론이 나지 않았다.

　한 친구는 오른쪽 상자만 가져가라고 충고했다. 오메가는 인간의 선택을 정확하게 예측하는 능력이 있기 때문에 둘 다 가져가면 1,000달러를 얻겠지만, 그의 예측대로 오른쪽 상자만 가져가면 100만 달러를 얻을 수 있다고 했다.

또 다른 친구는 반대로 상자 두 개를 모두 가져가라고 했다. 그에 따르면 어차피 오메가가 떠났으니, 오른쪽 상자 안에 돈이 있고 없고는 이미 정해져 있다. 그러므로 두 개의 상자를 모두 들고 가서 오른쪽 상자에 100만 달러가 있으면 좋겠지만, 또 없다 해도 손해 보는 것은 아니라는 것이다.

도대체 어떤 선택을 해야 할까? 어쩌면 첫 번째 방법이 옳다고 생각할 수도 있겠다. 하지만 오메가는 이미 떠났다는 것을 기억하자. 오른쪽 상자 안에는 돈이 있을 수도 있고, 없을 수도 있다. 결코 바뀔 수 없는 일이다. 우선 오른쪽 상자 안에 100만 달러가 있다고 가정해보자. 이때 오른쪽 상자만 가져가면 얻을 수 있는 돈은 100만 달러다. 반면에 상자 두 개를 모두 가져가면 100만 달러+1,000달러를 얻을 수 있다. 물론 오른쪽 상자가 비었을 수도 있다. 이때 상자 두 개를 모두 가져가면 1,000달러를 얻겠지만, 오른쪽 상자만 가져가면 아무것도 없다. 그러므로 오른쪽 상자 안에 돈이 있든 없든 일단 상자 두 개를 모두 가져가야 1,000달러라도 얻을 수 있다.

사실 이 문제는 비이성적인 부분을 '이성의 덮개'로 아주 교묘하게 가리고 있다. 좀 더 구체적으로 말하자면 '월등히 뛰어난 과학기술을 갖춘 외계인'이라는 이성적 개념으로 '전지전능한 신'이라는 비이성적 개념을 드러나지 않게 한 것이다. 오른쪽 상자만 가져가야 한다고 생각한 사람은 오메가가 전지전능한 신처럼 인간의 선택을 완벽하게 예측한다는 '믿음'을 따랐다. 자신의 비이성적인 면을 따른 셈이다. 반면에 두 개의 상자를 모두 가져가는 사람은 논리적 분석, 즉 이성을 선택한 것이다.

사람은 매우 복잡한 존재다. 경제학의 경제인, 즉 '이성적 인간'으로는 세상을 완벽하게 묘사할 수 없다. 논리를 떠나 비이성적인 선택을 하는 사람도 있기 때문에 논리로서 생활의 모든 일을 빈틈없이 처리하는 것은 불가능하다.

사람들은 '비이성적'일 뿐 아니라 이성적이라 해도 그 '정도'가 각각 다르다.

1987년 어느 날, 영국의 경제신문 〈파이낸셜 타임즈 Financial times〉에 매우 독특한 게임의 광고가 게재되었다. 광고에 따르면 참가를 원하는 사람은 0~100까지의 정수 중 하나를 골라 〈파이낸셜 타임즈〉로 보내면 된다. 그러면 전체 참가자가 보낸 숫자의 평균을 낼 수 있는데, 이 평균의 3분의 2에 가장 근접한 수를 보낸 사람이 최종 우승자가 된다. 우승 상품은 런던에서 뉴욕으로 가는 콩코드기의 1등석 왕복 비행기표 두 장이었다.

이 게임의 재미있는 부분은 다른 참가자가 어떤 숫자를 보낼지 반드시 고려해야 한다는 데 있다. 어떻게 해야 우승자가 되어 상품을 손에 넣을 수 있을까?

당신이라면 어떻게 하겠는가? 처음에는 다른 참가자들이 무작위로 숫자를 선택할 거라는 생각이 들 것이다. 그러면 평균이 50일 테니 우승하려면 50의 3분의 2인 33을 선택해 보내야 한다.

당신만 이렇게 생각할까? 다른 참가자들도 이렇게 생각하고 33을 선택했다면 평균은 50이 아니라 33이 된다. 그러면 우승에 필요한 숫자는 33의 3분의 2, 즉 22다.

어쩌면 다른 참가자들도 여기까지 생각했을 수 있다. 모두 22을 쓰면 어떡하지? 이때 당신이 우승하려면 15를 선택해야 한다.

하지만 다른 사람들도 15를 선택한다면?

……

이렇게 해서 다음 숫자, 또 그다음 숫자를 계속 유추할 수 있다. 머리가 좋고 이성적인 사람이라면 모두 당신과 비슷하게 생각할 것이 틀림없다. 그러면 평균은 점점 작아져서 결국 0이 될 것이다. 0의 3분의 2는 0이다. 그러니까 최종 결론은 바로 '0'이 된다.

그러나 문제는 다른 참가자들이 당신만큼 이성적이지 않다는 데 있다. 어떤 사람들은 정말 단순하게 무작위로 숫자를 선택할지도 모른다.

실제로 참가자들이 쓴 숫자 중에는 0도 있었지만 다른 수도 많았다. 그래서 평균은 18.9가 되었고, 최종 우승자는 13을 선택한 사람이었다. 이것은 우리 주변의 많은 사람이 생각만큼 이성적이지 않다는 것을 잘 보여주는 실험이다.

물론 우리 같은 보통 사람과 달리 매우 엄격한 논리적 사유를 훈련한 사람들도 있다. 바로 자연과학자다. 그중에서도 수학자들의 논리적 사유가 가장 치밀하다고 할 수 있다. 그들이 만약 이 논리적 사유를 일상생활에 적용한다면 매우 재미있는 일들이 벌어질 것이다.

물리학자와 수학자가 함께 비행기를 타고 상하이上海에서 베이징北京으로 가고 있었다. 비행기가 산둥성山東省 부근을 지날 때, 두 사람은 창밖을 내다보다가 저 아래 초원에 검은 양 한 마리가 있는 것을 보았다. 물리학자는 이렇게 말했다. "산둥성에 검은 양이 있군요."

이 말을 들은 수학자는 물리학자의 말을 정정했다. "중국 동부 지역 어딘가에는 양이 한 마리 있는데 등 부분이 검정색입니다."

이처럼 직업병에 가까운 엄격한 논리적 사유는 보통 사람들이 볼 때는 웃음거리에 가깝다.

한 수학자가 친구와 산책 중이었다. 언덕 위에는 양떼가 풀을 뜯고 있었는데 몸에는 모두 털이 없었다. 이를 본 친구는 이렇게 말했다. "털을 깎은 지 얼마 되지 않았나보군."

수학자는 이렇게 대답했다. "이쪽에서 보았을 때는 그렇군."

이 이야기에서 수학자의 친구는 바로 우리와 같은 보통 사람이다. 보통 사람들은 전체를 관찰하지 못했더라도 이전에 관찰한 적 있는 경험과 상식에 상상을 더해 관찰하지 못한 부분까지 판단한다. 반면에 매우 엄격하고 치밀한 논리적 사유에 길들어진 사람들이라면 오로지 관찰한 부분만 인정하고 판단을 내리며, 관찰하지 못한 부분에 대해서는 판단을 보류한다.

이성은 만능열쇠가 아니며 한계가 있다. 물론 그렇다고 해서 논리가 일상생활에 아무런 쓸모가 없다는 의미는 아니다. 다만 우리는 이성적이어야 할 때와 감성적이어야 할 때를 명확하게 구분할 줄 알아야 한다. 이성적이어야 할 때는 정확한 논리를 적용해야 하지만 감성이 필요한 상황에서는 좀 더 융통성을 발휘하는 것이 좋다.

### 사랑은 논리로 설명할 수 없다

남편과 아내 모두 법학을 전공한 부부가 있었다. 결혼 전, 그들은 '규범화된 생활'을 위해서 각종 법률 지식을 동원해 양측이 반드시 지켜야 하는 '조항'을 만들었다. 이 조항은 결혼 후에 필요에 따라 조금씩 수정하거나 더해졌다. 1년이 흐른 후, 그들의 조항은 글자 수가 무려 10만 자를 넘어섰다. 하지만 조항이 많아질수록 결혼 생활에서 얻을 수 있는 행복이 줄어드는 느낌이 들었다.

두 사람은 이 문제를 해결하기 위해 대학 은사님을 찾아갔다. 은사님은 그들에게 이렇게 충고했다. "생활이라는 것은 단순히 논리로 풀 수 있는 문제가 아니야. 너희 두 사람은 일상의 비논리적 현상을 인정해야 해. 일단 그 '조항'이라는 것을 없애버리도록 하는 것이 좋겠다."

이 은사님의 말처럼 우리의 생활은 완벽하게 논리적이지 않다. 그리고 사랑은 논리의 범주를 벗어난 일이다.

어느 날 아프리카 사람들은 새끼를 잃고 외롭게 살던 어미 사자가 갓 태어난 사슴 한 마리를 데려다가 키우는 것을 발견했다. 이 사자는 사슴을 먹어치우기는커녕 진짜 어미와 같은 관심과 사랑을 쏟아부었다. 사슴은 아직 어려서 풀을 뜯어 먹을 수 없었다. 어미 사자는 젖이 나오지 않았기 때문에 매일 사슴을 데리고 웅덩이에 가서 물을 먹였다. 사자는 아무리 배가 고파도 절대 곁에 있는 새끼 사슴을 잡아먹지 않았다. 두 동물이 함께 사는 모습을 본 사람들은 모두 깜짝 놀라며 어미 사자의 모성애에 커다란 감명을 받았다.

이 이야기는 인류뿐 아니라 동물들 역시 생존 본능을 거스를 수 있음을 보여준다. 생활은 완벽하게 논리적일 수 없다. 우리의 생활은 이성적 논리라는 바탕 위에 비이성적인 신앙, 사랑, 예술 등의 요소가 더해진 것이기 때문이다.

논리는 이성의 산물이자 객관적 세계를 이해할 때 가장 믿을 만한 도구다. 하지만 감성과 맞닥뜨렸다면 곧바로 무용지물이 되고 만다. 만약 당신의 감정이 개입된 상황에까지 이성적 논리를 고집한다면 상대방은 당신을 매우 이기적이라고 생각할 것이다.

논리학에 심취한 대학생이 여자 친구와 식사를 하고 있었다. 그는 음식이 나오자마자 아무 말도 없이 고기를 전부 집어가더니 먹기 시작했다. 화가 난 여자 친구는 "자기는 대체 왜 고기만 쏙쏙 가져가는 거야?" 그러자 이 대학생은 "응. 왜냐하면 고기가 채소보다 맛있기 때문이야. 그래서 나는 항상 고기를 먼저 먹어"라고 무덤덤하게 대답했다.

식사를 마친 그들은 후식으로 맛있는 케이크를 먹으러 갔다. 여자 친구는 케이크를 각각 크기가 다르게 둘로 나눈 후에 남자 친구에게 고르라고 했다. 그는 '이성적 논리'를 사용해서 추론을 시작했다. '여자 친구는 케이크를 좋아해. 하지만 그녀는 나도 케이크를 좋아하는 것을 잘 알고 있어. 또 나를 무척 사랑해. 그러니까 분명히 나에게 큰 조각을 주고 싶을 거야.' 생각을 마친 그는 더 큰 조각을 가져가서 먹었다.

그러자 여자 친구가 무척 실망한 말투로 이렇게 말했다. "나라면 작은 조각을 골랐을 거야." 그러자 이 '논리적인' 대학생은 "그래! 잘 되었네! 마침 내가 작은 조각을 남겼잖아."

얼마 후 그들은 헤어졌다.

일반적으로 남성은 논리적이고 이성적인 동물이며, 여성은 비논리적이며 감정에 쉽게 휩쓸린다고 생각하는 사람이 많다. 이것이 옳든 편견이든 로맨스 소설이나 영화, 드라마에 등장하는 여자 주인공들은 대부분 남자 주인공을 상당히 비이성적인 태도로 대한다. 이런 것들은 많은 젊은 여성에게 큰 영향을 미치고 있다.

논리를 따지는 남성들은 감성적인 여성을 만날 때, 그녀가 무슨 생각하는지 정확하게 파악하지 못한다. 그러고는 꼭 여성들이 '겉과 속이 다르다'거나 비논리적이라고 비판한다. 하지만 내가 보기에 이러한 오해와 편견은 남성이 '항상' 논리를 내세우기 때문에 비롯된다. 그들은 논리가 감성의 뒤에 서야 할 때, 혹은 논리가 비논리라는 자리를 내주어야 할 때가 언제인지 정확하게 알지 못한다.

연인과 이야기를 나누는 여성을 떠올려보자. 만약 그녀가 곧 울음을 터트릴 것 같은 어두운 표정으로 "당신은 좋은 사람이에요"라고 말한다면 그들은 곧 '이별'할 것이다. 반면에 얼굴 가득 환한 웃음을 지으며 "이 나쁜 사람!"이라고 말한다면 두 사람 사이에 조만간 좋은 소식이 있을 가능성이 크다.

이때 연인이 그녀에게 입맞춤을 했는데 그녀가 다시 한 번 매혹적인 표정과 말투로 "정말 나빠!"라고 했다면? 어쩌면 그녀는 연인이 다시 한 번 용기를 내주기를 바라는지도 모른다.

비슷한 사례는 또 있다. 한 남성이 연인에게 "당신은 정말 아름다워!"라고 했는데 "뭐야!"라는 대답이 돌아왔다고 가정해보자. 이때 목소리에 웃음기가 섞여 있다면 아마도 남성의 말을 열 번 정도 다시 듣고 싶다는 의미일 것이다.

......

지나친 일반화일 수도 있지만 이른바 '나쁜 남자'가 매력적인 이유 역시 이것과 관련이 있다. 이성과 논리를 지나치게 따지고 집착하는 남성은 절대 여성의 흥미를 끌지 못한다. 사랑이란 원래 비이성적, 비논리적인 것이기 때문이다. '나쁜 남자'는 대부분 상대 여성의 마음을 파악하는 데 능숙하다. 그래서 여성의 비이성적, 비논리적인 말과 행동 뒤에 숨겨진 것을 정확히 읽을 수 있다. 사랑과 이성은 대립하는 것이다. 감성적인 상황에서 논리를 내세우는 것은 대부분 좋은 결과를 이끌어내지 못한다.

## 제2장
# 논리로부터
# 얻을 수 있는 것

# 맑은 생각으로
# 참모습을 바라보라!

논리는 당신이 좀 더 명확한 사유로 객관적 사물을 정확하게 인식하도록 만들어준다. 이른바 '논리적 사유 능력'에는 각종 데이터와 추론을 효과적으로 사용하는 능력, 그리고 분류, 개괄, 가설 검증 능력 등이 모두 포함된다. 문제점을 발견하고 가설과 검증 과정을 설계하는 고도의 기교 역시 논리적 사유 능력 중 하나다.

  현대 사회는 독립적인 사고와 혁신을 과감하게 실행할 수 있는 인재를 원한다. 이 때문에 논리가 점점 더 중요해지고 있다. MBA나 공무원 선발 시험에도 논리 관련 문항이 등장하며, 다국적 기업들의 채용 면접에도 역시 면접자의 논리적 사유 능력을 살펴볼 수 있는 질문이 출현한다. 이는 개인의 사유 방식과 상황에 따른 사유 전환 능력을 측정하기 위해서다. 각종 연구에 따르면 이러한 능력은 업무 중에 응용 가능하고, 혁신적인 사고와도 커다란 관계가 있다고 한다.

또한 논리가 있으면 타인을 이해하고 정확하게 사고하는 것이 좀 더 쉬워진다. 하지만 대부분 사람은 문화적 배경과 경험이 각기 다름에도 불구하고 타인을 잘 이해하고 있다거나 당신이 하는 말과 행동을 타인이 당연히 이해하고 있다고 생각한다. 심지어 당신의 눈으로 직접 본 것도 참모습이 아닐 수 있다. 타인과의 소통과 교류, 시시비비의 판단 역시 논리가 큰 도움이 된다. 현대 사회에서는 논리를 갖춘 사람만이 성공을 거머쥘 수 있다.

## ; 더 조리 있게 말하는 법

### 더 쉽게 이해시킬 수 있다

학교에서 돌아온 동생이 집에 들어서자마자 형에게 말했다.
"형! 오늘 우리 반에 진짜 안 좋은 일이 일었어. 내일 우리 반과 2반이 농구 시합을 하는데 류웨이가 경기를 뛸 수 없어서 전력에 문제가 생긴 거야. 류웨이는 내 짝인데 우리 반 반장이고 공부도 잘해서 시험 때마다 반에서 1등을 해. 농구팀에서는 주장을 맡고 있어서 시합 때 전반적인 공격을 주도하지. 체육대회에서는 단거리 육상에 출전해서 우승을 한 적도 있어. 100미터 결승전을 봤는데 정말 나는 것처럼 뛰더라고. 나는 절대 그를 따라잡지 못할 거야. 오늘 3교시 체육 시간에 100미터 달리기를 했거든. 여섯 명이 한 조로 뛰었고, 조마다 두 번씩 달렸어. 두 번 중에 더 좋은 기록을 최종 성적으로 했지. 나는 류웨이와 같은 조였는데 첫 번째 뛸 때 그는 나보다 0.3초 빨랐어. 그런데 두 번째에 선두로 뛰다가 막판 스퍼트를 내면서 그만 넘어졌지 뭐야. 발목을 삐었는지 엄청나게 부어오르더라고. 그래서 두 번째 테스트에서는 내가 1등을 할 수 있었지. 내일 농구 시합에서 정말 이기고 싶은데 아무래도 류웨이는 뛰지 못할 것 같아. 승부를 확실히 예측하기 어려워서 지금 다들 걱정하고 있어!"

동생은 대체 형에게 무엇을 말하려고 했던 것일까? 그의 말에는 명확한 주제가 없을 뿐 아니라 서술 방식 역시 무척 산만하다. 한마디로 동생의 말에는 논리가 전혀 없다.

타인이 당신의 말을 좀 더 쉽게 이해하기를 바란다면 반드시 논리적으로 말해야 한다. 말에 논리가 있다는 것은 조리 있게 말한다는 의미다. 이것을 할 수 있다면 전달하고자 하는 몇 가지 내용을 잘 다듬어서 말할 수 있어서 오해할 일이 발생하지 않는다.

### 더 기술적으로 설득할 수 있다

논리는 개념, 판단, 추론이라는 세 가지 요소를 포함한다. '개념'은 어떤 사물의 성질과 관련된 정의이며, '판단'이란 개념을 근거로 새로운 사물이 이미 정의된 사물에 속하는지의 여부를 따지는 것이다. 마지막으로 '추론'은 연이은 판단들을 근거로 또 다른 판단을 이끌어 내는 것을 가리킨다.

"아빠! 시험에서 100점을 받으면 놀이공원에 가기로 약속했었죠? 저 100점 맞았어요. 놀이공원에 놀러가요"

이것은 논리의 과정을 완벽하게 보여주는 말이다.

개념: 시험에서 100점을 받은 사람

판단: 나는 100점을 받은 사람이다.

개념: 아빠는 100점을 받은 사람을 놀이공원에 데려가기로 했다.

추론: 아빠는 반드시 나를 놀이공원에 데려가야 한다.

이상의 논리는 전체 과정이 매우 명확하다. 만약 아빠 역시 논리적인 사람이라면 분명히 아이를 데리고 놀이공원에 갈 것이다.

논리의 세 가지 요소, 즉 개념, 판단, 추론을 정확하게 이용하고 그 흐름을 따라 부드럽게 말하는 것을 '조리가 있다'고 한다. 말에 조리가 있으려면 우선 말하기 전에 마음속으로 하나의 개요를 짜야 한다. 다시 말해 자신이 이 말을 함으로써 어떠한 목적을 달성하고 싶은지 정확하게 파악하는 것이다. 그런 후에 사전에 구상한 순서에 따라 말해야 한다. 혹시 한 번에 원래의 목적에 이르지 못하더라도 상대방과 이야기를 나누면서 순차적으로 목적에 가까워질 수 있다. 논리적으로 말하려면 '어떠한가?'뿐 아니라 '왜?'인지를 말해서 자신이 결론을 얻은 논리적 추론 과정까지 상대방에게 전달해야 한다.

중국 춘추시대<sup>春秋時代</sup>에, 진<sup>晉</sup>나라와 진<sup>秦</sup>나라가 연합해서 정<sup>鄭</sup>의 도성을 포위하려고 했다. 다급해진 정 문공<sup>文公</sup>은 촉지무<sup>燭之武</sup>에 이 사태를 해결하라는 명령을 내렸다. 촉지무는 곧 진<sup>秦</sup> 목공<sup>穆公</sup>을 찾아가 뵙기를 청하고 이렇게 말했다.

"지금 두 나라가 연합하여 정의 도성을 공격하니 백성들은 모두 죽을 날만 기다리고 있습니다. 만약 진<sup>秦</sup>이 정을 무너뜨려 좋은 점이 있다면 이렇게 하는 것이 당연할 것입니다. 허나 진<sup>晉</sup>의 드넓은 땅 너머에 있는 정을 공격해 변경으로 삼으시다니요. 이것이 과연 귀국<sup>貴國</sup>에 좋은 일이겠습니까? 어찌 군사를 일으켜 이웃인 진<sup>晉</sup>을 편하게 만드는 일을 하십니까? 만약 정을 그냥 두어 동쪽으로 향하는 기지로 삼으신다면 더 좋은 일이 아니겠습니까? 또한 진<sup>晉</sup>은 만족할 줄 모르는 나라이옵니다. 만약 이번에 동쪽으로 나아가 정을 차지하는 데 성공한다면 다음에는 서쪽의 귀국으로 가지 않겠습니까? 이것이야말로 진<sup>晉</sup>을 더욱 강성하게 만드는 일이옵니다. 이 점을 반드시 깊이 생각해주시옵소서!"

목공은 촉지무의 말에 크게 동의하고 태도를 바꾸어 정과 화약<sup>和約</sup>을 맺었다. 그러자 진<sup>晉</sup> 역시 상황이 불리한 것을 깨닫고 군사를 되돌렸다. 이렇게 해서 정은 다시 안정을 찾았다.

촉지무의 말에 담긴 기교는 다음과 같다.

① 명확한 핵심이 있다: 정을 포위해 무너뜨려봤자 진<sup>秦</sup>에 좋을 것

이 없다는 핵심을 둘러싸고 이야기를 풀어나갔다. 이를 통해 문제의 가장 중요한 포인트를 드러낼 수 있었다.

② 충분한 이유가 있다: 시작부터 자신이 진秦의 이익을 말하러 왔음을 드러내 상대의 경계심을 무너뜨렸다. 이어서 지리적 위치를 분석해 정을 무너뜨리면 진秦에 해로우며 정이 도움이 될 수 있음을 부각했다. 그리고 마지막으로 진晉을 진秦의 잠재적 적국으로 규정했다.

촉지무처럼 말을 조리 있게 한다면 단번에 상대방을 설득할 수 있다.

### 논리적으로 말하기를 훈련하라

'논리적으로 말하기'를 설명하기 전에 논리에 대해 다시 한 번 짚어보자. 논리란 개념을 정의하는 것에서부터 시작해 판단을 내리고 다시 결론을 추출해내는 과정이다. 이 전체 과정을 따라 말하는 것을 바로 '말에 조리가 있다'고 한다.

조리 있게 말하지 못하는 사람은 훈련을 통해 바뀔 수 있다. 가장 흔히 사용하는 훈련법으로는 '따라하기'와 '묘사하기'가 있다.

'따라하기'는 다른 사람이 한 말을 그대로 따라하는 것이다. 이 훈련은 기억력, 반응 능력 그리고 말의 일관성을 기르는 데 매우 효과적이다.

구체적인 방법은 이러하다. 먼저 길이가 적당하고 일정한 스토리가 있는 글을 선택하자. 소설이나 강연 중에 서술성이 강한 부분이 좋다. 그리고 선택한 글을 다른 사람에게 낭독해달라고 부탁해서 녹음한 후, 전체적으로 한 번 들어보고 따라하는 것이다. 그때마다 녹음해서 원문과 비교해보고 얼마나 똑같이 했는지 계속 확인해야 한다. 이 과정을 완벽하게 따라할 수 있을 때까지 여러 차례 반복한다. 이것은 단순히 외워서 암송하는 것뿐 아니라 말의 일관성을 강화하는 데도 큰 효과를 발휘할 것이다. 훈련한 내용을 여러 사람 앞에서 말한다면 긴장을 극복하는 데도 도움이 된다.

처음에는 기본적인 스토리만 따라서 원문의 내용을 자신의 말투와 어휘로 설명하기만 해도 된다. 두 번째는 스토리뿐 아니라 등장인물의 말이나 묘사하는 표현 등을 대략적으로 따라할 수 있어야 한다. 그리고 세 번째는 이를 좀 더 정확하게 표현하려고 해야 한다. 이런 식으로 목표를 조금씩 상향하면서 훈련하는 것이다. 이 훈련의 가장 큰 장점은 자신의 수준에 따라 구체적인 목표를 설정할 수 있다.

시작할 때는 비교적 짧고 생동감 있는 글을 선택하는 것이 좋다. 내용을 파악하고 기억해서 따라하는 것이 더 쉽기 때문이다. 그런 후에 점점 길이가 길고 스토리가 크게 중요하지 않은 글을 선택해보자. 이렇듯 쉬운 것에서부터 어려운 것으로 점진적으로 진행하면 효과가 더욱 크다.

'묘사하기'는 당신이 목격한 사람, 일, 사물, 상황을 표현하는 훈련이다. 따로 준비할 것은 없으며 그저 언어로 정확한 묘사를 해내기만 하면 된다. 이것은 언어사용능력을 강화해서 조리 있게 말하는 데 많은 도움이 된다.

연설, 설득, 변론……, 어떠한 말하기이든 언어사용능력을 갖추어야 한다. 흔히 말하는 '말솜씨가 좋은 사람', '화술이 뛰어난 사람'은 모두 이 능력이 강한 사람이다. 언어사용능력은 효과적인 말하기의 기본이기 때문에 반드시 중요하게 생각해야 한다.

역시 방법은 매우 간단하다. 그림이나 사진, 사물을 다른 사람에게 묘사한 후, 상대방이 그 대상을 정확하게 이해했는지 보면 된다. 좀 더 구체적으로는 크게 두 단계로 나눌 수 있다.

첫 단계는 묘사 대상을 면밀히 관찰하는 것이다. 주요 내용은 무엇인가? 그 안에는 무엇이 있는가? 형태와 색은 어떠한가? 등 모두 직접 눈으로 관찰하고 마음으로 느끼는 것이 중요하다. 세부적인 사항을 꼼꼼히 살펴야만 묘사의 기초를 제대로 쌓을 수 있다.

두 번째 단계는 실제로 묘사하는 것이다. 이때 반드시 대상의 특징이 잘 드러나도록 해야 한다. 그러려면 명확한 어휘로 최대한 문학적인 색채를 담아 이야기하는 것이 좋다. 단순히 일기장에 끄적이는 것처럼 입에서 나오는 대로 설명해서는 안 된다. 담담하면서도 최대한 생동감 있게 하는 것이 좋다. 또한 순서에 유의해야 한다. 그래야만 상대방이 들었을 때 당신이 무엇을 묘사하는지 정확하게 알 수 있기 때문이다.

이외에도 조리 있게 말하기 위한 훈련 방법은 많다. 조금만 관심을 가지고 둘러본다면 우리 주변의 모든 것이 훈련 대상이 될 수 있음을 알게 될 것이다.

## 변론, 논쟁 그리고 궤변

하나의 명제에 대해 두 사람의 의견이 다른 경우가 있다. 이때 두 명 모두 조리 있게 말할 줄 안다면 상당히 이성적인 변론이 펼쳐질 것이다.

선생님: "영어 실력을 향상시키기 위해 우리 학교는 다음 학기부터 모든 수업을 영어로 하기로 결정했어요."

학생: "그러면 수업 내용을 완벽하게 이해하지 못할 텐데요."

선생님: "걱정할 필요 없어요. 완벽하게 이해하지 못해도 괜찮아요. 언어는 많이 듣는 것이 가장 중요하니까요. 매일 선생님이 하는 영어를 몇 개월 듣기만 해도 자연스럽게 이해하게 될 거예요."

학생: "그런가요? 저는 매일 집에서 개 짖는 소리를 듣거든요. 벌써 몇 년째 들었어요. 하지만 아직 그 개가 뭐라고 하는지 모르겠던데요!"

학생의 반박이 말도 안 된다고 생각하겠지만 사실은 그렇지 않다. 이 학생은 "언어는 많이 듣는 것이 가장 중요하다"는 선생님의 말에 매우 효과적인 반례反例를 들었다. 만약 이성적인 선생님이라면 "개 짖는 소리는 언어가 아니란다"라고 말할 것이다. 아니면 "언어는 많이 듣는 것이 가장 중요하다"는 명제를 취소하고, "영어는 많이 듣는 것이 중요하다"처럼 좀 더 설득력 있는 명제로 수정할 것이다.

아들: "아빠는 항상 아들보다 똑똑해요?"
아빠: "당연하지! 아빠는 아들보다 아는 것이 많아. 그러니까 너는 언제나 아빠 말을 들어야 해."
아들: "그러면 아빠는 누가 전등을 발명했는지 알아요?"
아빠: "물론이지! 전등은 에디슨이 발명했단다."
아들: "그러면 에디슨의 아빠는 왜 전등을 발명하지 못했어요?"

변론의 본질은 머리를 빠르게 굴려 상대방이 제시한 명제에 대해 반례를 찾는 것이다. 이 반례는 상대방의 주장을 반박할 수 있는 돌파구가 된다. 단 하나의 반례만 존재해도 명제가 성립하지 않기 때문이다.

만약 의견이 다른 양측이 이성적, 논리적으로 대화하지 않는다면 그것은 변론이 아니라 논쟁에 불과하다. 논쟁과 변론은 목적부터 다르다. 변론의 목적은 진상을 밝히는 것이기 때문에 최종적으로 자신이 틀렸다는 결론이 날 수도 있다. 반면에 논쟁의 목적은 사용 가능한 모든 언어적 수단으로 상대방을 무너뜨리는 것이다.

아내: "한 입 먹어보니까 굉장히 맛있는 초밥 같아. 남은 것은 모두 당신이 먹어."
남편: "나는 초밥 별로 안 좋아해."
아내: "아니 왜 초밥을 안 좋아해? 지금 먹던 거 남겨줬다고 싫다는 거야?"
남편: "그래, 그래. 내가 먹으면 되는 거지?"
잠시 후,
남편: "여보! 이 완자가 정말 맛있어. 한 번 먹어봐."
아내: "난 당신 젓가락이 닿은 거 못 먹어."
남편: "아까 나는 당신이 먹다 남긴 초밥을 먹었어. 그런데 당신은 내가 먹던 거라고 안 먹겠다는 거야?"
아내: "내가 당신보다 깨끗하니까 그렇지. 나는 당신보다 깨끗해. 그러니까 당신은 내가 남긴 것을 싫어할 이유가 없어!"

"네가 나를 어찌할 수 있다면 내가 틀린 것이겠지만, 그럴 수 없다면 내가 무조건 옳다"라는 태도로 일관하며 논증할 생각이나 능력 자체가 없는 사람, 혹은 절대 자신의 잘못을 인정하지 않는 사람 등과 설득해보겠다고 시간과 에너지를 낭비할 필요는 없다.

아내: "여보, 당신은 결혼 생활이 행복해?"
남편: "아니, 당신은 항상 억지를 부리고, 집안일도 안 하면서 나를 계속 괴롭히기만 하는데 내가 어떻게 행복할 수 있겠어."
아내: "뭐라고? 내가 억지를 부리는 덕에 당신의 너그러운 마음이 돋보이잖아. 또 내가 집안일을 안 하니까 당신이 하면서 성취감을 느끼는 거야. 그리고 말이야. 나는 당신의 삶이 무미건조할까봐 계속 괴롭히는 거야. 당신 정말 자신이 얼마나 행복한지 모르는구나!"

이와 같은 횡포, 막무가내, 그리고 폭력적인 비논리가 난무할수록 논리적인 사람들이 비논리적인 사람을 설득하는 일이 어려워진다. 이렇게 되면 논리적인 사람이 점점 줄어들어 사회가 점차 비이성적이고, 시시비비를 구분할 수 없는 지경이 될 것이다. 또 의도적으로 참을 거짓으로, 거짓을 참으로 둔갑시킨 '궤변'이 곳곳에 성행할 것이 분명하다.

궤변을 즐기는 사람들은 대부분 언변이 좋아서 타인을 설득하는 데 탁월한 능력이 있다. 이들은 대화할 때 쉴 새 없이 말하며, 자신의 명제를 논증할 때 수많은 '이유'를 들고 나온다. 하지만 그들이 내세운 '이유'들은 일종의 사이비 같은 것으로 말장난에 불과하다. 정리하자면 궤변이란 의도적으로 옳고 그름을 뒤집고, 흑과 백을 뒤섞어 버리는 것이다.

중국 전국시대戰國時代에 공손용公孫龍이 백마를 타고 성으로 들어가려고 하자 수문 병사가 그를 막아섰다. "이 성의 규정에 따라 외부의 말을 들일 수 없습니다."

공손용은 재빨리 계책을 생각하고 이렇게 말했다. "내가 타고 있는 것은 백마이지 말이 아니라네. 그러니 들어가겠네."

"예? 백마가 어찌 말이 아닙니까?"

"왜냐하면 백마는 두 가지 특징이 있기 때문이야. 하나는 색이 희다는 것이고, 다른 하나는 외형이 말과 무척 흡사하다는 것이지. 그러니 백마가 말처럼 보이는 것은 외형만 그런 것이지 본질은 아니야. 하나의 특징에 불과하네. 고로 백마는 말이 아니야."

병사는 공손용의 말에 반박하지 못하고 하는 수 없이 말을 성 안으로 들어가게 했다. 공손용은 이 궤변으로 전국시대에 이름을 널리 알렸다.

언뜻 들으면 공손용이 한 말도 맞는 것 같다. 두 가지 특징으로 정의되는 사물을 그중 한 가지 특징이 동일한 사물과 같다고 할 수는 없기 때문이다. 하지만 "백마는 말이 아니다"가 옳다면 같은 방식으로 "흰 고양이는 고양이가 아니다", "연필은 필기구가 아니다", "귤은 과일이 아니다" 같은 것들이 쏟아져 나오지 않겠는가? 심지어 "남성과 여성은 모두 사람이 아니다"라는 말까지 나올지도 모른다. 공손용의 "백마는 말이 아니다"라는 말에서 대체 어느 부분이 문제인 것일까?

문제는 바로 '이다'를 어떻게 정의하느냐에 달려 있다. 일반적으로 "A는 B다"라는 말에는 두 가지 해석이 있다.

① A는 B와 같다.
② A는 B에 속한다.

"백마는 말이다" 혹은 "귤은 과일이다"라고 말할 때의 '이다'는 ②에 해당한다. 그러니까 "백마는 말에 속한다", "귤은 과일에 속한다"의 의미인 것이다. 그런데 공손용은 아주 교묘하게도 이를 ①처럼 해석하고는 다시 '백마'와 '말'이 같은 것이 아니라고 논증했다. '이다'의 두 가지 의미를 뒤섞어서 궤변을 늘어놓은 것이다.

궤변은 일반적인 오류와 무엇이 다를까? 가장 큰 차이점은 '오류는 무의식중에, 궤변은 의도적으로' 발생한다는 것이다.

부모는 종종 아이가 절대 받아들일 수 없는 결정을 내린 후에 이렇게 말한다. "우리는 너보다 경험이 많아. 그래서 너보다 훨씬 성숙한 판단을 내릴 수 있지. 우리는 무엇이 너에게 좋은지 잘 알고 있단다. 너는 아직 어리니까 이해하기 어려울 거야. 나중에 철이 들면 우리가 한 일이 모두 너를 위한 것임을 알게 될 거다."

대부분 아이는 이 말을 믿고 부모의 결정을 따른다. 하지만 나이가 든 아이는 부모가 왜 그런 결정을 내렸는지 이해하게 되었을까?

아이는 만 18세가 된 후에 부모에게 물었다. "제가 자라면 두 분이 왜 그런 결정을 내렸는지 알게 될 거라고 했잖아요. 하지만 성인이 되었는데도 대체 왜 그런 결정을 하셨는지, 저한테 뭐가 좋은 건지 이해할 수가 없어요. 성인이 되었는데도 왜 모르는 거죠?"

부모는 약간 당황하겠지만 그래도 즉각 손을 저으며 단호하게 이렇게 말했다. "네가 자란 후가 아니라 철이 들면 알게 될 거라고 했잖아. 지금 너는 몸만 자랐지 생각은 아직 어린애와 다를 바가 없어. 우리가 왜 그런 결정을 내렸는지 모르겠다니, 이게 바로 네가 철이 들지 않았다는 증거야!"

이런 궤변은 정말이지 어디 하나 흠잡을 데가 없다.

궤변의 최종 목표는 진리 추구가 아니라 자신에게 '유리한 결론'을 얻는 것이다. 그래서 아주 예전부터 아예 전문적으로 '궤변의 기술'을 전수하는 사람들이 있었고, 현대에도 상인, 정치가, 그리고 부도덕한 변호사 같은 사람들이 이 기술을 교묘하게 사용하고 있다.

고대 그리스의 유명한 철학자 아리스토텔레스는 논리에 정통한 만큼이나 궤변을 자유자재로 사용하는 사람이었다. 어느 날 그는 식당에서 국수를 시켰다. 그런데 국수가 나오자마자 다시 피자로 바꿔 달라고 했다. 피자 한 판을 먹어 치운 그는 돈을 지불하지 않고 식당을 나섰다. 그러자 직원이 그를 잡으며 이렇게 말했다. "계산 안 하셨잖아요!"

"무슨 소리야? 내가 먹은 피자는 국수를 바꾼 거라고!"

"국수 값도 안 내셨는데요!"

"국수를 먹지도 않았는데 왜 돈을 내야 하지?"

직원은 아리스토텔레스의 말에서 어느 부분이 잘못되었는지 한참 생각했지만 찾아낼 수 없었고, 결국 그를 잡은 손을 놓았다.

　실제로 우리 주변에는 자신에게 유리한 상황을 만들고자 궤변을 펼치는 사람이 많다. 그들의 궤변은 논리적 소양을 갖추지 못한 사람을 어리둥절하게 만드는 속임수가 된다.

## ;더 효율적으로 일하는 법

### 체계적인 시간 배분

　논리는 할 일의 소요 시간을 계산해서 일의 순서를 결정하는 데도 큰 도움이 된다. 알다시피 목표를 향해 나아갈 때, 시간을 어떻게 관리하는가는 매우 중요한 기술이다. 이 기술에 정통한 사람만이 스스로 정한 방향대로 길을 잃지 않고 전진할 수 있는 법이다. '체계적인 시간 배분'이란 일의 순서를 논리적으로 정하고, 효율을 높이는 것을 말한다. 다시 말해 최대한 짧은 시간 안에 최대한 많은 일을 하는 방법을 찾는 것이다.

　샤오위는 손님이 오기 전에 생선튀김을 완성하기로 했다. 생선튀김을 하는 순서와 각 단계의 소요 시간은 다음과 같다. 우선 생선을 씻고(5분), 생강을 얇게 저민다(2분). 그런 다음 생강, 간장, 술 등의 양념재료를 섞는다(2분), 튀김냄비를 달구고(1분), 기름을 부어 끓인 후(1분), 생선을 튀겨내면 된다. 이 모든 과정을 하는 데 총 21분이 필요하다. 하지만 손님은 약 20분 후에 도착한다.

이 문제를 해결하기 위해 샤오위는 일의 순서를 조금 바꾸었다. 튀김냄비를 달구고 기름을 끓이는 데 필요한 2분 동안 생강, 간장, 술 등의 양념재료를 섞기로 한 것이다. 이렇게 하니 필요한 시간은 원래보다 2분이 줄어든 19분으로 단축되었다.

이것이 바로 시간을 체계적으로 배분하는 것이다. 앞뒤 순서는 크게 바꾸지 않되 동시에 할 수 있는 일은 동시에 해야 한다. 또 중요하거나 오래 걸리는 일은 시간을 넉넉히, 그다지 중요하지 않거나 빠르게 할 수 있는 일은 시간을 조금만 배분하는 것이 좋다. 이렇게 하면 하나의 일을 완성하는 동시에 또 다른 일을 완성할 수 있어서 전체 시간을 효과적으로 이용할 수 있기 때문이다.

차를 마시고 싶은데 끓인 물이 없다. 게다가 물을 끓일 주전자와 차를 우리는 찻주전자, 그리고 찻잔까지 모두 씻어야 한다. 어떻게 해야 할까?

방법 1: 우선 각종 준비 작업을 한다. 주전자, 찻주전자와 찻잔을 씻고, 찻잎을 가져오는 등 전체적인 준비를 마친 후에 물을 끓이기 시작한다. 물이 끓으면 차를 우려 마신다.

방법 2: 우선 주전자를 씻고, 물을 부어 끓인다. 물이 끓은 후에 찻주전자와 찻잔을 씻어 찻잎을 준비한다. 모든 준비가 끝난 후, 차를 우려 마신다.

방법 3: 우선 주전자를 씻고, 물을 부어 끓인다. 물이 끓는 동안 찻주전자와 찻잔을 씻고, 찻잎을 준비한다. 그동안 물이 끓으면 바로 우려 마신다.

이상의 세 방법 중 시간을 가장 체계적으로 배분한 것은 당연히 방법 3이다.

### 합리적인 일의 배분

일상에서 우리는 매우 복잡한 일들을 마주한다. 이럴 때 어떻게 해야 좀 더 논리적으로 일을 처리할 수 있을까?

중국 송宋나라 시대에 황궁에 불이 나서 많은 방이 전소되는 일이 발생했다. 얼마 후, 황제는 대신 정위丁謂에게 복구공사를 맡겼다. 이때 정위는 세 가지 문제에 부딪혔다.

첫 번째 문제: 기반을 다질 흙을 어디서 가져와야 할까?

두 번째 문제: 목재 등의 건축자재를 어떻게 황궁까지 운반할까?

세 번째 문제: 불에 타 무너져 내린 기와를 어떻게 처리해야 할까?

다른 대신들은 정위가 고생은 고생대로 하고 결국 일을 제대로 처리하지 못해 웃음거리가 될 거라고 생각했다. 그러나 정위는 논리적 사유를 통해 아주 훌륭한 해결 방법을 생각해냈다. 그는 우선 황궁 앞의 대로에 커다란 구덩이를 파고 여기에서 나온 흙을 황궁으로 들여와 공사를 시작했다. 이렇게 해서 첫 번째 문제를 해결한 것이다. 그리고 황궁 앞 대로에 생긴 커다란 구덩이와 성 밖의 하천을 잇는 물길을 만든 후, 이 물길을 이용해 각종 목재와 건축자재를 황궁으로 운반했다. 이로써 두 번째 문제도 해결되었다. 그리고 황궁 수리가 끝난 후, 불에 탄 기왓장과 다른 건축 폐기물을 황궁 앞의 구덩이와 물길에 채워 넣어 세 번째 문제를 해결했다.

정위의 합리적인 일처리는 인력과 물자, 자금을 크게 절약했을 뿐 아니라 공사가 빠르게 마무리될 수 있게 했다.

똑같은 일을 할 때, 어떤 사람은 하루가 걸리는데 반해, 어떤 사람은 이틀, 심지어 일주일이 걸리기도 한다. 이는 전자가 좀 더 체계적으로 시간을 배분하고 합리적으로 일했기 때문에 발생하는 차이다. 일의 순서와 시간을 효율적으로 배분하지 못하면 일처리가 논리적이지 못하다는 소리를 듣게 될 것이다. 문제에 부딪히면 빠른 시간 안에 가장 합리적인 해결 방법을 찾아야 한다. 그런 후에 상대적으로 해결하기 쉬운 문제부터 순차적으로 처리하면 된다.

우선 계획을 세운 후, 일을 진행하면서 계획을 조금씩 수정하는 것도 나쁘지 않다. 방법은 간단하다. 이미 한 일은 삭제하고, 계획대로 하지 못한 일에는 다시 시간을 배분하면 된다. 처음에 세운 계획대로 하지 못했다고 크게 낙담한 나머지 아예 포기하는 사람도 있다. 그러나 계획은 압박감을 주려고 만드는 것이 아니다. 일의 순서를 정하고, 시간을 배분해서 효율적으로 완성하기 위한 것이다. 그러므로 계획대로 실행하지 못했다고 해서 괴로워할 필요는 없다. 최대한 빨리 새로운 계획을 세우기만 하면 된다.

세계적인 기업 컨설턴트인 브라이언 트레이시Brian Tracy는 "어떤 일의 복잡성은 그 과정에 포함된 단계의 제곱으로 증가한다"고 주장했다. 예를 들어 한 가지 일을 완성하는 데 세 단계를 거쳐야 한다면 이 일의 복잡성은 3의 제곱인 9다. 여섯 단계가 필요한 일이라면 복잡성은 6의 제곱인 36이 된다. 그러므로 계획을 세울 때는 단계를 최대한 간략하게 하는 것이 좋다.

일을 할 때는 '자투리 시간'을 효과적으로 활용해야 한다. '자투리 시간'이란 어떤 일을 하는 과정에서 '기다리느라 아무것도 하지 않는 시간'을 가리킨다. 줄을 설 때, 필요한 자료를 다운로드하는 동안, 오늘의 업무를 모두 마치고 퇴근을 기다릴 때……, 언제나 자투리 시간이 발생한다. 이럴 때에는 시간이 많이 필요하지 않고, 도중에 멈추어도 큰 지장이 없는 중요하지 않은 일을 해보자. 예를 들어 인터넷으로 뉴스를 검색하거나, 사방에 널린 신문과 잡지를 정리하고, 손에 잡히는 단편 소설 몇 편을 읽는 일 등이 있다.

우편물을 살피거나, 동료들과 이야기를 나누는 등 일상의 소소한 일들은 매일 특정한 시간에 집중적으로 처리하자. 오전 혹은 오후에 일을 시작하기 전에 이런 일들을 처리하면 진짜 중요한 일에 영향을 주지 않을 수 있다.

## 계획적인 일처리

중국 속담에 "모든 일은 예비하면 바로 설 것이요, 예비하지 않으면 무너질 것이다"라는 말이 있다. 즉, 어떤 일이든 미리 준비하고 계획하면 성공하지만, 그렇지 않으면 실패한다는 의미다.

계획을 세우려면 우선 도달해야 하는 목표를 정확히 알아야 한다. 목표에 대한 명확한 생각이 있어야만 계획 세우기를 시작할 수 있는 법이다. 그런 후에는 시간을 배분해야 한다. 시간 배분이 잘못되면 계획은 아무런 의미 없는 종이 한 장에 불과하다. 그러므로 동원할 수 있는 시간을 철저하게 계산해서 타당하게 배분하는 것이 중요하다. 또한 각각의 계획들이 서로 유기적으로 결합될 수 있도록 하자. 장기 계획은 거시적인 시각으로 커다란 목표와 기본 방향을 확정하고, 단기 계획은 미시적인 시각으로 정확한 지표와 명확한 처리방법을 준비한다. 장기 계획과 단기 계획을 유기적으로 결합해야만 일처리를 쉽게 할 수 있다. 마지막으로 진짜 중요한 것과 그 밖의 계획을 명확하게 구분해서 중심을 잃지 않아야 한다. 또 어려운 일과 쉬운 일을 구분해서 시간과 에너지를 다르게 투입해야 한다. 그래야만 일의 핵심을 파악하고 각각의 복잡성에 따라 순차적으로 완성할 수 있기 때문이다.

계획을 세웠으면 이제 주변의 모든 방해물을 제거하고 온힘을 다해 계획을 수행해야 한다. 그 과정에서 자신이 잘하고 있는지 정기적으로 검증하는 것이 좋다. 그리고 만약 계획과 수행이 조금씩 틀어지기 시작하면 잘못된 부분을 조정하고, 부족한 부분은 보충한다.

적극적인 자세로 매우 세밀한 계획을 세웠으면서도 도중에 이런저런 이유를 대며 그만두거나 포기하는 경우가 종종 있다.

계획도 중요하지만 계획만 세워놓고 수행하지 않는다면 무슨 의미가 있겠는가? 이것은 계획이 없는 것이나 마찬가지이며 심지어 애초에 계획을 세우지 않은 것보다 더 엉망진창일 수도 있다. 왜냐하면 나쁜 습관으로 굳어져 수행 능력을 저하시키기 때문이다.

자신이 계획을 잘 수행하고 있는지 살펴보려면 다음의 몇 가지에 주의해야 한다.

첫째, 반드시 완성하는가? 계획을 정했으면 반드시 '끝까지' 완성해야 한다. 도중에 그만두거나 힘들다고 한쪽으로 치워둔 채 모른 척해서는 안 된다. 일을 완성한다는 것은 정해진 시간 동안 자신이 한 일에 마침표를 찍는 일종의 '의식'이다. 이 의식을 '아름답게' 거행할 수 있도록 노력하자.

둘째, 계획을 정확하게 따르는가? 프랭클린 루스벨트<sup>Franklin Roosevelt</sup>의 큰아들 제임스는 20살이 되었을 때 혼자 유럽으로 여행을 떠났다. 여행이 끝나갈 무렵, 제임스는 우연히 아름다운 말 한 필을 보고 반해서 충동적으로 가지고 있던 돈을 모두 털어 그 말을 샀다. 그리고 아버지에게 전보를 쳐서 돌아가야 하니 어서 경비를 보내달라고 했다. 얼마 후, 아버지가 보낸 전보에는 이렇게 쓰여 있었다. "말과 함께 헤엄쳐서 돌아오면 되겠구나!"

영국의 철학자 프랜시스 베이컨Francis Bacon은 이렇게 말했다. "빠르고 효율적으로 일하려면 일의 순서를 정하고, 시간을 배분하며, 핵심을 찾는 데 능해야 한다. 일의 순서를 정하고 시간을 배분할 때는 너무 세밀하게 자질구레한 것까지 할 필요는 없다. 핵심만 잘 찾으면 시간을 절약할 수 있다. 이런 요령 없이 일하는 것은 입만 열면 헛소리를 지껄이는 것과 마찬가지다."

일을 할 때 먼저 계획을 세우고 그에 따라 수행하는 것은 일종의 습관이자 일에 대한 태도를 반영한다. 또 이것은 당신의 성공 여부를 결정하는 가장 중요한 요소다.

### 질서정연한 생활

일상생활이나 업무를 할 때, 두서없이 무질서한 사람은 다른 사람보다 힘든 '고생길'을 걷는다.

무슨 일을 하든지 '질서'가 중요하다. 물건을 사용했으면 반드시 제자리에 가져다 놓아야 필요할 때 바로 찾을 수 있다. 밤에 자기 전에는 다음날 입을 옷 등을 준비해놓는 것이 좋다. 이러한 작은 습관들이 몸에 배면 일을 할 때도 질서를 중요하게 생각할 것이다.

한 아버지가 딸에게 '생활의 질서'를 가르치기로 마음먹었다. 딸이 언제나 물건을 아무 데나 두고서, 나중에 필요하면 온 집안을 뒤지며 찾는 행동을 반복했기 때문에 아버지는 고민 끝에 좋은 방법을 생각해냈다.

어느 날 그는 딸에게 이렇게 말했다. "네가 무언가를 수집한다면 무척 재밌을 거야."

"그럴까요? 그런데 무엇을 수집해야 하죠?"

"무엇이든 상관없어. 너는 책 읽는 것을 좋아하니까 책을 수집할 수도 있지."

"아주 쉽네요. 그럼 나는 지금부터 엄청나게 많은 책을 모아야겠어요."

"하지만 '모으는 것'은 쉬워도 '보관하는 것'은 쉽지 않단다."

"뭐가 어렵죠? 그냥 책꽂이에 꽂으면 되잖아요!"

"수집품은 분야별로 분류해서 질서정연하게 보관해야 해."

아버지는 딸에게 '국제십진분류법UDC'을 소개했다. 이것은 모든 자료를 열 개의 류類로 분류한 후, 류를 다시 열 개의 강綱으로, 강을 다시 열 개의 항項으로, 항을 다시 열 개의 목目으로 분류하는 방식이다. 각 단계의 분류에는 0~9의 10진 숫자를 할당한다. 이렇게 해서 모든 자료는 10류, 100강, 1,000항, 10,000목으로 분류된다.

아버지는 딸에게 '류'가 분야, '강'은 전문영역, '항'은 세부영역, '목'은 형식을 의미한다고 알려주었다. 예를 들어 '류'는 다음과 같이 구분된다.

⓪ 총류

① 철학, 심리학

② 종교, 신학

③ 사회과학

④ 언어, 문자학

⑤ 수학, 자연과학

⑥ 응용과학, 의학, 기술학

⑦ 예술, 오락, 스포츠

⑧ 문학

⑨ 지리, 역사

아버지의 지도를 받은 딸은 가지고 있는 책을 분야별로 나누어 정리했다. 그중에서도 자주 보는 책은 잘 보이는 곳에 두고, 자주 보지 않는 책은 다른 곳에 두었다. 이렇게 하니 원하는 책을 찾는 데 매우 편리해졌다.

무엇보다 중요한 것은 딸이 아버지가 원하는 대로 '생활의 질서'를 터득한 일이다. 이때부터 딸은 물건들을 분류하고 배열하는 데 집중했다. 나중에는 손을 책가방에 넣기만 해도 몇 번째에 어느 책이 있는지 금방 알 수 있을 정도였다. 그녀는 이제 더 이상 급하게 책가방을 뒤질 필요가 없었다.

우리의 일상은 반드시 질서정연해야 한다. 물건을 아무렇게나 던져놓지 말고, 읽은 책은 반드시 제자리에 꽂자. 또 옷장 안의 옷은 잘 분류해서 걸어두어야 나중에 찾기 쉽다. 물론 이런 습관은 하루아침에 되는 일이 아니기 때문에 인내심과 지구력을 동원해 항상 되새기고 훈련해야 한다.

윌슨은 친구들과 함께 캠핑을 가기로 했다. 학교는 아이들이 산에서 필요한 물건을 준비하도록 미리 일정표를 제공했다. 어머니는 윌슨에게 도움이 필요한지 물었지만, 그는 혼자 할 수 있다고 말했다. 출발 전, 어머니는 윌슨이 준비한 가방을 살펴보다가 여벌옷이 부족한 것을 발견했다. 산 위는 분명히 더 추울 텐데 아마 윌슨은 이를 몰랐을 것이다. 어머니는 또 그가 손전등을 챙기지 않은 것을 눈치 챘다. 손전등은 산에서 캠핑할 때 꼭 필요한 물건이다. 하지만 그녀는 아무런 말도 하지 않았고, 윌슨은 신이 나서 출발했다.

이틀 후, 어머니는 집에 돌아온 윌슨에게 물었다. "어땠어? 재미있었니?"

"옷이 부족했고, 손전등도 가져가지 않아서 고생했어요. 필요할 때마다 친구들에게 빌려야 했죠. 정말 당황스러웠어요."

"왜 옷을 적게 가져갔는데?"

"그곳의 날씨가 여기와 똑같을 줄 알았거든요. 그래서 평소에 입는 옷만 가져갔어요. 산 위가 그렇게 추울지는 정말 생각도 못했어요! 다음에는 철저하게 준비하겠어요."

"다음에는 플로리다로 갈지도 몰라. 그때도 옷을 똑같이 가져가야 할까?"

"설마요! 플로리다는 무척 덥잖아요."

"그래 여행을 떠나기 전에는 항상 현지 날씨를 확인해야 해. 참! 손전등은 왜 안 가져간 거야?"

"가져가야 한다고 생각했는데 준비하다 보니까 잊었어요. 다음에 캠핑을 갈 때는 아빠가 출장 갈 때 하는 것처럼 미리 목록을 작성해야겠어요. 그러면 가져가야 할 물건을 빠트리지 않겠죠!"

엄마와 대화를 나누면서 윌슨은 자신의 계획이 치밀하지 못했던 것을 인정하고 교훈을 얻었다. 어머니는 경험의 중요성을 잘 알고 있었기에 현명하게도 아이에게 주의를 주지 않았다. 대신 윌슨이 '고생'을 겪은 후에 스스로 일을 질서정연하게 처리할 수 있도록 유도했다.

## ; 더 쉽게 참모습을 보는 법

### 현상 뒤의 본질을 보라!

우리는 '사물의 참모습'을 파악하기 위해 논리를 배워야 한다. 대부분의 경우 사물의 참모습은 우리의 시야를 뿌옇게 만드는 각종 방해물 뒤에 숨겨져 있다. 그래서 몇 가지 단서만으로 사물의 참모습을 정확하게 파악하는 것은 무척 어려운 일이다. 하지만 그렇다고 해서 아예 찾지도 않거나, 절대 찾지 못할 거라며 지레 포기한다면 그것이야말로 황당하고 우스운 일이다.

일반적으로 말하는 '사물의 참모습'이란 크게 두 가지로 나눌 수 있다. 하나는 '본질의 참모습'이고, 다른 하나는 '논리의 참모습'이다.

본질의 참모습이란 존재여부에 관한 것이다. 예를 들어보자. "책상 위에 사과가 하나 있다." 이것이 바로 본질의 참모습에 관한 명제다. 이 명제를 보고 단순하게 '사과'나 '책상'의 개념만 생각했다면 당신은 절대 참과 거짓을 판단할 수 없을 것이다. 어렵게 생각할 필요는 없다. 그저 책상 위에 사과가 정말로 있는지 없는지를 눈으로 확인하기만 하면 된다. 있으면 참이고, 없으면 거짓이다.

눈으로 확인하는 것은 본질의 참모습에 관한 명제를 판단할 수 있는 가장 정확한 방법이다. 이 명제의 내용과 객관적 사물의 상태가 부합하면 참이고, 부합하지 않으면 거짓인 것이다.

그런데 이처럼 본질의 참모습이 객관적 사실을 조사하기만 해도 참과 거짓을 증명할 수 있는 것이라면 논리가 왜 필요할까? 안타깝게도 본질의 참모습에 관한 명제는 실제로 존재하는지를 증명하기 어려운 경우가 많다. 바로 이때 논리를 이용해 추론해야 그 참모습을 찾는 과정이 훨씬 쉽고 빨라질 수 있다.

한 청년이 우연히 아름다운 아가씨를 보았다. 이때부터 그는 하루 종일 그녀를 생각하며 짝사랑이라는 중병을 앓기 시작했다. 얼마 후, 청년은 용기를 내어 아가씨를 찾아가 고백했다. 하지만 돌아온 대답은 "미안해요. 저는 이미 남자친구가 있어요"였다. 청년은 그제야 자신이 아가씨에게 '남자친구가 있는지 없는지'를 미리 알아보지 않았다는 사실을 깨달았다. 만약 그 본질의 참모습을 탐구했다면 애태우던 시간도, 고백을 거절당하는 일도 없었을 것이다.

하지만 우연히 본 아가씨, 엄밀히 말하면 모르는 아가씨에게 남자친구가 있는지 알아보는 것은 결코 쉬운 일이 아니다. 바로 이때 논리가 나서면 된다! 청년은 우선 친구들을 동원해서 아가씨를 몰래 관찰하도록 한 후, 그녀에게 남자친구가 있을 확률을 물어본다. 친구들의 예측에 자신의 판단을 더해 분석했더니 '남자친구가 있을 확률이 약 70%'로 나왔다고 하자. 물론 이 확률은 어디까지나 주관적 판단에 따른 것이지만 어느 정도 사실에 근접했을 것이다. 조금 높게 예측한 친구도 있고, 조금 낮게 예측한 친구도 있으므로 전체적으로 평균을 내면 오차가 별로 크지 않을 것으로 보인다.

여하튼 실패의 가능성이 70%임에도 포기할 생각이 없는 청년은 계속 그녀 주위를 맴돌며 관찰한다. 이때 그는 아가씨가 문자메시지를 자주 확인하는 것을 알아차린다. 통계에 따르면 연애 중인 여성의 80%, 연애하지 않는 여성의 30%가 문자메시지를 자주 이용한다고 한다. 이 항목을 종합해서 분석하니 그 아가씨에게 남자친구가 있을 확률은 86%로 급격히 상승한다!

하지만 청년은 포기하지 않는다. 아가씨는 여자 친구들과 자주 쇼핑을 다닌다. 통계에 따르면 연애 중인 여성의 20%, 연애하지 않는 여성의 90%가 여자 친구들과 자주 쇼핑을 다닌다. 이렇게 계산하니 아가씨에게 남자친구가 있을 확률은 다시 58%까지 뚝 떨어진다!

청년은 계속된 관찰을 통해 끊임없이 새로운 확률을 계산한다. 그리고 남자친구가 있을 확률은 차츰 오르고 올라 기어코 90%에 달했다. 청년은 이제야 비로소 묵묵히 그녀의 행복을 바라기로 한다.

이상의 내용에서 청년은 '논리와 확률 계산'의 방법을 통해 결론을 내렸다. 하지만 유의해야 할 것은 이것이 단지 확률일 뿐이라는 사실이다. 청년이 계산한 확률이 단 1%여도 실제로는 남자친구가 있을 가능성이 있다. 그러므로 이 경우에 본질의 참모습을 명확하게 판단하려면 그녀에게 직접 물어보거나 그녀가 남자친구와 함께 있는 모습을 보는 것이 가장 좋다.

## 숨어 있는 참모습을 파헤쳐라!

그렇다면 본질의 참모습을 파악할 때 '논리와 확률 계산'으로 얻어낸 결론은 아무런 의미가 없다는 것일까? 절대 그렇지 않다. 이 방법은 오히려 매우 효과적인 도구로 사용될 수 있다. 왜냐하면 우리 주위에서 벌어지는 어떤 일의 참모습은 아주 깊이 숨어 있는 탓에 직접 관찰할 수도 없고, 관찰하더라도 엄청난 비용이 들어가기 때문이다. 이때 '논리와 확률 계산'을 적용한다면 많은 시간과 에너지를 아낄 수 있다. 이 방법은 실제로 현실에서 마주할 수 있는 매우 어려운 문제를 해결하기 위해 고안된 것이다.

1966년에 미국 전폭기가 스페인 상공에서 공중 급유를 시도하다가 급유기와 충돌했다. 전폭기와 급유기는 모두 커다란 화염에 휩싸여 추락했다. 더 큰 문제는 당시 전폭기에 수소폭탄 하나가 탑재되어 있었다는 사실이다. 만약 이 수소폭탄이 터진다면 그 결과는 상상하기도 어려웠다.

미국 정부는 즉각 여러 전문가와 대규모 수색부대를 현장에 급파했다. 하지만 전폭기의 잔해가 떨어진 지역이 대단히 넓어서 수색하기가 쉽지 않았다. 또 수소폭탄이 어떤 방식으로 탑재되었는지, 어떤 방식으로 분리하는지도 아는 사람이 없었다. 수소폭탄에 따로 설치해둔 두 개의 낙하산이 펴졌을 가능성도 있어서 당시의 풍속과 방향도 꼼꼼히 따져보았다. 어쩌면 아주 먼 땅에 떨어져서 깊이 파묻혔을지도 모르는 일이었다. 이 때문에 수색부대는 대체 어디서부터 손을 대야 할지 막막하기만 했다.

바로 이때 전문가 중 한 명인 수학자가 기발한 수색 방안을 제안했다. 그는 우선 잔해가 흩어진 지역을 여러 개의 작은 사각형으로 나누었다. 그리고 각 방면의 전문가들을 불러 모았다. 이들 중에는 전폭기의 구조를 잘 아는 사람도 있었고, 수소폭탄 전문가, 유체역학자, 동력학 연구자 등이 있었다. 수학자는 이들에게 각각 자신만의 가설을 만들고 가능한 상황을 예측한 후, 각 상황에서 수소폭탄이 작은 사각형들에 떨어지는 확률을 계산해달라고 했다. 전문가들이 예측한 결과를 종합하고 분석한 후, 평균을 계산해서 수소폭탄의 위치에 관한 '확률지도'를 만들어냈다. 그 결과 어떤 사각형은 확률이 높고, 어떤 것은 확률이 매우 낮았다.

수색대원들은 이 '확률지도'를 보면서 확률이 가장 높은 사각형에서부터 수색을 시작했다. 그곳에서 수소폭탄을 찾지 못하면 남은 사각형들의 확률을 다시 계산해서 가장 높은 사각형을 수색했다. 이런 식으로 몇 차례 반복했더니 예상보다 훨씬 빠르게 수소폭탄을 찾는 데 성공했다.

2년 후, 미국 해군의 잠수함이 어뢰사고로 대서양에서 실종되었다. 잠수함과 교신이 완전히 끊기면서 그 안에 있던 99명 병사들의 생사도 알 수 없었다. 이에 미국 정부는 대규모 수색 작전을 시작했다. 하지만 수색부대는 사고가 발생한 당시의 잠수함 이동 속도와 방향, 폭발의 충격에 대한 정보가 없었다. 심해 해류의 방향과 속도 역시 그저 예측에 불과했다. 상황이 이렇다보니 잠수함의 잔해가 어디까지 흘러갔는지 예측조차 하기 어려웠다. 어둡고 드넓은 대서양의 심해에서 잠수함을 찾아내기란 거의 불가능한 일 같아 보였다.

그러던 중 미국 정부는 이전에 전폭기 추락사고가 발생했을 때 수소폭탄을 찾은 수학자를 떠올리고 다시 한 번 나서 줄 것을 부탁했다. 수학자는 이전과 마찬가지로 관련 전문가들을 불러 모아 발생 가능한 모든 상황을 예측하고 각자 경험에 근거해서 확률을 계산해달라고 했다. 그러고 전폭기 사고 때처럼 사고 해역을 수많은 작은 사각형으로 나누어 수색 지역을 확정했다. 모든 준비를 마친 후, 확률이 가장 높은 사각형에서부터 수색을 시작했다. 그 사각형 안에 잠수함이 없으면 나머지 사각형에 대한 확률을 다시 계산해서 가장 높은 사각형을 수색했다.

  수학자가 투입되기 전, 해군은 몇 개월이나 수색했지만 아무런 소득이 없었다. 그러나 수학자의 방법을 도입하고 며칠 지나지 않아 사고 지점 서남쪽의 해저에서 실종된 잠수함을 찾는 데 성공했다.

  사실 이 수학자가 응용한 방법은 바로 1763년에 발표된 '베이즈 정리Bayes's theorem'이다. 이것은 영국의 목사이자 아마추어 수학자 토머스 베이즈Thomas Bayes가 고안한 것으로 이전의 경험과 현재의 증거를 토대로 어떤 사건의 확률을 추론하는 방법이다. 확률 계산을 통해 본질의 참모습을 규명할 수 있는 베이즈 정리는 현재 자연과학과 사회과학의 각 분야에서 광범위하게 사용되고 있다. 또 최근에는 인공지능과 관련된 기술에도 응용되고 있다.

### 미지의 영역을 찾아라!

  사실 논리학자들은 '본질의 참모습'보다 '논리의 참모습'에 더욱 주목한다. '논리의 참모습'이란 명제의 내용과 객관적 사실의 관계를 가리킨다. 하나의 명제가 이미 증명된 결론과 일치하면 이 명제는 '논리의 참모습'에 부합한다고 말할 수 있다.

"손에 힘을 빼면 쥐고 있던 펜이 땅으로 떨어질 것이다." 이 명제는 일어나지 않은 일을 묘사하고 있지만 우리는 그것이 참인 것을 안다. 이미 증명된 바 있는 물리적 규칙과 일치하기 때문이다. 그러므로 논리의 참모습을 입증하는 과정에는 이미 증명된 결론과 정확한 추론 과정이 반드시 필요하다.

미국의 저명한 물리학자 엔리코 페르미Enrico Fermi는 강연 중에 객석을 향해 이렇게 질문했다. "시카고에 피아노 조율사가 몇 명이나 있어야 할까요?"

청중들은 이 괴상한 질문을 아예 생각하지도 않았지만 페르미는 꿋꿋이 계속 말했다. "시카고 인구는 총 300만 명입니다. 대부분 4인 가족이고, 총 가구의 3분의 1이 피아노를 보유하고 있습니다. 계산해보면 시카고에는 대략 25만 대의 피아노가 있는 셈입니다. 매년 총 피아노 수의 5분의 1이 조율을 받아야 합니다. 즉, 시카고에서는 매년 5만 건의 조율 업무가 발생합니다. 그런데 조율사 한 명이 하루에 조율할 수 있는 피아노는 네 대뿐입니다. 1년에 250일을 일한다고 했을 때 조율사 한 명이 1년 동안 총 1,000대의 피아노를 조율하는 거죠. 이것은 조율이 필요한 피아노 수량의 50분의 1입니다. 이상의 내용으로 추론하자면 시카고에는 총 50명의 조율사가 필요합니다."

페르미가 말을 마치자 청중들은 감탄하며 크게 박수쳤다.

페르미는 전형적인 연역추론의 방식을 따랐다. 이 방식을 사용하려면 관련 지식들을 많이 알고 있어야 한다. 페르미는 시카고의 총인구와 가구수, 피아노를 보유한 가구의 비율, 피아노의 조율 빈도, 조율사의 업무량과 업무 일수 등을 전부 미리 조사했다. 이런 사전 지식이 없었다면 그는 절대 결론을 얻을 수 없었을 것이다.

원시림으로 사냥을 떠난 사람들이 있었다. 이들은 몇 개의 팀으로 나누어 각각 움직이기로 했는데 각 팀에는 모두 무전기가 지급되었다. 만약 위험한 상황이 발생하면 즉시 무전기로 이 지역 상공을 비행하는 헬리콥터에 구조를 요청할 수 있었다.

사냥이 끝난 후, 모두 돌아왔는데 아무리 기다려도 한 팀이 끝까지 나타나지 않았다. 얼마 후, 그들은 산골짜기에서 사체로 발견되었다.

왜 이런 일이 벌어진 것일까? 이들은 왜 구조 요청을 하지 않았을까? 혹시 무전기 사용법을 몰랐을까? 아니면 너무 급박하거나 놀라서 아예 무전기를 사용할 생각도 못했을까? 구조 요청을 했는데 헬리콥터의 조종사가 부주의하게 그냥 지나친 것은 아닐까? 산골짜기라 무전기의 주파수가 잡지 못했을까?

사건의 진상을 밝히려면 우선 다음의 네 가지 질문에 대한 답을 구해야 했다.

① 이들은 가장 마지막으로 언제, 어디서 목격되었는가?
② 헬리콥터는 이들의 구조 요청 무전을 받았는가?
③ 이 사고는 구조 계획의 문제인가 아니면 다른 문제인가?

④ 이번 구조 실패는 이전의 다른 사건과 유사한 점이 있는가?

당신은 이에 대해 다음과 같은 답을 얻을 수 있다.

① 그들은 작은 산봉우리를 넘어 사체로 발견된 산골짜기를 향해 걸어가는 모습이 마지막으로 목격되었다.

② 헬리콥터의 통신기록에 따르면 구조 요청 무전은 없었다. 나중에 이들의 사체로부터 멀지 않은 곳에서 무전기가 발견되었다.

③ 다른 팀도 작은 언덕 아래에 발이 묶여 무전기로 헬리콥터에 구조 요청을 했고, 전원 무사히 구조되었다. 그러므로 구조 계획에는 문제가 없었다.

④ 산불 현장에서 소방대원 두 명이 사망한 사건이 있었다. 당시의 헬리콥터 조종사 역시 그들의 구조 요청 무전을 받지 못했다고 진술했다. 이 소방대원들도 이번 사고처럼 깊은 산골짜기의 말라버린 개울에서 발견되었다.

이상의 자료로 사고 원인이 명확해졌다. 그들은 아마 '무전기 신호가 산에 가로막힌 탓'에 구조 요청을 하지 못했을 것이다. 이 결론은 여러 방면에서 파악한 모든 자료와 부합했다.

## 방향을 바꾸어 사고하라!

송나라 시인 소동파 蘇東坡 의 '제서림벽 題西林壁'에는 "가로로 보면 고

개가 되고, 세로로 보면 봉우리가 되네. 멀고 가까움, 높고 낮음에 따라 모습이 모두 다르니橫看成嶺側成峰, 遠近高低各不同"라는 구절이 등장한다. 여행객이 서 있는 위치에 따라 보는 경치도 각각 다르다는 의미다. 비단 풍경뿐 아니라 모든 일이 그러하다. 어떤 일을 할 때 각도를 바꾸어보면 다른 면을 볼 수 있고, 생각지도 못한 관찰 결과와 결론을 얻을 수도 있다. 그러므로 일하면서 문제에 부딪히면 방향을 바꾸어 사고해보자. 아니면 주변 사람들의 의견을 참고하는 것도 나쁘지 않다.

1997년은 홍콩이 중국으로 반환된 해다. 당시 양국 정부는 홍콩 컨벤션 센터에서 주권반환식을 거행하기로 했다. 그 첫 순서는 7월 1일 0시 정각에 중국의 국가가 울려 퍼지는 동시에 중국 국기인 우싱훙치五星紅旗가 천천히 게양되는 것이었다. 행사를 준비하는 사람들은 국가가 끝나는 순간에 국기도 깃대의 가장 상단에 도착하기를 바랐다. 그런데 이것이 여간 어려운 일이 아니었다.

의장대는 주권반환식 몇 주 전까지 국가 연주와 국기 게양의 박자를 맞추지 못해서 애를 먹었다. 수없이 리허설을 했지만 국가 연주가 끝났는데도 국기는 아직 깃대 중간에 있거나, 국가가 연주 중인데 국기는 이미 깃대 꼭대기까지 올라가는 일이 반복되었다. 계속 연습했으니까 이제 그만 맞을 때도 되었는데 도무지 맞지가 않았다. 왜 그럴까? 책임자는 처음에 게양 수의 잘못이라고 생각했지만 그는 전혀 문제가 없었다. 그러자 이번에는 생각의 각도를 바꾸어 깃대의 높이에서 문제를 찾았다. 측량 결과 국가 연주와 국기 게양이 보기

좋게 같이 마무리 되려면 깃대가 원래 높이보다 약간 높아야 했다.

하지만 주권반환식이 코앞에 다가온 터라 깃대를 수리할 시간이 부족했다. 결국 그들은 다시 한 번 생각의 각도를 바꾸어 해결 방법을 찾아냈다. 깃대 아랫부분의 양탄자 밑에 필요한 높이의 널빤지를 한 장 깔기로 한 것이다. 이렇게 해서 1997년 7월 1일, 중국과 홍콩의 주권반환식의 시작을 알린 국기 게양식이 단 하나의 오차도 없이 완벽하게 진행될 수 있었다.

해결하기 어려운 문제에 부딪혔을 때는 냉정하게 각도를 바꾸어 관찰하고 새롭게 문제를 분석해보자. 어쩌면 완전히 새롭고 효율적인 해결 방법이 떠오를지도 모른다.

헬리콥터는 주 회전 날개 main roter로 이륙한다. 하지만 헬리콥터를 처음 발명했을 때는 토크 torque[5]가 발생하는 탓에 날개 아래의 기체가 반대 방향으로 회전하는 문제가 있었다. 과학자들은 주 회전 날개가 만드는 토크를 해결하는 방법을 두고 머리를 싸매야 했다. 가장 먼저 떠오른 방법은 헬리콥터에 반방향의 회전 날개를 덧붙이는 것이었다. 하지만 이 방법은 당시의 기술적 한계 때문에 실험 한 번 제대로 해보지도 못하고 포기해야 했다. 얼마 후, 미국인 이고리 시코르스키 Igor Sikorsky가 매우 기발하게도 꼬리 회전 날개 Tail Rotor를 설계해서 이 문제를 해결했다. 이것은 반방향 회전 날개에 비해 제작이

---

5) 물체에 작용해서 회전시키는 원인이 되는 물리적 힘.

훨씬 간단해서 거의 모든 민간 헬리콥터에 빠르게 보급되었다.

이상은 모두 문제가 발생했을 때 생각의 방향을 바꾸어 해결한 사례들이다.

### 정반대의 방법을 선택하라!

볼펜이 처음 발명되었을 때에도 역시 문제가 있었다. 바로 잉크가 너무 쉽게 샜다. 이 현상은 볼펜 끝의 볼이 글자를 쓰는 과정에서 마모되기 때문에 발생했다. 그래서 사람들은 내구성이 강해 쉽게 마모되지 않는 자재로 볼을 만들어야겠다고 생각했다. 하지만 마모에 강하고 가격까지 저렴한 자재를 찾는 것은 여간 어려운 일이 아니었다.

이때 완전히 다른 각도로 문제 해결을 시도한 사람이 등장했다. '볼이 마모되는 것을 피할 수 없다면 차라리 잉크양을 줄여서 볼이 마모되기 전에 모두 사용하면 되지 않을까?' 그는 즉시 많은 볼펜을 준비해서 잉크가 새는 현상이 출현할 때까지 사용한 잉크의 양을 기록하고 평균을 계산해냈다. 얼마 후, 이 평균보다 적은 잉크를 넣은 볼펜이 출시되었다. 이로써 오랫동안 사람들을 난감하게 만들었던 문제가 해결되었다.

"문제가 여기에 있으면, 답은 저기에 있다." 이런 식의 생각을 '점프씽킹Jump Thinking'이라고 부른다. 여기에서 '점프'는 '벗어나기'를 의미한다. 다시 말해 고정된 생각에서부터 벗어나는 방식이다. '정반대의 방법을 선택하는 것'은 당신의 생각을 다른 방향으로 뻗어나가게 해서 더 깊은 탐구를 가능하게 만든다.

강을 건너려는 사람이 강가에서 손님을 기다리는 뱃사공들에게 물었다. "이 중에서 수영을 할 줄 아는 사람이 있습니까?"

그러자 뱃사공들은 그를 둘러싸고 "제가 수영을 할 줄 압니다. 제 배를 타시지요", "수영은 제가 도사입니다. 제 배를 타시는 것이 가장 안전합니다!"라고 말했다.

이렇게 소란한 가운데 저 멀리 늙은 뱃사공 한 명만 강가에 그대로 서 있었다. 강을 건너려는 사람은 그에게 다가가 물었다. "수영을 할 줄 아십니까?"

늙은 뱃사공은 부끄러운 듯이 "죄송합니다. 저는 수영을 할 줄 모릅니다"라고 말했다.

"그거 잘 되었군요! 당신의 배를 타겠소!"

이 말을 들은 다른 뱃사공들은 불만이 가득한 목소리로 말했다. "그는 수영을 할 줄 모릅니다. 만일 배가 뒤집히면 누가 손님을 구하겠습니까?"

강을 건너려는 사람은 오히려 웃으면서 대답했다. "이 뱃사공은 수영을 할 줄 모르니 조심하면서 아주 안전하게 노를 젓겠지요. 그러니 그의 배가 가장 안전합니다."

"피할 수 없다면 즐겨라!" 이 말을 들어본 적이 있을 것이다. 어떤 사물의 결점 혹은 단점을 고칠 수 없다면 그것을 '특징'으로 삼는 것도 좋은 방법이다. 이렇게 하면 피동적인 것이 주동적인 것으로, 불리한 것이 유리한 것으로 바뀔 수 있다.

옷가게의 점원이 다림질을 하다가 고급 스커트에 작은 구멍을 냈다. 원칙대로라면 이 스커트는 판매할 수 없다. 아무리 구멍을 기워서 감쪽같이 수선해도 결국 고객을 속이는 것이기 때문이다. 그래서 점원은 좀 더 기발한 생각을 했다. 이미 난 구멍 옆에 작은 구멍들을 더 많이 낸 후, 몇 가지 장식을 더한 것이다. 그런 후 쇼윈도에 멋지게 진열했더니 금세 팔려 나갔다. 이 옷가게는 '새로운 스타일을 판매'하는 것으로 유명세를 떨쳤다.

논리를 갖춘 사람은 일의 순서를 잘 정할 수 있을 뿐 아니라 일반적인 규율과 다른 생각의 방식과 새로운 각도로 문제를 인식한다. 이것은 일의 효율을 상승시킬 수 있는 매우 효과적인 방법이다.

## ; 더 이성적으로 문제를 처리하는 법

### 문제의 핵심을 파악하라!

우리는 살면서 항상 어려운 일에 부딪힌다. 그때마다 가능한 모든 방법을 동원해서 잘 처리하고 싶지만 마음과 달리 현실은 어디서부터 어떻게 일을 시작해야 할지도 모르는 경우가 많다. 이럴 때는 우선 차분한 마음으로 이 '어려운 일'을 깊이 생각해본 후에 문제의 핵심을 찾아야 한다. 그것을 찾아내 해결하는 데 성공한다면 나머지 자잘한 문제들은 자연스럽게 처리될 것이다.

어떤 사람이 가게에서 술 몇 병을 사서 집으로 돌아갔다. 그런데 술을 정리하다가 그중 두 병이 가짜인 것을 발견하고 크게 화가 났다. 다음날, 그는 아침에 일어나자마자 곧장 가게로 가서 따졌다. 하지만 주인은 이 가짜 술을 자기 가게에서 샀다는 증거가 어디 있냐며 오히려 더 화를 냈다. 배상은커녕 이상한 사람 취급을 받은 그는 화가 났지만 어찌해볼 도리가 없었다.

만약 그가 논리를 조금이라도 배웠다면 그 가짜 술을 해당 가게에서 구매한 것을 증명할 수 있었을 것이다. 우선 이것이 가짜 술인 것을 확실하게 감정 받고, 술병 위에 찍힌 가게 직원의 지문을 채취했다면 가게 주인은 분명히 책임을 져야 했을 것이다. 문제를 해결하는 것은 어려운 일이 아니다. 논리적으로 생각하기만 하면 된다.

어느 날, 동물원 관리자가 우리를 둘러보다가 캥거루가 사라진 것을 발견했다. 깜짝 놀란 그는 사방을 뒤져 한참만에 캥거루를 찾아냈다. 그런 후 동료들과 회의를 열고 열띤 토론 끝에 캥거루 우리의 높이가 너무 낮다는 결론을 내렸다. 그들은 우리의 높이를 10미터에서 20미터로 변경하기로 하고 즉각 시행했다.

다음날, 우리를 살피던 관리자는 캥거루가 또 탈출한 것을 발견했다. 깜짝 놀란 관리자들은 다시 회의를 열고 우리의 높이를 30미터로 올리기로 했다.

며칠 후, 캥거루가 또 사라졌다! 관리자들은 하는 수 없이 우리의 높이를 100미터까지 높였다. 그날 밤, 옆 우리에 사는 기린이 캥거루에게 말을 걸었다. "그들이 네 우리의 높이를 더 올릴까?"

"나야 모르지!" 캥거루는 하품을 하며 말했다. "다음에 또 문 잠그는 것을 잊어버린다면……, 뭐 그럴지도!"

관리자들은 캥거루의 탈출을 방지하기 위해 우리를 높이기만 했다. 하지만 진짜 문제는 바로 우리의 문을 잠그지 않은 데 있었다.

아무리 머리를 싸매고 열심히 분석하더라도 그 방법이 맹목적이라면 절대 최종 목표에 도달할 수 없다. 어쩌면 오히려 최종 목표와 점점 더 멀어질 수도 있음을 명심해야 한다.

### 문제를 간단하게 만들어라!

**첫 번째 이야기**

영국의 한 신문사가 고액의 상금을 걸고 문제의 답을 찾는 이벤트를 열었다. 문제의 내용은 다음과 같다.

열기구에 인류의 존망과 큰 관련이 있는 과학자 세 명이 타고 있었다. 그러나 열기구는 무게가 너무 무거워 곧 추락할 위기에 처했다. 유일한 방법은 세 사람 중 한 명이 뛰어내리는 것이었다. 누가 뛰어내려야 할까?

첫 번째 과학자는 환경전문가로 인류가 환경오염의 위험으로부터 벗어나는 방법을 연구해 성공했다. 두 번째 과학자는 원자력 전문가로 핵전쟁을 제어해 인류의 멸망을 막는 데 큰 기여를 했다. 마지막 과학자는 식량전문가로 그의 연구 성과 덕분에 수억 명에 달하는 사람이 기아의 고통에서 벗어날 수 있었다.

상금이 큰 편이어서 구독자들이 보낸 편지가 산처럼 쌓였다. 편지에 쓴 답도 그야말로 가지각색이었다.

그런데 최종 우승자는 뜻밖에도 어린 아이였다. 이 아이는 편지에 "가장 뚱뚱한 사람이 뛰어내린다"라고 썼다.

### 두 번째 이야기

삼촌이 어린 조카에게 게임을 제안했다.

"서로 질문하는 게임을 해보자! 네가 내 질문에 대답하지 못하면 나에게 1달러를 주는 거야. 거꾸로 내가 너의 질문에 대답하지 못하면 10달러를 줄게. 어때?"

"좋아요!"

"자, 그럼! 나는 몸무게가 얼마나 나갈까?"

"……"

아이는 눈을 깜박 거리며 잠시 생각해보더니 1달러를 꺼내 삼촌에게 주었다.

"이번에는 제 차례에요. 눈 세 개, 코 여섯 개, 다리 아홉 개가 있는 것은 무엇일까요?"

삼촌은 한참 생각했지만 결국 답을 말하지 못하고 조카에게 10달러를 건넸다. 그러자 조카는 잽싸게 돈을 받아서 주머니에 넣었다. 삼촌은 궁금증을 참지 못하고 다음과 같은 질문을 했다.

"그런데 아까 그 질문의 답이 뭐야?"

"사실 나도 몰라요!"

조카는 1달러를 삼촌에게 건네고 밖으로 뛰어나갔다.

이상의 두 가지 사례에서 승리한 사람은 모두 어린아이다. 아이들은 어떻게 최종 승리를 거둘 수 있었을까? 바로 문제를 어른들보다 간단하게 바라보았기 때문이다. 문제를 간단하게 보았더니 해결 방법 역시 단순해진 것이다. 첫 번째 이야기에서 우승한 어린이는 오로지 '지금 어떻게 해야 하는가?'에만 집중했다. 열기구가 추락하려는 이유는 '너무 무겁기 때문'이었다. 그래서 어린이는 가장 뚱뚱한 사람이 뛰어내리는 것이 열기구의 무게를 줄이는 확실한 방법이라고 생각했다. 여기에서 과학자들의 연구 분야, 성과, 영향력 등은 전혀 고려할 필요가 없었다. 두 번째 이야기에서 조카는 '무슨 문제를 낼까?'가 아니라, '어떻게 하면 돈을 더 많이 받을 수 있을까?'만 생각했다. 문제의 답이 없어도 상관이 없었다. 이렇게 해서 삼촌과의 게임에서 이길 수 있었던 것이다.

성공한 사람들은 복잡한 문제를 간단하게 만들고, 실패한 사람은 간단한 문제를 복잡하게 만든다. 어려운 문제에 부딪혔을 때는 '아이처럼' 단순하게 생각할 필요가 있다.

## 중요도와 긴급한 정도에 따라 나누어라!

우리가 무슨 일을 하든지 반드시 기교가 필요하다. 일을 할 때는 그 중요도와 긴급한 정도에 따라 분류한 후, 일정한 규율과 질서에 따라 완성하는 것이 좋다. 또 해야 하는 일 중에는 가장 가치 있는 일부터 먼저 시작해야 한다.

성공한 사람들은 매일 아침 그 날 해야 하는 일들을 모두 나열한 후, 각각의 중요도와 긴급한 정도에 따라 분류한다. 그런 후에 일처리 순서를 정하고, 시간과 에너지를 배분한다. 처음에는 가장 중요하고, 가장 긴급한 일을 한다. 여기에는 최대한 많은 시간과 에너지가 투입될 것이다. 예를 들어 인생 목표의 실현, 일의 진행상황, 일과 생활 모두에 밀접하게 연관된 일 등이다. 이런 일들은 당신의 최종 목표에 영향을 미칠 가능성이 크므로 가장 먼저 시작하고 효율적으로 수행해 빠르게 완성하는 편이 좋다. 두 번째는 중요하지만 별로 긴급하지 않은 일을 한다. 예를 들어 며칠 후에 제출해야 하는 보고서 작성, 좋은 책 한 권 읽기 등이다. 세 번째는 긴급하지만 별로 중요하지 않은 일을 한다. 친구의 초청에 응하는 등의 일이 여기에 속한다. 이런 일은 앞의 두 가지를 모두 완성한 후에야 가능하다. 아직 앞의 두 가지를 완성하지 못했다면 세 번째 일은 바로 포기하자. 마지막으로 긴급하지도, 중요하지도 않은 일을 한다. 아무런 목적이 없는 텔레비전 시청, 인터넷 채팅, 게임 같은 소중한 시간을 낭비하고 에너지를 소모하는 무의미한 일을 하면 된다. 일과 일 사이의 자투리 시간에는 별로 중요하지도 않고, 긴급하지도 않지만 반드시 해야 하는 일을 하자. 이상의 일을 전부 완성했는데도 여전히 시간이 남아 있다면 그 날 해도 되고, 하지 않아도 되는 일을 하면 된다.

어느 날, 프랑스의 한 신문사에서 구독자들에게 재미있는 문제를 냈다.

"루브르박물관에 큰 화재가 발생했습니다. 단 한 작품만 가지고 나올 수 있다면 무엇을 가지고 나오겠습니까?"

수많은 구독자가 신문사에 편지를 보냈다. 장문의 편지에는 왜 그러한 선택을 했는지에 대한 치밀한 논증이 담겨 있었다. 어떤 사람은 거의 몇 만 자에 달하는 '논문'을 써서 왜 레오나르도 다빈치 Leonardo da Vinci의 〈모나리자〉를 가져나와야 하고, 빈센트 반 고흐 Vincent van Gogh의 〈해바라기〉는 포기해야 하는지를 논증했다. 또 어떤 사람은 왜 〈해바라기〉를 선택하고 〈동굴의 성모〉는 선택하지 않는지를 구구절절 설명했다. 독자들은 모두 자신의 선택을 굽히지 않으며 서로 옳다고 주장했다. 프랑스의 생리학자 클로드 베르나르Claude Bernard가 나타나기 전까지는 말이다. 그는 "출구에서 가장 가까운 그림을 구해야 합니다"라고 말해서 이 논란을 종결지었다.

사람들은 그의 선택에 무릎을 탁 치며 공감했다.

생각해보면 참으로 간단한 문제다. 큰 불이 났다면 사방에 연기가 자욱해서 어디에 무슨 그림이 있는지도 모를 것이다. 이런 상황에 위험을 무릅쓰고 마음속으로 선택한 '그 그림'을 가지러 간다면 아마 그림을 찾기도 전에 화마의 재물이 될 것이다. 출구에서 가장 가까운 그림을 가져오는 것은 비록 가장 가치 있는 일은 아닐 수도 있지만 '가장 실현 가능한 일'인 것은 확실하다. 급박한 상황에서는 가능한 것이 가치 있는 것보다 중요하다. 루브르박물관이 소장한 작품 중 가치 없는 것이 있겠는가? 시간을 낭비하는 선택을 하느니, 차라리 시간을 효율적으로 활용해서 하나라도 구하는 것이 낫다.

비슷한 사례는 또 있다. 시골 마을에 큰 홍수가 났다. 주택들이 모두 물에 잠겼고, 상당수의 주민이 거센 물살에 떠내려갔다. 그중에는 한 농부의 아내와 아이도 있었다. 농부는 아내와 아이가 물에서 허우적거리는 것을 보자마자 물로 뛰어들었다. 그는 우선 아내를 구하고 다시 아이를 구하러 갔지만 아이는 이미 사망한 상태였다.

나중에 사람들은 이 일을 두고 말이 많았다. 어떤 사람은 아이야 다시 하나 낳으면 되지만 아내는 죽으면 다시 살아나지 못하니 잘한 일이라고 했다. 하지만 아내는 다시 얻으면 되지만 아이는 제 핏줄이니 먼저 구해야 했다고 하는 사람도 있었다.

수해 상황을 취재하던 기자도 이 이야기를 들었다. 그는 자신이라면 어떻게 했을까 생각해보았지만 도무지 결론이 나지 않았다. 한 사람만 구할 수 있는 상황이라면 아내를 먼저 구할까? 아니면 아이를 먼저 구해야 할까?

기자는 그 농민을 찾아가 인터뷰를 요청하고 당시 상황이 어땠는지 물었다.

"나는 아무 생각도 하지 않았습니다. 물살이 너무 거셌거든요. 아내가 아이보다 더 가까이 있었어요. 그래서 그녀를 붙잡고 둑 위로 올라갔죠. 아이를 구하려고 다시 갔지만 이미 죽었더라고요."

기자는 인터뷰를 마치고 돌아오는 길에 농민의 말을 곰곰이 생각해보았다. 우리가 살면서 매순간 내려야 하는 결정이 모두 이러하지 않겠는가. 엄청난 자연의 힘에 맞선 농민의 선택은 현명했다. 최고의 선택은 아니지만 최선의 선택이었기 때문이다.

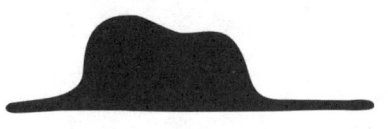

## 제3장
# 현상의 논리

# 이상한 일은
# 어디에나 있다

살다 보면 상식적으로 이해하기 어려운, 이상한 현상을 자주 목격한다. 하지만 "존재하는 것은 이성적이다"[6]라고 하지 않았던가? 아무리 알 수 없는 일이라도 그것이 존재하는 논리가 있기 마련이다. 다음의 사례로 그 논리를 파헤쳐보자.

---

6) 독일의 철학자 헤겔Hegel이 저서 《법철학 Grundlinien der Philosophie des Rechts, 1821》에서 이야기한 내용. 원문인 "이성적인 것이 현실적이고, 현실적인 것이 이성적이다 Was vernünftig ist, das ist wirklich; und was wirklich ist, das ist vernünftig"를 축약해서 말한 것이다.

# ;도무지 이해할 수 없는 일

### 평범남은 어떻게 매력녀를 쟁취하는가?

중국에는 '소똥에 꽃을 꽂은 격'이라는 말이 있다. 아주 평범한 남성과 눈부시게 아름다운 여성 커플을 두고 하는 말이다. 실제로 주변을 둘러보면 이런 연인들이 꽤 많다. 이 현상을 어떻게 해석해야 할까?

우선 현실의 인물들을 크게 남자 둘, 여자 둘로 단순화해보자. 이들은 각각 매력남, 평범남, 매력녀, 평범녀다.

매력녀는 아름답고 상냥하며, 마치 아름다운 향기가 나는 것처럼 행동이 세련되고 우아하다. 그래서 매력남과 평범남 모두 그녀에게 푹 빠진 상태다. 우리의 평범녀는 착하고 귀여운 아가씨다. 그녀는 매력남을 깊이 사랑하고 있지만 매력녀만큼 아름답지 않은 탓에 그저 묵묵히 바라보고만 있다. 매력녀와 평범녀, 이 두 여성은 모두 각자의 사랑에 대해 주관이 뚜렷한 사람들이다. 우선 매력녀가 배우자 감을 선택하는 기준은 바로 '나를 끝까지 사랑해주는 남자'다. 그렇기에 설령 매력남일지라도 그녀에게 선택될 확률은 70%에 그친다. 이는 곧 평범남에게도 30%의 소중한 기회가 있다는 의미다. 또 평범녀는 아무리 사랑하더라도 다른 사람의 '대타'가 될 생각은 없다. 그래서 만약 매력남이 매력녀에게 적극적으로 구애하기 시작하면 즉각 그를 떠날 것이다. 네 사람의 이야기는 이렇게 시작된다.

　매력남과 평범남에게는 두 가지 선택사항이 있다. 매력녀에게 적극적으로 구애하거나, 혹은 하지 않는 것이다. 이들의 선택에 따라 다음의 네 가지 결과가 발생할 수 있다.

　① 매력남은 구애하고, 평범남은 구애하지 않는 경우. 매력남이 매력녀의 마음을 얻을 것이다. 이때 매력남의 효용을 10, 평범남의 효용을 0이라고 하자.

　② 평범남은 구애하고, 매력남은 구애하지 않는 경우. 이번에는 평범남이 매력녀의 마음을 얻는다. 그의 효용이 10이다. 한편, 매력남은 평범녀의 사랑을 받아들일 것이다. 이때 그의 효용은 8이다.

　③ 두 사람 모두 구애하지 않는 경우. 이번 역시 평범녀의 사랑을 얻는 매력남의 효용은 8이다. 반면에 아무것도 얻지 못하는 평범남의 효용은 0이다.

　④ 두 사람 모두 구애하는 경우. 매력남은 성공 확률이 70%이므로 기대효용은 70%×10=7이다. 반면에 성공 확률인 30%인 평범남의 기대효용은 30%×10=3이다.

　각 경우의 효용을 비교해보자. 매력남은 평범남이 매력녀에게 구애하지 않으면 자신이 구애하는 것이 가장 좋고, 평범남이 구애하면 매력녀를 포기하고 평범녀를 만나는 편이 더 낫다. 평범남은 매력남의 선택에 관계없이 일단 매력녀에게 구애해야 한다. 사실 이 이야기의 가장 이상적인 결말은 바로 평범남이 매력녀에게 구애하고, 매력남은 평범녀의 사랑을 받아들이는 것이다.

 바로 이렇게 해서 아름다운 꽃 한 송이가 '냄새 폴폴 나는' 소똥 위에 꽂히고, 착하고 귀여운 평범녀는 꿈에 그리던 남성과 결혼하는 일이 일어나게 된다.

 이 이야기에서 무엇을 깨달았는가? 만약 당신이 태생적으로 '평범남'이라고 해도 기가 죽거나 낙담할 필요는 없다. 아니 사실 오히려 기뻐할 일이다. 용기를 내어 과감하게 도전한다면 당신의 반쪽이 '매력녀'일 가능성이 무척 크기 때문이다.

 남녀 관계에서 사람들은 모두 자신이 잘하거나 뛰어난 부분을 드러내려고 애쓴다. 그런데 당신이 어떤 여성과 데이트하고 싶은 마음을 과하게 표현하면 어떻게 될까? 그녀는 아마 당신이 더 좋은 상대를 찾는 데 실패한 것은 아닌지 의심할 것이다. 예를 들어보자. 어느 날 당신은 8점짜리 여성에게 데이트를 신청했지만 거절당했다. 이때 당신이 선택할 수 있는 가장 좋은 방법은 바로 7점짜리 여성을 찾는 것이다. 성공 가능성이 더 크기 때문이다. 물론 이 여성 역시 의심할 것이다. 당신이 더 나은 상대를 찾지 못해서 자신에게 온 것은 아닌지 말이다. 그러니 만약 정말로 이 7점짜리 여성과 만나고 싶다면 반드시 이렇게 말해야 한다. 그동안 당신은 8점짜리 여성과 만나왔는데 이번만큼은 그녀를 만나보고 싶다고 말이다. 더 확실하게 신뢰를 얻으려면 당신이 애초에 7점짜리 여성과는 데이트할 생각이 없었다고 여기도록 만들어야 한다. 그러면 그녀는 자신이 '특별하다'고 느끼며 당신의 데이트 신청을 받아들일 것이다.

보통의 여성에게 구애할 때는 이상의 방법을 참고하는 것이 도움이 된다. 하지만 상대방이 절세 미녀라면, 예를 들어 텔레비전에서나 볼 수 있는 유명 슈퍼모델이라면 어떻게 해야 할까? 이런 여성들은 당신이 자신보다 더 나은 여성을 만나기가 어렵다는 것을 잘 알고 있다. 당신도 이 점을 인정할 것이다. 그러므로 이런 경우에는 오히려 당신의 마음을 과감하게 드러내는 쪽이 좋다.

만약 모든 남성이 10점짜리 여성에게 구애한다면 어떻게 될까? 10점짜리 여성이니 당연히 10점짜리 남성을 선택할까? 정답은 그 반대다. 그녀는 아마 점수가 가장 낮은 남성을 선택할 것이다. 이유는 다음과 같다.

각각의 점수가 1점부터 10점까지인 남성 열 명이 미녀 한 명을 쫓아다닌다고 가정해보자. 그녀는 누가 10점짜리인지 모르기 때문에 오로지 그들의 말이나 행동 같은 표현으로만 판단해야 한다. 이때 가장 적극적인 남성은 1점짜리가 분명하다. 어느 곳에서도 그를 원하는 여성을 찾을 수 없기에 그렇게 적극적인 것이다. 또 가장 먼저 포기하는 남성은 아마 10점짜리일 것이다. 그는 기준만 약간 낮추면 9점짜리 여성을 얼마든지 만날 수 있기 때문에 포기도 빠르다. 결국 미녀는 자신을 쫓아다니던 남성들이 하나둘씩 줄어드는 것을 보게 된다. 그리고 끝까지 곁에 남아 있는 '1점짜리 남성'이야말로 자신을 가장 사랑하며 '변치 않고 영원히 사랑해줄' 남자라고 착각한다.

## 빚진 사람이 더 당당한 이유

　채무자(돈 빌린 사람)와 채권자(돈 빌려준 사람)의 관계는 매우 명확하다. 채무자가 채권자에게 부탁하는 구조이다 보니 채무자는 자연스럽게 열세에 놓인다. 그런데 종종 빚진 사람이 더 '우위'에 있는 경우를 볼 수 있다. 대체 어떻게 된 일일까?
　B가 A에게 100달러를 빌렸다. 두 사람은 능력이 비슷하고 채무 관계도 명확하다. 그러나 B가 A에게 100달러를 모두 갚지 못하는 상황이라면 어떻게 될까? 이때 A와 B는 '타협'과 '강한 대응' 둘 중의 하나를 선택해야 한다.
　① A와 B가 모두 타협을 선택할 경우: 이때 B가 반드시 돈을 갚고자 한다면 두 사람은 협상을 벌여 합의점에 도달할 수 있다. A가 100달러만 받고 B의 채무를 10달러 줄여주는 식이다. 이 경우 A의 효용은 90, B의 효용은 10이다.
　② A와 B가 모두 강한 대응을 선택할 경우: 이때는 양측의 갈등이 깊어져 폭력이 오갈 수도 있다. 그러면 A는 100달러의 채무를 회수하기는커녕 치료비로 100달러를 써서 200달러를 손해보는 어이없는 상황을 맞이할 수도 있다. B 역시 치료비로 100달러를 소비해야 한

다. 하지만 돈을 갚지 않아도 된다면 손해보는 것은 아니다. 이 경우 A의 효용은 -200, B의 효용은 0이다.

③ A와 B가 서로 다른 선택을 할 경우: A가 강한 대응을 선택하면 B는 타협을, A가 타협을 선택하면 B는 강한 대응을 선택한다. 전자일 때는 A의 효용이 100, B의 효용은 0이다. 후자는 그 반대다.

각 경우를 비교해보면 가장 좋은 결과는 바로 양측이 타협해서 A와 B가 각각 90과 10의 효용을 얻는 것이다.

현재 중국 사회에는 돈을 빌리고 갚지 않는 일이 비일비재하다. 사회 전체의 약속이행률이 현저히 낮으며 가짜 상품이 판을 치는 등 전반적으로 신용체계가 매우 불건전하다고 할 수 있다. 그래서 아이러니하게도 돈을 빌린 채무자가 더 유리한 경우가 종종 있다. 앞에서 설명했듯이 양쪽이 모두 강하게 나올 때 채무자 B의 효용은 0이 된다. 그러나 B는 자신이 강하게 대응하면 A가 분명히 타협적인 태도를 취할 거라고 예측할 것이다. 그러므로 B의 가장 이성적인 선택은 '강한 대응'이다.

일반적으로 두 사람 중 보통 채무자인 B가 먼저 태도를 선택한다. B가 강하게 대응하기로 하면 A는 절대 같은 선택을 하지 않을 것이다. 그랬다가는 오히려 상황이 더 안 좋아지기 때문이다. A는 결국 타협적인 태도를 선택할 수밖에 없다. 바로 이런 이유로 빚진 사람이 더 당당할 수 있는 것이다.

## 암표상은 왜 근절되지 않는가?

춘절春節, 노동절勞動節, 국경절國慶節은 중국인들에게 매우 즐거운 날이다. 매년 이 날이 가까워지면 고향에 가서 가족과 친구를 만날 생각에 무척 설레지만, 한 편으로는 기차표를 살 생각에 머리가 지끈거린다. 이런 황금휴가기에는 관계 당국도 특별 열차를 투입하는 등 여러 조치를 취하고 있다. 하지만 좌석이 항상 부족하기 때문에 아주 일찍부터 예약하지 않으면 표를 구하기가 쉽지 않다.

바로 이때 매우 '미스터리한' 조직이 등장한다. 이들은 언제나 손에 구하기 어려운 기차표, 아니 '희귀한 표'를 들고 있다. 그리고 이 표가 필요한 사람에게 아주 비싼 가격으로 판매된다. 그렇다. 이들은 '암표상'이다!

여행객들은 표 한 장조차 구하지 못해서 발을 동동 구르는데 암표상들은 각종 표를 손에 쥐고 비싼 가격에 팔다니, 왜 이런 아이러니한 현상이 발생하는 것일까? 왜 암표상은 근절되지 않는 것일까?

암표상에 대해 경찰은 '단속하거나 단속하지 않는' 두 가지 입장을 취할 수 있다. 암표상 역시 '팔거나 팔지 않는' 두 가지 전략이 있다. 경찰과 암표상은 모두 바보가 아니며 무척 이성적이기 때문에 자신의 이익을 위한 선택을 할 것이다. 자, 이제 양측의 선택에 따라 어떠한 결과가 발생할지 살펴보자.

① 암표상이 표를 팔고, 경찰은 단속하지 않는 경우: 암표상은 시장의 수요에 따라 기차표를 불법으로 판매한다. 이때 얻을 수 있는 효용을 10이라 하자. 경찰은 그의 존재를 알지만 단속하지 않기로 했다. 그러면 사회가 불안정해지고 여행객이 비싼 기차표를 사게 될 것이다. 어쩌면 경찰은 이 일로 고발을 당할 수도 있다. 그러므로 경찰의 효용은 −10이다. 이런 일들은 현실에서도 일어나고 있다. 공공 서비스 의식이 약한 중국 경찰은 문제를 제대로 해결하려는 노력 자체를 하지 않는다. 부패한 경찰은 심지어 암표상으로부터 뇌물을 받아서 일부러 모른 척하기도 한다. 암표상이 어떤 방식으로 정부의 관리, 감독을 벗어났는지는 관계없다. 어쨌든 이런 선택을 했을 때 경찰이 얻는 효용은 항상 마이너스, 손해일 뿐이다.

② 암표상이 표를 팔고, 경찰이 단속하는 경우: 암표상은 경찰에게 체포되어 벌금이나 형벌을 받을 것이다. 운 좋게 단속을 피했어도 이런 상황에서 표를 파는 것은 쉽지 않다. 어떤 상황이든 암표상의 효용은 −5다. 경찰이 암표 시장에 적극적으로 개입하면 여행객들은 정상적인 방법으로 편하게 여행할 가능성이 높아진다. 이때 경찰의 효용은 5다.

③ 암표상이 표를 팔지 않고, 경찰도 단속하지 않는 경우: 암표상이 법을 지키며 표를 팔지 않는다면 효용은 0이다. 경찰은 단속하지 않았는데도 암표상이 사라지고 사회 질서가 바로 섰기 때문에 효용이 5가 된다.

④ 암표상은 표를 팔지 않고, 경찰은 단속하는 경우: 암표상이 법을 지키며 표를 팔지 않는다면 효용은 0이다. 어차피 암표상도 없는데 경찰이 단속해봤자 괜히 억울한 사람을 체포하고 사회 불안감을 조성할 수 있다. 또 경찰력을 동원하는 데는 비용이 많이 든다. 이렇게 해서 경찰의 효용은 -5가 된다.

이상의 내용을 정리해보자. 경찰은 암표상이 표를 팔면 단속하고, 표를 팔지 않으면 단속하지 않을 것이다. 반대로 암표상은 경찰이 단속하면 표를 안 팔고, 단속하지 않으면 표를 팔 것이다.

두 집단은 서로의 전략에 근거해서 자신의 행동을 결정한다. 이렇게 서로의 눈치를 보면서 끝나지 않은 순환이 발생한다. 바로 이 때문에 암표상이 근절되지 않는 것이다.

### 버스는 왜 붐빌까?

대도시의 직장인들은 출퇴근 시간마다 답답하게 붐비는 만원버스에 시달린다. 그래도 버스를 타면 다행이다. 어떤 때는 앞 정류장에서 이미 사람이 꽉 차서 도저히 올라탈 수 없는 일도 있다. 사람이 많고 버스가 적어서 생기는 문제라면 이상할 것이 없다. 하지만 종종 버스 한 대에 태울 수 있는 승객 수를 다 채우지 못했을 때도 이런 일이 발생한다.

이 현상에 대해 사람들은 대체로 다음과 같이 생각한다.

① 버스 안에 아직 공간이 있지만 승객이 너무 많아 승차할 수 없다.

② 버스가 작아서 승차하지 못하는 것이 아니다. 먼저 탄 승객들이 입구를 막고 안으로 들어가지 않기 때문이다.

출퇴근 시간에 버스를 타본 사람이라면 무슨 말인지 알 것이다. 버스 한 대가 정류장에 서고, 문이 열린다. 하지만 버스에는 이미 사람이 너무 많기 때문에 안에서 누군가가 "꽉 찼어요! 다음 버스 타세요!"라고 소리칠 것이다. 그러면 이제껏 버스를 기다렸던 사람은 "한참 기다렸거든요. 안으로 좀 들어가세요"라고 외치면서 어떻게 해서든지 밀고 타려고 한다. 이렇게 어렵게 탑승한 후, 이번에는 그가 입구를 막고 다음 정류장에 있는 사람에게 "나중에 내릴 수도 없겠네! 당신들은 다음 차를 기다려요"라고 말한다.

이 같은 '만원버스의 애환'은 매일 발생하고 있다. 왜 그럴까?

우선 이미 버스에 타고 있는 사람의 선택사항을 살펴보자. 그는 버스를 타려는 사람을 올라오게 하거나 올라오지 못하게 할 수 있다. 전자의 경우 버스 안의 공간이 더 줄어들어서 승객들은 방금 전보다 더 큰 불편함을 느낄 것이다. 반면에 후자라면 상대적으로 편안한 공간을 확보할 수 있다. 그러므로 이미 버스에 탄 사람의 입장에서 가장 좋은 선택은 입구를 막고서 더 이상 타지 못하게 하는 것이다.

버스를 타려는 사람은 어떨까? 만약 이미 버스에 타고 있는 사람들이 길을 터준다면 재빨리 버스에 오르는 것이 좋다. 다음 버스를 기다리느라 시간을 낭비할 필요가 없기 때문이다. 사실 다음 버스가 이 버스보다 덜 붐빈다는 보장도 없다. 그런데 만약 이미 버스에 탄 사람들이 문을 막고 못 타게 한다면? 그래도 '비집고 올라타야' 한다. 어떻게 해서든지 버스를 탈 수 있다면 다음 버스를 기다리는 것보다는 더 낫기 때문이다.

이미 버스를 탄 사람은 다른 승객이 타지 않기를 바라고, 타려는 사람은 무조건 타려고 한다. 바로 이와 같은 양측의 입장 차이 탓에 항상 '만원버스의 애환'이 발생한다.

### 왜 교통사고의 맞은편 도로가 더 막히나?

한 경제학자가 강의를 마치고 귀가하고 있었다. 고속도로를 지나던 그는 전방의 차들이 갑자기 속도를 줄이는 것을 발견하고 자신도 속도를 줄였다. 무슨 일인가 하고 살펴보았더니 반대 차선에서 발생한 교통사고 때문이었다. 사고는 저쪽에서 났는데 오히려 이쪽 차들이 사고 현장을 구경하려고 속도를 크게 줄인 것이었다. 결국 고속도로 위의 정체는 '호기심' 때문이었다.

차들이 모두 10초간 사고 현장을 보는 바람에 전체 운행 시간이 10분가량 늘어났다. 더 기가 막힌 일은 현장이 이미 깨끗하게 정리되었는데도 뒤에 온 차량들이 '앞의 차량이 무얼 봤는지 알고 싶어서'

속도를 늦췄다는 것이다. 이들은 볼 것도 없는데 괜히 속도를 줄이며 반대 차선을 살폈다.

왜 이런 일이 발생할까? 바로 여기에 협상의 여지가 전혀 없기 때문이다. 사실 운전자들의 가장 좋은 선택은 시간을 낭비하지 않는 것이다. 모든 운전자가 10초 동안 사고 현장을 구경하지 않았다면 모두 고속도로 위에서 10분이라는 귀중한 시간을 아낄 수 있었다. 하지만 고속도로에서는 이러한 조직적인 협상이나 흥정이 존재할 수 없다. 각각 따로 움직이기 때문에 앞에 가는 운전자들은 뒤에 따라오는 운전자들에게 발생할 수 있는 손실을 전혀 신경 쓰지 않는다.

살다보면 이렇게 어쩔 수 없는 일들이 있다. 더 좋은 결과가 분명히 있지만 모든 사람이 자신에게 유리한 행동만 하기 때문에 결국 가장 나쁜 결과가 발생하는 것이다.

### 오늘의 적이 내일의 동지가 된다

서로를 증오하는 갑, 을, 병 세 사람이 권총 결투를 앞두고 있다. 갑은 사격실력이 아주 좋기 때문에 열 발을 쏘면 여덟 발이 명중이다. 을과 병은 열 발 중 각각 여섯 발, 네 발을 명중한다.

세 사람은 커다란 정삼각형의 세 꼭짓점에 각각 서서 서로를 바라보고 있다. 결투가 시작되면 아무에게나 조준해도 된다. 중요한 것은 세 사람이 동시에 단 한 발씩만 발사할 수 있다는 점이다. 첫 사격이 끝나면 두 번째 사격에서 다시 한 발씩 쏠 수 있다. 첫 사격이 끝났을 때 갑, 을, 병 세 사람의 생존 확률은 얼마일까?

아마 갑의 사격실력이 가장 좋으니 그의 생존 확률이 가장 높다고 생각할 것이다. 그러나 논리적으로 추론해보면 사격실력이 가장 좋지 않은 병이 생존할 확률이 가장 높다.

갑, 을, 병의 전략을 분석해보자.

첫 번째 사격에서 갑은 분명히 을을 향해 총을 쏠 것이다. 왜냐하면 을이 병보다 더 위협적이기 때문이다. 그러므로 갑의 가장 좋은 전략은 을을 먼저 제거하는 것이다.

같은 이유로 을의 가장 좋은 전략은 갑을 향해 총을 쏘는 것이다. 일단 갑을 먼저 제거하면 두 번째 사격에서 병과 대결하더라도 이길 확률이 크기 때문이다.

그렇다면 병은 어떨까? 병의 가장 좋은 전략 역시 갑을 향해 발사하는 것이다. 왜냐하면 두 번째 사격에서 갑보다는 을과 대결하는 편이 훨씬 승산 있기 때문이다.

이상의 내용으로 첫 번째 사격에서 갑, 을, 병의 생존 확률을 계산해보자.

갑: 24%(을과 병의 표적이 된다. 40%×60%=24%)

을: 20%(갑의 표적이 된다. 100%−80%=20%)

병: 100%(아무도 병을 쏘지 않는다)

즉, 사격실력이 가장 부족한 병의 생존확률이 가장 높고, 병보다 사격실력이 좋은 갑과 을은 오히려 생존확률이 낮다.

이 추론에서 세 사람은 서로의 사격 실력을 알고 있다. 그러나 현실에서는 이처럼 정확한 정보가 공개되는 일이 흔치 않다. 실제라면 갑은 자신의 진짜 사격실력을 의도적으로 숨겼을 것이다. 그리고 을과 병이 자신을 얕잡아볼 수 있도록 유도할 수도 있다. 성공한다면 최후에 웃는 사람은 분명히 갑이 될 것이다. 역사를 살펴봐도 영악하고 간사한 영웅이 최후의 승자가 되는 일이 많지 않은가!

이제 게임의 규칙을 바꾸어보자. 이번에는 세 사람이 동시에 쏘지 않고 돌아가면서 각각 한 발씩 쏘는 것이다. 이때도 병은 실력보다 운이 따를 것이다. 첫 번째 사격에 제거될 리 없기 때문이다.

총을 쏘는 순서가 갑, 을, 병일 때 갑이 80%의 확률로 을을 제거하면, 다음에 총을 쏘는 사람은 병이 된다. 이때 병은 40%의 확률로 갑을 제거할 수 있다. 하늘이 도와서 을이 갑의 총알을 피하더라도 을은 자기 차례에서 갑을 조준할 것이다. 이때 을이 갑을 제거하든 아니든 다음은 무조건 병이 쏠 차례다. 그러므로 갑, 을 둘 중에 누가 먼저 쏘더라도 병이 우세하다.

그런데 만약 병이 가장 먼저 총을 쏜다면 상황이 어떻게 바뀔까?

병의 총구는 우선 갑을 향할 것이다. 명중하지 못해서 갑의 차례가 되어도 을에게 총을 쏠 테니 걱정할 필요는 없다. 그런데 만약 병이 갑을 제거한다면? 그러면 다음 차례인 을이 분명히 병을 향해 쏠 것이다. 그러므로 병에게 가장 좋은 전략은 일부러 명중하지 않는 것이다. 갑이나 을을 맞추지 못해야 오히려 상당히 유리한 상황에 놓일 수 있다. 갑과 을이 서로를 향해 쏠 것이 분명하기 때문이다.

이 사례를 통해 무엇을 알게 되었는가? 최종 승리는 결코 실력에 의해서만 단순하게 결정되는 것이 아니다. 대결 혹은 경쟁에 참여한 사람들의 '실력차이'와 그 관계로 결정되기도 한다. 이 사례에서 을과 병은 일종의 '연맹 관계'다. 먼저 갑을 제거하면 각자의 생존 확률이 상승하기 때문이다.

을과 병, 두 사람 중에서 누가 상대방을 배신할 가능성이 높을까? 또 누구의 충성도가 더 높을까? 원래 어떤 연맹에 참여한 사람들은 언제나 각자의 득실을 따진다. 그 결과 배신으로 얻는 이점이 연맹으로 얻는 이점보다 크다면 연맹이 곧 깨질 것이다. 을과 병의 연맹에서는 을의 충성도가 더 높다. 을이 충직한 성품의 소유자여서가 아니라 이익 관계에 따라 그렇다는 이야기다. 갑이 제거되지 않으면 을의 총구는 분명히 갑을 향한다. 하지만 병은 그렇지 않다. 만약 병이 갑을 제대로 쏘지 않고, 일부러 엉뚱한 곳에 쏜다면 연맹도 깨진다. 그리고 이런 상황은 을을 더욱 위험한 지경으로 몰 것이다.

강한 적과 맞서 싸우려면 협력해야 한다. 을과 병도 협력해야만 갑을 제거할 수 있다. 만약 두 사람 사이에 불협화음이 발생해서 각자 따로 갑에 맞선다면 절대 유리하지 않으며 결국 갑에 의해 제거되고 말 것이다. 영원한 적은 없다. 이익을 얻으려면 예전의 적과도 기꺼이 손을 잡고 협력해서 더 위험한 적에게 대항할 줄도 알아야 한다.

## '땡땡이'는 왜 사라지지 않는가?

최근 중국에서는 대학생들이 강의에 출석하지 않는 일이 잦아졌다. 단순히 한두 번의 일탈이라고 보기에는 정도가 너무 심각하다보니 사회 각계의 관심을 불러일으킬 정도다. 각 대학과 대학원은 나름의 조치를 취해서 대응을 강화하고 있지만 효과는 그리 크지 않은 것으로 보인다. 이른바 '땡땡이'는 왜 사라지지 않을까? 학생들은 과연 이성적으로 '땡땡이'를 선택했을까?

열심히 공부하고, 항상 교실에 나타나는 학생들은 교수님이 출석을 부르든 말든 땡땡이를 치지 않는다. 그러므로 우리가 주목해야 할 대상은 항상 이런 행동을 하는 학생들이다. 그들은 땡땡이로 얻는 효용이 수업보다 크면 주저하지 않고 땡땡이를 선택할 것이다.

이 분석에는 몇 가지 가설이 필요하다.

가설 1. 출석 확인 여부는 수업 전에 결정된다. 교수는 수업에 오는 학생 수를 미리 알 수 없다.

가설 2. 교수는 준비한 수업 내용을 반드시 시간 안에 모두 강의해야 한다. 만약 출석을 부르는 시간을 따로 마련하지 않는다면 수업 시간이 매우 빠듯할 것이다.

가설 3. 출석 확인 여부는 학생의 출석률에 큰 영향을 미치지 못한다. 학생들의 수업 참석과 교수의 출석 확인은 거의 동시에 내려지는 결정이며 선후 관계는 존재하지 않는다.

이런 상황에서 교수가 출석을 확인하면 학생은 '수업 참여'를, 교수가 출석을 확인하지 않으면 학생은 '땡땡이'를 선택할 것이다. 거꾸로 말해서 학생이 땡땡이를 치면 교수는 출석을 확인해야 한다. 하지만 일일이 출석을 부르려면 수업 시간을 빼앗기므로 효용이 마이너스가 된다. 학생이 수업에 참여하면 교수는 출석 확인을 하지 않는 것이 좋다. 그러면 준비한 수업 내용을 순조롭게 설명할 수 있고 출석을 부르느라 괜히 신경 쓸 필요가 없기 때문이다.

이것은 절대 끝나지 않는 순환구조다. 또 교수가 각종 방법을 고안해 출석을 부르는 이유이자 학생들의 '땡땡이'가 근절되지 않는 이유이기도 하다.

## ;어쩔 수 없는 일

### 왜 임금 삭감보다 정리해고가 나을까?

금융위기가 닥쳤을 때 뉴스에 자주 등장하는 단어가 두 개 있다.

바로 '임금 삭감'과 '정리해고'이다. 기업이 곤경에 처해 노동 비용을 줄여야 한다면 임금 삭감과 정리해고 중 어느 쪽이 더 나은 선택일까? 이 선택은 해당 기업에 어떤 영향을 미칠까?

당신은 한 기업의 소유주다. 그러나 안타깝게도 당신의 기업은 현재 자금 부족의 문제에 시달리고 있다. 당장 돈을 구하지 못하면 직원들의 월급조차 지불하기 어렵다. 당신에게는 두 가지 선택사항이 있다. 하나는 모든 직원의 임금을 15%씩 삭감하는 것이고, 두 번째는 직원의 15%을 해고하는 것이다. 당신은 어떤 선택을 하겠는가?

결론부터 말하자면 당신은 반드시 '정리해고'를 선택해야 한다. 이유를 알아보자!

만약 모든 직원의 임금을 15%씩 삭감한다면 분명히 회사를 떠나는 직원들이 생길 것이다. 다른 회사로 가서 더 높은 직위와 임금을 보장받기 위해서다. 그런데 이처럼 즉각 이직이 가능한 사람은 분명히 업무 능력이 무척 뛰어난 직원일 것이다. 아니라면 과감하게 사표를 던지고 더 나은 곳으로 떠날 수 없다. 즉, 모든 직원의 임금을 15%씩 삭감했다가는 오히려 우수한 직원들이 전부 빠져나가는 당황스러운 결과가 발생할 수 있다. 이것은 모든 기업가가 절대 마주하고 싶지 않은 상황이다.

반면에 직원의 15%를 해고한다면 어떻게 될까? 해고 대상은 아마도 회사에서 생산성이 가장 떨어지는 직원일 것이다. 그들을 잃더라도 노동비용을 줄인다면 능력 있는 85%로 어떻게든 회사를 꾸려나

갈 수 있다. 적자생존은 자연계뿐 아니라 인간 세계에도 적용된다.

## 왜 상사보다 뛰어난 부하직원은 없을까?

알고 있겠지만 현대 기업에서는 실소유주와 CEO(전문경영인)가 다른 경우가 많다. 일반적으로 실소유주는 회사를 맡길 CEO를 고용할 때, 그를 통해 이윤의 최대화가 실현될지를 최우선으로 고려한다. 반면에 CEO는 자신의 이익을 최대화하는 데 더 관심을 보인다. 그래서 부하직원 역시 회사가 아니라 자신에게 유리한 사람을 선발한다.

영국의 역사학자 시릴 파킨슨Cyril N. Parkinson은 저서 《파킨슨의 법칙Parkinson's law》에서 행정기구가 끝없이 비대해지는 원인과 결과를 설명했다. 그는 직무에 적합하지 않은 공무원에게 세 가지 선택이 있다고 했다. 첫째, 능력 있는 사람에게 자리를 양보한다. 둘째, 유능한 사람을 한 명 발탁해 도움을 받는다. 셋째, 자신보다 뛰어나지 않은 사람 두 명을 고용해서 일을 맡긴다.

첫 번째를 선택할 사람은 많지 않다. 누가 직장과 권력을 잃고 싶겠는가? 두 번째 선택도 마찬가지다. 자칫 그 유능한 사람에게 자리를 빼앗길 수도 있다. 이제 남은 것은 세 번째 선택뿐이다. 이렇게 하면 잘나지도 못나지도 않은 부하직원 두 명에게 일을 나누어 맡기고, 자신은 편하게 지시만 내리면 된다. 이들은 CEO의 자리를 위협할 만

한 인물이 아니다. 또 능력은 없어도 시키면 시키는 대로 잘 따라한 다는 장점이 있다. 얼마 후, 이 두 사람은 같은 이유로 '상사가 한 것처럼' 각각 평범한 부하직원 두 명을 선발할 것이다. 이런 구조가 계속 확대되면서 행정기구가 그렇게 비대해지는 것이다. 그러다가 나중에는 해야 하는 업무에 비해 사람이 너무 많아 서로 책임을 떠넘기며 매우 비효율적으로 일하는 기이한 조직으로 전락할 것이다.

사람은 사회성과 동물성의 복합체다. 이성적인 사람이라면 누구나 자신의 이익을 추구하며 살기 때문에 이익이 위협받으면 본능적으로 방어 태세를 취한다. 특히 권력을 지닌 사람은 위기가 닥쳐도 절대 쉽게 물러서지 않으며 애초에 적수를 만들지 않으려고 애쓴다. 그러므로 언제나 자신보다 부족한 사람들을 고용하는 것이다. 이것은 인간의 본능으로 자연스럽게 내리는 선택이다.

파킨슨의 법칙은 비단 정부기관이나 국영기업뿐 아니라 민간기업에도 적용된다. 다시 CEO의 이야기로 돌아가 보자. 그는 어떠한 논리로 부하직원을 채용할까?

한 민간기업의 사주社主가 회사의 토지와 재산을 모두 소유하고 직접 경영한다고 가정해보자. 시간이 흐르면서 이 기업은 빠르게 성장해서 규모가 매우 커졌다. 사주는 회사가 자신의 경영능력을 넘어선 것을 인정하고 유능한 CEO를 고용해 맡기기로 했다. 얼마 후 각종 매체에 이 기업의 CEO 채용 공고가 게재되었다.

수많은 인재가 지원서를 냈고 사주는 이들을 꼼꼼하게 살폈다. 최종 후보는 미국의 유명 대학에서 MBA를 마치고 현장 경험을 10년이나 쌓은 사람이 있었다. 이전 회사에서 실적도 매우 좋았다.

사주는 과연 이 사람을 선택할까? 그는 CEO가 아무리 일을 잘해도 위기감을 느낄 이유가 없다. 어차피 회사는 자신의 것이기 때문이다. 그의 입장에서 CEO가 잘하면 계속 회사를 맡기겠지만, 못하면 내쫓아버리면 그만이다!'그가 열심히 해서 아무리 대단한 실적을 올려도 나를 밀어내지는 못해! 나는 이 회사의 주인이니까!'

이렇게 해서 사주는 최고의 인재를 CEO로 채용했다. 이 선택에는 '파킨슨 법칙'이 적용되지 않는다. 새 CEO를 모신 회사는 성장을 거듭하더니 업무 분야가 확대되고 이윤도 몇 배로 뛰어 올랐다. 그런데 이렇게 성공가도를 달리는 동시에 새로운 문제도 계속 생겨났다. 특히 CEO는 그동안 단 한 번도 '충전'의 시간을 가지지 않고 최선을 다해서 일한 탓에 몸도 마음도 지쳤다. 혼자 회사를 이끄는 것이 힘에 부치기 시작한 그는 사주에게 자신을 보좌할 사람을 채용해달라고 건의했다. 얼마 후, 다시 각종 매체에 이 회사의 채용 공고가 실렸다.

이번에도 역시 수많은 인재가 찾아왔다. 사주는 그중 두 명을 눈여겨보았다. 첫 번째 후보자는 한 유명 대학에서 공공관리학을 전공하고 이제 막 대학원을 졸업한 사람이었다. 그는 논문을 많이 발표했기 때문에 이론적으로 탄탄했지만 현장 경험이 부족했다. 두 번째 후보자는 뛰어난 능력, 풍부한 경험, 여기에 개인적인 매력까지 모두 갖춘 사람이었다.

사주는 이 두 후보자를 놓고 한참을 고민했지만 끝내 결정하지 못하고 CEO에게 결정권을 넘겼다. CEO는 누구를 결정했을까? 그가 선택한 사람은 이제 막 대학원을 졸업한 첫 번째 후보자였다. 자신에게 전혀 위협적이지 않았기 때문이다.

## 사회는 왜 법이 필요할까?

100여 년 전, 중국의 사상가 량치차오梁啓超는 이렇게 말했다. "중국에서 성문법의 기원은 확실하게 말하기 어렵다. 수천 년의 역사를 거쳐 오면서 우리 민족은 법률을 명령과 하나로 인식했다." 실제로 주변을 둘러보면 지금도 법률과 명령을 동일하게 보는 사람이 많다.
법률을 일종의 명령으로 해석한다면 이는 곧 개인 혹은 집단의 의지가 상하 또는 수직 방향으로 전달되는 것을 의미한다. 이런 방식은 상당히 직접적인 강제력을 구비하고 있다. 반면에 명령하는 사람과 명령받는 사람 사이에 공정한 절차와 엄격한 개념 해석이 무시되기 쉬우며, 사법 기관처럼 중간 역할을 할 수 있는 시스템의 매개체가 부족하다. 그래서 종종 아침에 했던 명령을 저녁에 바꾸는 식으로 우왕좌왕하는 일이 많아 그 구속력이 오래 지속되지 못한다.
이와 반대로 합리적인 법률은 강제성이 있지만 권력자와 대중 모두에게 인정받기 때문에 권위가 있다. 모든 사람은 반드시 법률적 구속을 받아들이고 법률의 제정과 집행인을 모두 인정해야만 한다. 그렇지 않으면 위법과 불법으로 간주되어 해당하는 징벌을 받을 것이다.

사람과 사람 사이의 협력은 법치 환경에서 더 효과를 발휘한다. 다음의 사례를 생각해보자.

회사 A는 회사 B로부터 원자재를 구매한다. 계약에 따르면 A가 매주 마지막 날에 B의 계좌에 대금을 입금하면 B가 해당하는 물건을 A에 보내야 한다.

두 회사가 이익의 최대화를 추구하는 '이성적 경제인'이라면 거래 도중에 어느 한 쪽이 계약을 위반할 가능성이 높다. 대금을 지불하지 않고 물건을 미리 받는다거나 대금을 받았으면서 물건을 보내지 않는 경우다.

이때 강제성을 갖춘 관련 법률이 있다면 양측이 서명한 계약이 법률적 효력을 발휘할 것이다. 한쪽이 계약을 위반하면 다른 한 쪽은 법률에 의거해서 배상금을 요구할 수 있으며 법원은 이를 강제 집행할 수 있다. 두 회사는 이런 상황까지 가지 않기 위해 계약에 명시되어 있는 내용을 완수한다.

국가는 법률의 형식으로 어떠한 행위, 예를 들어 '계약 위반' 같은 것에 각각 합당한 징벌의 조치를 규정하고 있다. 그런데 이 징벌이 그다지 큰 효력을 발휘하지 못하는 경우가 있다. 만약 '계약 위반'을 통해 얻는 이득이 '신용을 지킬 때' 얻는 이익보다 크면 행위자는 차라리 벌금을 내는 쪽을 선택할 것이다. 이때 법률은 무용지물이다. 그러므로 법률은 반드시 타인의 행위를 억제할 수 있는 일정한 힘을 보유해야 한다.

이것이 바로 법률 제정의 제1원칙, '효율의 원칙'이다. 이 원칙에 따르면 법률은 엄격할수록 더욱 효율적이다.

법률 제정의 제2원칙은 '공평의 원칙'이다. 이것은 범법자가 사회 전체 혹은 타인에 끼친 위해의 정도와 이에 대한 징벌이 같아야 한다는 원칙이다. 징벌이 너무 과하다면 범법자에게, 반대로 너무 약하다면 사회 전체 혹은 타인에 불공평하다.

국가마다, 그리고 한 국가라도 각 시기마다 이 두 가지 원칙에 대한 태도가 각각 다르다. 대부분 법률을 제정할 때의 구체적인 사회 상황과 환경에 따라 결정된다.

규율이 없으면 아무것도 이루어내지 못한다. 이것은 삼척동자도 아는 자명한 이치다.

### 멜라민 분유는 어떻게 탄생했는가?

2008년에 멜라민 분유 사건이 수면 위로 드러나면서 중국 사회는 그야말로 '대혼란'에 빠졌다. 분유의 원자재에 멜라민을 섞은 것으로 밝혀진 싼루그룹三鹿集團은 이 일로 2009년 3월 8일, 싼위안그룹三元集團

에 매각되었다. 사건에 연루된 사람들은 모두 실형을 받았다. 이 일은 중국인들에게 큰 영향을 미쳤으며 각종 사회적 담론이 쏟아져 나왔다. 싼루그룹의 멜라민 분유 사건을 다시 한 번 분석해보자.

중국국가위생국中國國家衛生局이 정한 기준에 따르면 중국에서 판매되는 영아 1단계 분유는 단백질 함량이 18% 이상이다. 또 영아 2단계와 3단계는 반드시 12~18%의 단백질 함량을 유지해야 한다. 중국의 국가식품품질감독센터國家食品質量監督中心의 관계자에 따르면 분유 완제품의 단백질 함량을 검사하는 방법이 복잡하고 비용도 비싸 보통 '켈달법Kjeldahl method'으로 검사한다고 한다. 이것은 분유의 질소 함량을 측정해 단백질 함량을 추산하는 방법이다. 그런데 멜라민은 질소 함량이 매우 높고 가격이 저렴한 물질이다. 이것은 비용을 줄여 이익을 최대화하려는 회사에 유혹적인 요소였다. 결국 싼루그룹은 이 유혹을 이기지 못하고 자사 분유에 멜라민을 첨가했다.

켈달법은 질소 함량만 측정하기 때문에 분유에 든 것이 멜라민인지 진짜 단백질인지 알 수 없다. 만약 모든 회사가 규정대로 정확하게 분유를 만들었다면 생산비용이 크게 다르지 않기 때문에 얻을 수 있는 이익도 비슷했을 것이다. 그런데 싼루그룹은 멜라민을 넣어 생산비용을 크게 줄여 업계에서 가격 경쟁력을 갖추게 되었다. 이들은 불법적인 방법으로 이익을 증대하고 타인의 이익을 침해했다. 무엇보다 큰 죄는 사회에 거대한 악영향을 미친 것이다.

분유 업계의 다른 기업의 입장에서 생각해보자. 어느 날 갑자기 싼루그룹이 비슷한 품질의 분유를 매우 저렴하게 팔면서 시장을 빠른 속도로 장악하기 시작했다. 당신이라면 어떻게 하겠는가? 이때 오로지 '이익'이라는 각도에서 생각한다면 당신도 반드시 단백질 대신 멜라민으로 분유를 만들어야 한다. 그래서 싼루그룹뿐 아니라 다른 기업들의 분유에서도 연이어 멜라민이 검출되었던 것이다.

문제를 해결할 때는 너무 계산적인 태도로 이익만 바라보아서는 안 된다. 인류, 사회, 도덕, 법률 등 여러 방면을 다각도로 깊이 생각하고 신중하게 처리해야 한다.

### 의사는 왜 비싼 약을 처방할까?

최근 중국에는 '병원 진료는 비싸다'라는 인식이 널리 퍼져 있다. 정부 역시 이 문제에 대해 여러 가지 조치를 취하면서 상황을 바꾸려고 한다. 특히 비싼 약값 문제를 해결하려고 애를 쓰고 있다. 하지만 실질적으로 현행 의료제도의 뿌리부터 완전히 바꾸는 것이 아니다 보니 효과가 크지 않다. 그래서 약값은 여전히 비싸다. 문제를 해결하려면 근원을 파헤쳐야 한다. 약값이 이렇게 천정부지로 뛰어오른 것은 바로 '정보의 불균형' 때문이다.

의사와 환자 사이에는 항상 매우 심각한 '정보의 불균형'이 존재한다. 특히 기술과 약품에 대한 지식에서 불균형의 정도가 심하다. 일반적으로 환자들은 자신이 무슨 병을 앓고 있으며 무슨 약이 필요한지, 그리고 얼마 동안 치료해야 하는지 등을 정확하게 알 수 없다. 그래서 오로지 의사에게 맡기고 그의 결정을 기다리는 수밖에 없다.

환자는 관련 정보가 부족하기 때문에 의사가 내린 결정이 옳은지 판단할 수 없다. 또 환자에게 의사에 대한 감독 능력이 전혀 없다보니 도덕적으로 해이해진 의사가 악의적 행위를 할 가능성도 있다.

이런 상황에서 제약회사는 의사가 치료 방법과 약을 거의 독자적으로 선택하는 것에 주목한다. 그래서 각종 경제적 수단을 동원해서 의사가 그들의 '대리상代理商'의 역할을 하도록 만든다. 이 과정에서 의사와 제약회사, 병원과 제약회사 사이에 끊임없이 커미션이 오고 간다. 중국의 경우 국가의 의료비 지원이 부족한 것도 이런 현상을 부추기고 있다. 병원이 더 많은 수입을 얻기 위해 의사들에게 '과잉 진료'와 '비싼 약 처방'을 강요하는 것이다.

의사는 전문 지식이 부족한 환자에게 "지금 처방한 약이 가격은 비싸도 효과가 확실하다. 가격이 저렴한 약은 효과가 좋지 않다"고 이야기할 것이다. 실제로는 그렇지 않은 데도 말이다.

환자가 여러 차례의 학습을 통해 비싼 약과 싼 약의 효능이 같은 것을 눈치 채고 강하게 반박할 수도 있다. 그러면 의사는 환자가 원하는 대로 하되 대신 이전보다 양을 늘릴 것이다. 그러면 환자가 지불해야 하는 총 약값은 결국 비싼 약을 처방 받았을 때와 똑같아진다. 환자는 어차피 같은 돈이 들어간다면 약은 최대한 적게 먹는 것이 좋으니 의사가 말한 대로 비싼 약을 먹는 것이 낫다고 생각한다. 그래서 결국 의사가 처방한 비싼 약을 다시 받아들이는 것이다.

## 가게들은 왜 그렇게 모여 있는가?

가게 입장에서 바로 옆에 똑같은 상품을 판매하는 가게가 하나 더 있으면 상당히 불편할 것이다. 그런데 주변을 둘러보면 동일 업종의 가게들이 서로 모여 있는 일이 꽤 많다. 어떤 곳에는 악기점들이 모여 있고, 화장품 가게들이 모인 곳도 있으며, 음식점들만 늘어선 골목도 있다. 왜 이런 일이 생길까? 물론 가게가 많을수록 그 지역을 찾는 소비자가 많은 것은 사실이다. 하지만 이것만으로는 충분한 설명이 되지 않는다. 점포의 위치를 고를 때 굳이 동일 업종이 몰려 있는 곳으로 하는 진짜 이유는 무엇일까?

시단西單은 베이징에서 상점이 많이 몰려 있는 곳이다. 길지 않은 거리 양쪽에 대형 쇼핑몰이 숲을 이루고 있으며 세계적으로 유명한 명품가게도 즐비하다. 하지만 이곳의 쇼핑몰과 명품가게를 베이징의 각 쇼핑가마다 분산해놓는다면 고객들도 더 편리할 텐데 왜 굳이 여기에 같이 있는 걸까? 이것이 과연 합리적인 시장 경쟁의 결과일까? 아니면 자원만 낭비하는 잘못된 선택일까?

시단 거리의 쇼핑몰 A와 B가 점포 위치를 선정하는 과정을 분석해보자. 이 분석에는 두 개의 가정이 필요하다. 첫째, 소비자는 이 거리에 균등하게 분포되어 있으며, 모두 가장 가까운 곳에서 쇼핑하기를 원한다. 둘째, A와 B는 상품의 가격이 같으며, 종업원도 친절하다. 이런 상황에서 '자원이 낭비되지 않고, 고객에게 편리함을 제공하려면' 두 쇼핑몰은 각각 이 길의 4분의 1과 4분의 3 지점에 점포의 위치를 선정해야 한다. 그래야만 균등하게 분포된 소비자를 가장 많이 끌어들일 수 있기 때문이다. 이 경우 두 쇼핑몰의 이윤은 동일하다.

그런데 만약 이성적인 경제인이라면 가능한 한 최대의 이익을 추구할 것이다. 쇼핑몰 A는 '우리가 이 거리의 가운데로 조금만 이동하면 쇼핑몰 A의 고객을 빼앗아올 수 있겠다'고 생각한다. 물론 쇼핑몰 B 역시 같은 생각을 한다.

이렇게 해서 쇼핑몰 A와 쇼핑몰 B는 각자의 합리적인 위치에서부터 거리 전체의 중간 지점으로 점차 이동한다. 따로 떨어져서 소비자들에게서 멀어지려는 쇼핑몰은 없다. 바로 이런 이유로 가게들이 서로 모여 그토록 복잡하게 다닥다닥 붙어 있는 것이다.

이때 먼저 움직이는 쪽이 유리하며, 늦을수록 불리하다. 유리한 조건을 최대한 빨리 모두 점유해야만 최상의 선택이라고 할 수 있다.

# ;겉과 속이 다른 일

## 중고차를 믿지 못하는 이유

중고품 시장에서는 언제나 판매자가 구매자보다 더 많은 정보를 보유하고 있다. 중고차의 경우, 판매상이나 원래의 차주는 이 차의 상태에 대해 잘 알고 있다. 하지만 구매자는 겉모습만 보기 때문에 정확한 판단을 내리기 어렵다. 그래서 똑똑한 판매자들은 사실 여부와 관계없이 언제나 자신이 신차와 다를 바 없는 '아주 좋은 차'를 팔고 있다고 말한다.

중고차 100대 중에 50대는 상태가 좋고, 50대는 상태가 나쁘다고 가정해보자. 상태가 좋은 차의 가치는 2만 달러이고, 나쁜 차는 5천 달러. 100대 중 절반이 나쁜 차이지만 판매자들은 100대 모두 좋은 차라고 선전한다. 하지만 구매자들은 바보가 아니다. 그들은 자신이 구매한 차가 좋거나 나쁠 확률이 50:50인 것을 잘 알고 있다. 그래서 2만 달러와 5천 달러의 딱 절반인 1.25만 달러 이상을 쓸 생각이 없다.

이렇다보니 실제 가치가 5만 달러인 좋은 차도 1.25만 달러에 팔릴 수밖에 없다. 좋은 차의 판매자는 이렇게 싼 가격에 파느니 차라리 직접 사용하겠다고 생각한다. 이 때문에 좋은 차가 중고차 시장에서 점점 사라진다. 반면에 나쁜 차를 파는 판매자는 실제 가치 혹은 자신의 예상보다 더 높은 가격에 팔 수 있기 때문에 기꺼이 팔려고 한다. 이렇게 해서 중고차 시장에 좋은 차는 점점 줄어들고, 나쁜 차는 점점 많아지는 현상이 생기는 것이다. 이렇게 되면 소비자의 기대 역시 하락해서 가격이 1.25만 달러 아래로 떨어지고, 그나마 남아 있던 좋은 차도 더 빠른 속도로 시장에서 물러나는 악순환이 형성된다. 결국 중고차 시장에는 나쁜 차만 남고, 차가 필요한 사람은 나쁜 차를 선택할 수밖에 없다.

어쩔 수 없는 선택은 종종 겉모습만 보기 때문에 발생한다.

## 누가 우수고객인가?

보험 업계에도 종종 비슷한 현상이 출현한다. 보험 시장에 단 두 종류의 고객 A와 B가 있으며 위험률은 각각 10%, 30%라고 가정하자. 그들의 수입이나 기호 등 다른 조건은 완전히 동일하다. 위험률이 낮은 A에 속하는 고객을 우수고객, 위험률이 높은 B에 속하는 고객을 비우수고객이라고 한다.

보험회사는 상품을 내놓기 전에 우수고객과 비우수고객의 비율이 50:50인 것을 발견했다. 하지만 정보가 제한적이어서 우수고객과 비우수고객을 구분할 수는 없다. 다만 시장 전체의 위험률이 20%라는 것만 알고 있다. 이에 보험회사는 모든 고객을 위험률 20%로 계산해서 동일한 보험료를 적용했다.

　우수고객과 비우수고객은 위험률이 다르므로 각자 예상하던 보험료 역시 달랐다. 비우수고객은 위험률이 높은데도 불구하고 보험회사에서 제시한 보험료가 예상보다 낮기 때문에 매우 적극적으로 보험 상품을 구매하고자 했다. 반면에 우수고객은 위험률이 낮은데도 생각보다 많은 보험료를 내야 해서 보험 상품을 구매하지 않는다.

　이렇게 해서 우수고객보다 비우수고객이 더 많이 보험 상품을 구매하다보니 보험 시장 전체의 위험률이 20%보다 높아져 보험회사에 손해가 발생하고 말았다. 그러자 보험회사는 어쩔 수 없이 보험료를 높였다. 그러면 우수고객이 보험 상품을 구매하는 확률은 더 떨어질 것이다. 이렇게 악순환이 형성된 결과, 보험 시장에는 우수고객이 모두 빠져나가고 비우수고객만 남는다.

### 사람마다 보는 것이 다르다

　오기吳起는 원래 전국시대 위衛나라 사람이다. 하지만 일찍이 노魯나라에서 관직에 올랐으며, 제齊나라 여인과 혼인했다. 오기는 뛰어난 능력과 처세술로 노나라 최고의 장군이 되었다.

　후에 노나라의 국력이 크게 쇠하자 제나라가 군사를 일으켜 공격했다. 이에 오기는 즉각 군대를 정비해 제나라와 싸울 준비를 했다. 그런데 뜻밖에도 그의 아내가 제나라 사람인 것이 문제가 되었다. 오기를 시기하던 무리가 왕에게 그의 충성심이 의심스럽다는 진언을 올린 것이다. 오기는 이 일을 듣고 두말없이 칼을 들어 아내의 목을 내리쳤다. 이렇게 해서 오기는 노나라 장군의 신분으로 당당히 제나라와 싸워 이겼다. 오기는 큰 위기에서 나라를 구한 영웅이 되었다.

하지만 백성들은 그의 영웅적인 행동보다 아내를 죽여 장군의 자리에 오른 일을 더 기억하고 반감을 보였다. 그의 애국심을 찬양하는 사람은 아무도 없었으며 오히려 잔악무도한 사람이라고 비판했다. 한 대신은 왕을 찾아가 이렇게 말했다.

"폐하! 오기는 한때 위대한 증삼曾參의 제자로 유학儒學을 배웠는데도 자신의 친어머니가 돌아가셨을 때조차 고향에 가서 예를 갖추지 않았습니다. 이는 참으로 부도덕하며 의롭지 않은 행동이옵니다. 또 얼마 전에는 장군에 오르려는 욕심에 아무 죄도 없는 조강지처를 죽였으니 인정이라고는 없습니다. 그의 행동거지가 금수와 다를 바가 무엇이겠습니까? 이렇듯 자신의 목적을 이루기 위해 무슨 짓이라도 할 수 있는 사람이니 모골이 송연해질 정도이옵니다. 늙은 어머니와 아내조차 가차 없이 버리는 사람이 어찌 폐하를 위해 충심을 다하겠습니다. 절대 그를 신임해서는 아니 되옵니다."

오기가 아내를 죽인 것은 노나라 왕에게 보내는 일종의 '신호'였다. 자신의 충심과 애국심이 얼마나 크고 깊은지 드러내려는 의도였던 것이다. 그러나 노나라 사람들은 그의 충심과 애국심을 보기 전에 잔인함을 먼저 보았다.

사람들은 누구나 보는 것이 다르다. 같은 사물이나 일을 보더라도 사람마다 생각하는 바가 다르고, 그에 따른 결과도 다를 수 있다. 당신이 누군가에게 어떠한 의도를 품고 신호를 보내더라도 상대방이 받아들이는 내용은 당신의 생각과 전혀 다를 수 있다. 같은 신호를 보내더라도 받는 사람에 따라 결과는 천양지차인 것을 기억해야 한다.

### 학력보다 중요한 것은 경험이다

이제 막 박사학위를 받은 사람이 어느 연구소에서 일을 하게 되었다. 그는 자신이 이 연구소에서 가장 고학력자인 것을 알고 안하무인으로 행동했다. 하루는 그가 연구소 뒤에 있는 연못으로 낚시를 하러 갔다. 그곳에는 마침 연구소의 소장과 부소장도 낚시 중이었다. 박사는 역시 거만한 태도로 그들을 향해 눈인사만 살짝 했을 뿐 아무 말도 하지 않았다. '대학원은커녕 대학도 간신히 졸업한 사람들과 무슨 이야기를 하겠어?'

이들은 각자 조용히 낚시를 했다. 잠시 후, 소장이 들고 있던 낚싯대를 내려놓더니 일어나서 허리를 한 번 쭉 폈다. 그러더니 갑자기 연못의 물 위를 척! 척! 걸어서 반대쪽 연못가에 있는 화장실로 들어갔다! 어떻게 이것을 눈으로 보고도 믿을 수 있겠는가. '지금 소장이 물 위를 뛰어간 건가? 그럴 리가? 여기는 틀림없이 연못인데, 대체 어떻게……' 박사가 여전히 자신이 본 것을 믿지 못하고 있을 때 소장이 화장실에서 나왔다. 그러더니 갈 때와 마찬가지로 물 위를 척! 척! 걸어서 다시 이쪽으로 돌아왔다. '대체 어떻게 된 거지? 가서 물어볼까? 아냐, 나는 박사잖아.'

또 시간이 흘렀다. 이번에는 부소장이 일어서더니 다시 수면 위를 척! 척! 걸어 건너편 화장실로 갔다. 박사는 너무 놀라 정신이 혼미해지는 것만 같았다. '아니, 어떻게 된 거야? 여기가 무슨 강호의 고수들만 모인 곳인가?'

잠시 후, 박사도 화장실에 가고 싶었다. 그런데 연못은 아주 커서 맞은편에 있는 화장실까지 가려면 십 여 분은 족히 걸렸다. 연구소로 돌아가는 것은 더 멀다. 소장과 부소장에게 물 위를 걷는 방법을 묻는 것은 '박사의 자존심'이 허락하지 않았다. 한참을 생각하던 그는 마침내 몸을 일으켰다. '저 사람들도 하는 일을 박사인 내가 못할 리 없지!' 용기를 낸 박사는 이를 악물고 연못 위를 향해 내달렸다. 첨벙! 박사는 두 발도 내딛지 못하고 그대로 연못 속에 빠지고 말았다.

놀란 것은 소장과 부소장도 마찬가지였다. 그들은 벌떡 일어나 박사를 연못 밖으로 끌어내고 대체 왜 그런 짓을 했냐고 물었다. "아니 대체 왜 물로 뛰어들었습니까?"

"그럼 두 분은 어떻게 물 위를 걸어갔죠?"

"이 연못 중간에 돌다리가 하나 있어요. 최근 이틀 동안 비가 와서 물이 불어나 안 보이는 것뿐입니다. 우리는 돌다리가 어디 있는지 알고 있으니까 그것을 밟고 건너갔어요. 궁금하면 물어보지 왜 무모하게 물에 뛰어들고 그럽니까?"

당신이 과거에 무엇을 한 것은 중요하지 않다. 과거가 현재를 말해 주는 것은 아니기 때문이다. 특히 직장에서의 경험은 학력보다 훨씬 중요하다.

## 경험 많은 운전기사가 가는 길은 막히지 않는다

대도시의 도로는 점점 더 많아지고 또 넓어진다. 그런데 이상하게도 교통체증은 날로 더 심해진다. 이때 경험이 많은 기사는 막히는 구간을 피해 다니는 반면, 경험이 없는 기사는 항상 막히는 길로만 다닌다. 또 모험심이 강한 기사는 교통상황과 관계없이 최단거리만 찾아다니지만 다소 보수적인 기사는 멀어도 덜 막히는 길을 선택한다. 이처럼 경험의 정도와 성격이 모두 다른 기사들의 운전 행태는 도시의 교통체증 상황을 결정한다. 미국의 W. 브라이언 아서 W. Brian Arthur는 '엘파롤 바 이론 El Farol bar problem'으로 이를 설명했다.

100명의 사람들이 있다. 이들은 주말에 술집에 가거나 집에 있을 수 있으며 다른 선택은 없다. 술집은 공간이 제한적이어서 너무 많은 사람이 몰리면 혼잡하다. 이럴 때는 그냥 집에 있는 것이 현명하다. 술집에 들어갈 수 있는 적정 인원을 60명이라고 가정하자. 만약 어떤 사람이 술집에 가는 사람을 60명 이상으로 예측한다면 그는 집에 있는 쪽을 선택할 것이다. 반대로 60명 이하로 예측한다면 술집에 갈 것이다. 이 100명은 과연 어떠한 선택을 할까?

이 사례에는 전제조건이 하나 더 있다. 이들이 가지고 있는 정보는 지난 주말에 술집에 간 사람의 수뿐이다. 다른 정보는 없으며 오로지 이 수에 근거해서 전략을 선택해야 한다. 100명 사이에 정보를 교류하는 일도 없다.

이 100명은 아마 주말마다 고민할 것이다. 생각해보자. 만약 이 중 다수가 술집에 가는 사람이 60명이 넘을 거라고 생각하고 자신은 안 가기로 결정했다면 실제 술집에 가는 사람은 60명보다 적을 것이다. 즉, 예측이 틀린 것이다. 반대로 다수의 사람이 술집에 가는 사람을 60명 이하로 예측하고 술집에 간다면 실제로는 60명이 넘는 사람이 갈 것이다. 이때도 예측은 틀렸다. 그러므로 정확하게 예측하려면 반드시 다른 사람이 어떻게 예측하는지 알아야만 한다. 하지만 100명 모두 가지고 있는 정보(지난 주말에 술집에 간 사람의 수)가 똑같기 때문에 다른 사람의 예측을 미리 알 수 없다. 그러므로 정확하게 예측하는 것은 불가능하다.

이상의 내용은 이론적인 접근이다. 실제 상황은 다를 수도 있지 않을까? W. 브라이언 아서는 인터뷰와 컴퓨터 모의실험을 통해 두 개의 흥미로운 결과를 얻었다.

첫 번째 실험(인터뷰)에서 인터뷰 대상자들은 술집에 가는 사람의 수를 다음의 표와 같이 예측했다.

| 주차 | n | n+1 | n+2 | n+3 | n+4 | n+5 | n+6 | n+7 |
|---|---|---|---|---|---|---|---|---|
| 사람 수 | 44 | 76 | 23 | 77 | 45 | 66 | 78 | 22 |

첫 번째 실험에서 인터뷰 대상자들은 상당히 '이성적'인 선택을 했다. 지난주에 술집에 간 사람이 60명 이하면 이번 주에도 그럴 거라고 예측하고 술집에 가는 사람이 많아진다. 그다음 주가 되면 지난주에 술집이 붐볐으니 또 그럴 거라고 생각하고 그냥 집에 있기로 한다. 그래서 술집에 가는 사람이 급격하게 줄어드는 것이다. 이런 식으로 술집에 가는 사람의 수는 60명 이하와 이상을 계속 반복한다. 다시 말해 그들은 지난주에 술집에 간 사람의 수에 따라 즉, 타인이 지난주에 내린 선택에 따라 자신의 이번 주를 선택한 것이다. 그러나 실험 결과에서 보듯이 그들의 예측은 대부분 정확하지 않았다.

두 번째 실험(컴퓨터 실험) 결과에 따르면 초반에는 술집에 가는 사람의 수에 고정적인 규칙이 없었다. 그러나 시간이 흐르면서 가는 사람과 안 가는 사람의 비율이 60:40에 근접했다. 특정한 60명이 가고, 나머지 40명은 안 가는 것이 아니다. 그들에게 고정 패턴이 없어도 이 비율은 매주 유지되었다.

운전을 하다가 갈림길이 나왔을 때, 어느 길로 가야 막히지 않을지 생각해본 적 있는가? 일상에서 우리는 항상 이와 비슷한 종류의 선택을 마주한다.

당신이라면 어떻게 선택하겠는가?

단순하게 '예전에 막히지 않았던 길'을 선택하는 사람이 많다. 그러나 앞에서 설명했듯이 이런 예측은 대부분 틀린다. 그럼에도 복잡한 예측, 그러니까 '다른 사람의 예측을 예상한 후에, 연속 두 번 모두 막히지 않았던 길'을 선택하는 사람은 무척 드물다.

사실 다음에는 어떤 상황이 펼쳐질지 정확하게 알 수 있는 사람은 없다. 이것은 예측 불가능한 복잡한 시스템이기 때문이다.

주식 시장도 이와 상당히 비슷하다. 투자자들은 모두 다른 투자자들의 행위를 예측하고 그들과 다르게 하려고 애쓴다. 대부분의 투자자가 주식을 팔려고 하면 주가가 내려갈 테니 당신은 사려고 해야 유리하다. 반면에 다른 투자자들이 모두 사려고 하면 주가가 오를 테니 당신을 팔려고 해야 유리하다. 실제로 주식 투자자들이 취하는 전략은 다양하지만 결국 대부분 이전의 경험에 근거해서 선택한다.

재미있는 것은 이런 상황에서는 아주 오래 전의 상황까지 모두 기억한다고 해서 꼭 유리하지만은 않다는 사실이다. 만약 그렇다면 컴퓨터에 수십 년 간의 주식 데이터를 저장해서 떼돈을 벌지 않겠는가? 주식 투자의 필승법이 아직 발표되지 않은 것을 보면 불가능한 일인 것 같다.

경험을 맹신하지 말라. 경험은 진리가 아니며 그저 통계학적으로 우연히 맞았을 뿐이다.

## ; 보이는 것이 중요한 일

### 맥도날드의 화장실이 항상 깨끗하다

음식점의 주방과 화장실, 어느 쪽의 청결 상태가 더 중요하다고 생각하는가?

고객들은 당연히 화장실보다 주방이 깨끗한 곳에서 식사하기를 바랄 것이다. 반면에 음식점 주인이 더 신경 쓰는 곳은 화장실이다. 왜냐하면 고객들이 직접 눈으로 보는 곳은 화장실이지 주방이 아니기 때문이다. 화장실이 깨끗하지 않으면 고객들은 아마 '화장실이 이 모양인데 주방인들 깨끗할까?'라고 생각할 것이다.

맥도날드는 세계 최대의 패스트푸드 기업이다. 1955년 레이 크록 Ray Kroc이 미국 일리노이 주에 '맥도날드 햄버거'를 개업한 것을 시작으로 현재는 전 세계에 2만 8,000개의 체인점을 보유하고 있다. 세계적으로도 맥도날드라는 브랜드를 모르는 사람은 거의 없다.

당신도 아마 맥도날드를 방문했거나 적어도 맥도날드의 로고인 'M'을 본 적이 있을 것이다. 아이들은 맥도날드에 가는 것을 무척 좋아한다. 자녀가 말을 잘 듣거나 칭찬 받을 만한 일을 하면 그 보상으로 맥도날드에 데려가는 부모도 있다.

맥도날드의 성공 비결은 무엇일까? 전 세계의 많은 사람이 이를 알아내기 위해 맥도날드의 경영이념, 마케팅 전략 등을 연구했다. 많은 분석과 연구가 이어지면서 맥도날드의 기업 문화를 분석한 논문, 서적도 찾기 어렵지 않다. 이렇게 큰 성공을 거둔 다국적 기업을 연구하는 것은 절대 단순한 일이 아니다.

맥도날드의 화장실에 가본 적이 있는가? 맥도날드에는 각 체인점의 화장실에 대한 매우 엄격한 규정이 있다. 첫째, 모든 체인점의 화장실 스타일과 색깔이 동일해야 한다. 둘째, 화장실 전담 직원을 배치해서 전문적 그리고 규칙적으로 청소하고 청결 상태를 확인한다. 화장실 한 쪽에는 반드시 '위생점검표'를 붙여서 청소한 시간을 명시하고 담당자의 이름을 쓰도록 한다. 셋째, 화장실 바닥, 세면대, 거울, 화장지, 얼룩 등 청결과 관련된 모든 항목에 대해 정확한 기준을 마련하고 청소 절차와 방법을 통일한다. 넷째, 맥도날드를 방문한 고객뿐 아니라 외부인들에도 개방해서 일종의 공공화장실의 기능을 하도록 한다. 이 경우에도 언제나 깨끗한 상태를 유지한다.

맥도날드는 화장실 청소에 관한 매우 구체적이고 엄격한 규정을 마련해두었다. 예를 들어 바닥 청소에 관해 청소 시간의 간격은 물론 이거니와 마른 걸레와 젖은 걸레의 용도까지 매우 상세하게 제시했다. 맥도날드는 이를 통해 '화장실에 이렇게까지 많은 시간과 에너지를 들이고 있으니 주방의 위생 상태는 말할 것도 없다!'는 강력하고 효과적인 메시지를 고객에게 보낼 수 있다. 그리고 메시지를 받은 고객들은 매우 안심하며 맥도날드에서 한 끼 식사를 즐길 것이다.

사물이나 일의 핵심을 볼 수 있는 기회는 생각보다 많지 않다. 이 때문에 사람들은 직접 눈으로 확인 가능한, 겉으로 드러난 상황에 더욱 주목한다. 그러므로 다른 사람이 주목하는 부분에 더 많이 투자해야만 그들에게 선택 받을 확률을 높일 수 있다.

## 타고난 외모, 불공평의 시작

방통龐統은 중국 삼국시대三國時代 촉한蜀漢의 영웅이다. 방통은 제갈량諸葛亮과 함께 형주荊州에서 실력을 겨룰 정도로 그 재능과 실력이 뛰어나 이름을 널리 알렸다. 사람들은 그를 "와룡臥龍과 봉추鳳雛 중 한 명을 얻으면 천하를 안정시킬 수 있다"고 평가했다. 여기에서 '와룡'은 제갈량을, 봉황의 새끼라는 뜻의 '봉추'는 방통을 가리킨다. 역사에 기록된 바에 따르면 방통은 검은 얼굴에 짧고 보기 흉한 수염, 숱 없는 눈썹, 들창코를 가진 사람이었다. 심지어 유비劉備는 방통을 처음 만난 후, "이 사람을 보니 기분이 나쁘다"라며 작은 현懸의 현령懸鈴이라는 보잘 것 없는 벼슬을 주었다. 유비는 나중에 동오東吳의 노숙魯肅이 추천한 후에야 방통을 등용했다. 정말이지 방통은 타고난 외모 탓에 평생 쉬운 일이 없었다.

'외모로 사람을 평가'하는 것은 정말 잘못된 일이다. 하지만 어떤 사람을 처음 만났을 때, 외모 외에 무엇으로 그의 내면을 판단하겠는가? 아직 상대방에 대해 아는 것이 전혀 없는데 말이다. 사람됨과 지식의 깊이를 모를 때, 상대방의 외모나 옷차림은 매우 중요한 판단의 근거가 될 수 있다.

2008년, 미국은 대통령 선거로 나라 전체가 들썩였다. 미국인들은 두 후보, 버락 오바마Barack Obama와 존 매케인John McCain의 외모와 태도, 그들이 입은 양복 등에 큰 관심을 보였다. 두 사람의 외모 수준에 대한 설문조사가 있을 정도였다.

미국 대선의 결과로 내기를 하려면 후보 중 키가 더 큰 쪽에 돈을 걸면 된다는 이야기가 있다. 20세기가 되면서 건장한 체격에서 우러나오는 당당한 태도를 더 선호하기 때문이다. 또 키가 큰 사람은 우리가 어렸을 때 권위를 우러러보았던 기억을 불러일으킨다. 부모님과 선생님처럼 키가 큰 어른들은 언제나 우리를 보호해주었다. 이러한 기억과 잠재의식의 영향으로 미국인들이 키가 큰 후보를 지지하는 것은 아닐까? 실제로 오바마는 매케인만큼 잘생기지는 않았으나, 대신 키가 더 컸다.

물론 "아름다운 외모는 중요하지 않아!"라고 쿨하게 반응할 수도 있다. 하지만 진짜 그럴까? 고대 그리스의 철학자 아리스토텔레스는 "아름다움은 그 무엇보다 효과적인 추천서다"라고 말했다. 안타깝게도 그의 말은 현대 사회에서도 옳다.

미국 텍사스대학교의 대니얼 해머메쉬 Daniel Hamermesh 교수와 미시간주립대학의 제프 비들 Jeff Biddle 은 아름다운 외모와 소득의 상관관계를 연구했다. 그들의 연구는 '아름다운 외모를 가진 사람이 유리하다'는 주장을 뒷받침하고 있다. 두 사람은 연구를 통해 미남이 외모 덕에 커다란 경제적 이익을 얻을 수 있다고 단언했다. 또 미남은 미녀보다 더 많은 이익을 얻으며 언제나 좋은 일이 끊이지 않는다고 했다.

그의 연구에 참여한 피조사자들 중 '추남'으로 분류된 남성은 잘생긴 남성보다 9% 가량 낮은 소득을 벌어들이는 것으로 밝혀졌다. 반면에 외모가 '평균 이상' 혹은 '미남'으로 분류된 피조사자들은 보통사람들보다 소득이 5% 가량 많았다. '추녀'로 분류된 여성의 소득 역시 5% 낮은 반면, 미녀는 거꾸로 4% 더 많은 돈을 벌었다.

미국 콜롬비아대학의 한 경제학자도 유사한 연구를 진행했다. 그 결과, 아름다운 여성은 서비스업이나 일반 사무직 등의 직장을 구하는 것이 상대적으로 쉽고, 임금도 낮지 않았다. 그러나 더 높은 수준의 직업군으로 진출하려고 했을 때는 아름다운 외모가 오히려 방해되었다. 다시 말해 고객을 응대하거나 서비스 기교가 필요한 분야에서는 아름다운 여성이 많은 보수를 받지만, 스트레스가 많고 신속한 판단 능력이 필요한 업무의 경우에는 오히려 불리하다는 이야기다. 이는 곧 여성이 좀 더 상위의 권력층으로 진출하려면 아름다운 외모보다 가능한 한 좀 더 '남성스러움'을 드러낼 필요가 있다는 이야기다. 미국의 전 국무장관 매들린 올브라이트<sup>Madeleine Albright</sup>가 좋은 예라고 할 수 있다.

미국인이 한 해 동안 아름다움을 '제작'하는 데 드는 비용이 약 400억 달러에 달한다고 한다. 1분당 립스틱 1,848개, 스킨 2,005병이 팔려나가는 셈이다.

아름다움이란 타고 난 것 외에 후천적인 기질이나 노력 여하에 따라 크게 달라질 수 있다. 그래서 어떤 사람이 얼마나 노력하는 사람인가를 판단할 때 그 혹은 그녀의 외모로 판단하기도 한다. 자신의 외모를 가꾸려고 시간과 에너지를 투자하는 사람이라면 일을 할 때도 성과를 내기 위해 더 열심히 할 거라는 막연한 기대 때문이다. 이러한 선입견과 판단에 문제가 있다 하더라도 다른 조건이 동일하다면 우리는 종종 외모로 상대방을 판단하는 경향이 있다. 정보가 제한적이어서 상대방이 대체 어떤 사람인지 판단하기란 참으로 어려운 일이기 때문이다.

그러므로 아름다움은 타고난 불공평이라고 할 수 있다.

## 성공은 성공의 어머니

학계에 재미있는 현상이 하나 있다. 유명한 교수나 전문가일수록 연구비를 더 많이 확보한다는 것이다. 각종 명목의 포상으로 지급되는 연구비는 종종 애초에 그들을 위해 만들어진 것처럼 보일 정도다. 연구비의 독점 현상은 특히 이공계에서 두드러진다. 혹시 어떠한 부조리나 비리가 있는 것은 아닌지 의심하는 사람들도 있다. 하지만 사실 지원 대상을 선정하는 것에서부터 연구비 지급까지 완전히 투명하게 진행하는 데도 최종 결과에는 해당 분야에서 유명한 교수나 전문가들의 이름이 가장 위에 올라 있다. 이러다보니 평범한 학자들의 성과가 유명 교수나 전문가의 이름으로 발표되거나 소수의 몇 명에만 연구가 몰리는 것이다.

하지만 생각해보면 쉽게 이해할 수 있는 일이다. 당신이 연구비 지급을 결정하는 사람이라고 가정해보자. 지금 당신은 학자 두 명의 연구비 지원 신청서를 받아들고 고심 중이다. 한 사람은 이미 여러 차례 연구 성과를 인정받아 학계 안팎에서 인지도가 높은 교수이며, 다른 한 사람은 아직 이렇다 할 성과가 없는 젊은 학자다. 당신은 누구에게 연구비를 내어주겠는가? 당신은 분명히 전자를 선택할 것이다. 왜냐하면 신청서만 보고서는 두 사람 중에 누구의 능력이 더 뛰어난지 알 수 없기 때문이다. 오직 인지도가 높은 교수가 지금의 자리에 오르기 위해 많은 시간과 에너지를 투자했다는 것만 확실하다.

그는 새로운 연구 역시 훌륭하게 완수해낼 가능성이 높다. 그렇지 않으면 지금껏 쌓아놓은 명성과 인지도를 한꺼번에 잃을 것이 분명하기 때문이다. 반면에 젊은 학자는 어찌 보면 연구비만 받고서 제대로 마무리도 안 하고 어딘가로 사라져버릴지도 모른다. 그래봤자 누구 하나 알아차리는 사람이 없을 테니까 말이다. 이렇게 해서 인지도가 높고 유명한 교수에게 각종 연구비가 몰리는 것이다.

《성경》의 마태복음의 25장에는 이런 구절이 있다. "무릇 있는 자는 받아 풍족하게 되고 없는 자는 그 있는 것까지 빼앗기리라." 1973년 미국 사회학자 로버트 머튼<sup>Robert K. Merton</sup>은 이 말을 인용하며 사회현상을 분석했다. 그는 "이미 상당한 명성을 쌓은 과학자에게 더 많은 영예와 찬사가 쏟아진다. 반면에 이름을 알리지 못한 과학자들은 성과를 인정받지 못한다"고 말했다. 머튼은 이런 사회심리현상을 '마태효과<sup>Matthew effect</sup>'라고 불렀다. '마태효과'는 '부자는 더욱 부자가 되고, 가난한 자는 더욱 가난해진다'라는 '부익부빈익빈' 현상을 가리킨다.

마태복음의 제25장에 다음과 같은 재미있는 이야기가 또 나온다. 어떤 이가 다른 나라로 멀리 떠나면서 하인 세 명을 불렀다. 그리고 첫 번째 하인에게는 다섯 달란트, 두 번째 하인에게는 두 달란트, 마지막으로 세 번째 하인에게는 한 달란트를 나누어주었다. 이후 다섯 달란트를 받은 첫 번째 하인은 이것을 밑천으로 다섯 달란트를 벌었다. 두 달란트를 받은 하인 역시 마찬가지로 두 달란트를 벌었다. 그런데 세 번째 하인은 땅을 파고 달란트 하나를 그 안에 묻었다.

얼마 후, 주인이 돌아왔다. 첫 번째 하인은 열 달란트를 가지고 와서 "주인님께서 주신 다섯 달란트로 다섯 달란트를 더 벌었습니다"라고 말했다. 그러자 주인은 크게 기뻐하며 이렇게 칭찬했다. "정말 잘했구나! 너는 착하고 충성스러운 자다. 많지도 않은 다섯 달란트로 이렇게 잘해냈으니 더 큰 일을 맡기겠다. 맡아서 잘해보도록 해라. 그리고 상으로 다섯 달란트를 더 주마!"

곧 두 번째 종도 와서 말했다. "주인님께서 두 달란트를 주셨는데 보시다시피 제가 두 달란트를 더 벌었습니다."

"잘했다. 너 역시 착하고 충성스럽구나. 작은 일에도 이렇게 충성을 다했으니 더 많은 일을 맡겨 관리하도록 하겠다. 그리고 상으로 두 달란트를 더 주마!"

마지막으로 한 달란트를 받은 세 번째 종이 왔다.

"주인님은 굳은 사람이라 심지 않은 데서 거두고, 다른 사람에게서 재물을 취하는 것을 원치 않으시지요. 저는 달란트를 잃을까 걱정하여 땅 속에 감추어두었습니다. 보십시오. 제게 주신 달란트가 여기에 있습니다."

"이런 바보 같고 게으른 종 같으니라고. 내가 심지 않은 데서 거두지 않고, 다른 사람에게서 재물을 취하는 것을 원치 않는 것을 안다면 달란트를 은행에 넣었어야지! 그래야 내가 돌아왔을 때 이자가 생겼을 것이 아니냐. 너의 달란트를 이리 다오. 이미 열 달란트를 가진 종에게 주어야겠다!"

이 이야기의 주인은 누가 진정으로 충성스럽거나 재능이 뛰어난 종인지 알 수 없다. 다만 그들의 행동으로 판단할 뿐이다. 그래서 능력 있는 종에게 더 많은 것을 주고, 능력이 없는 종은 원래 주었던 것까지 다시 빼앗았다.

### 볼 수 있는 것은 겉모습뿐

다음은 한 친구가 '취업할 뻔한' 이야기다.

몇 년 전 그는 한 기업에 이력서를 냈다. 연봉이 8만 달러나 되는 마케팅 팀장 자리였는데 탁월한 실력에 행운까지 더해져 무려 300:1의 경쟁률을 뚫고 최종 후보자가 되었다. 이제 남은 관문은 '회장 면접'뿐이었다.

드디어 면접 당일이 되었다. 그는 걸음걸이도 위풍당당하게 회장의 사무실로 걸어 들어갔다. 하지민 회장은 자리에 없었고, 대신 여비서가 다소 직업적인 미소로 친절하게 말했다. "안녕하세요! 회장님이 지금 안 계십니다. 대신 직접 전화하라고 하셨어요."

친구는 즉시 휴대전화를 들고 번호를 누르다가 책상 위에 유선전화기 두 대가 놓인 것을 보고 비서에게 물었다. "이 전화를 써도 될까요?"

"네! 그럼요."

그는 테이블 위의 전화기를 들고 마침내 회장과 통화할 수 있었다. 회장은 들뜬 목소리로 말했다. "오! 미스터 왕! 자네 이력서를 보았네. 임원 면접할 때 어떻게 대답했는지도 전부 들었지. 확실히 다른 지원자들에 비해 우수하더군. 우리 회사에 들어온 것을 환영하네!"

회장의 호탕한 환영사를 들은 친구는 뛸 듯이 기뻤다. 전화를 끊은 그는 이 기쁜 소식을 여자 친구에게 전하고 싶었다. 그녀는 반 달 전에 외국으로 출장 가서 아직 돌아오지 않은 상태였다. 그런데 휴대전화 버튼을 누르는 순간, 갑자기 이런 생각이 들었다고 한다. '아! 국제전화지. 나중에 해야 하나?' 바로 그때, 책상 위에 놓인 유선전화기 두 대가 그의 눈에 들어왔다. '나는 이제 이 회사의 직원이야. 이 정도 큰 회사이니까 전화비 정도는 개의치 않겠지?' 여기까지 생각한 그는 더 이상 주저하지 않고 여자 친구에게 전화를 걸었다.

"여보세요? 샤오미! 좋은 소식이 있어. 저번에 지원한 회사에서 회장님과 이야기를 나눴는데……"

"저……, 실례합니다만 회장님이 바꿔달라고 하십니다."

비서는 나머지 한 대의 수화기를 그에게 건넸다. 아주 묘한 웃음을 지으면서 말이다.

"여보세요?"

"아! 미스터 왕! 미안하지만 방금 전에 한 말을 취소해야겠어요. 당신이 최종 관문을 넘지 못했거든요. 정말 미안해요."

"네? 무슨 말씀이신지……"

"……"

친구는 수화기를 든 채 마치 넋이 나간 듯이 몇 초 동안 멍하니 서 있었다.

비서는 안타깝다는 듯이 고개를 가로 젓더니 한숨을 쉬며 말했다.

"다른 분들도 모두 마찬가지였어요. 모두 들떠서 아직 남아 있는 아주 작은 관문 하나를 무시하는 실수를 저질렀죠. 아직 정식으로 발령이 난 것도 아니잖아요. 휴대전화가 있는데 개인 용무에 왜 회사 전화를 쓰시나요?"

친구의 이야기에는 구직자와 고용주의 미묘한 갈등을 드러낸다. 모든 고용주는 회사를 진정으로 생각하고, 회사의 이윤 창출을 위해 최선을 다하는 직원을 원한다. 반면에 구직자들은 회사나 고용주의 이익이 아니라 자신의 이익에 집중한다. 구직자들이 무심코 보내는 '신호'는 고용주가 그들을 판단하는 기준이 된다. 구직자들의 면면을 단기간에 파악하기란 현실적으로 불가능하다. 그러므로 고용주는 오로지 구직자들의 신호, 그러니까 아주 제한적인 이미지들로만 그의 능력과 충성도를 판단할 수밖에 없다.

노동시장에 능력이 출중한 구직자 A와 평범한 구직자 B가 있다고 가정하자. A는 노동생산성이 아주 높지만 B는 그에 비해 매우 낮은 편이다. 만약 고용주가 이러한 상황을 알았다면 당연히 A를 고용할 것이다. 아니면 두 명을 모두 고용한 후에 A와 B의 임금에 차이를 둘 수도 있다. 하지만 현실에서는 고용주가 구직자들의 실력을 정확하게 파악하기 어렵기 때문에 A와 B 모두에게 평준화된 임금을 제시한다. 그 금액은 A의 예상보다 낮고, B의 예상보다는 높다. 이 수준의 임금을 받아들일 수 없는 A는 노동시장을 떠날 것이 분명하다. 그러면 노동시장에는 아주 평범하고 노동생산성이 낮은 구직자들만 남게 된다. 이들은 애초에 평준화된 임금보다 더 낮은 임금을 받고 일하는 처지로 전락할 것이다.

  기업은 직원을 채용할 때, 유달리 적극적이거나 회사를 위해 최선을 다하겠다고 서슴없이 말하는 구직자들을 조심해서 살펴보아야 한다. 이런 구직자들은 더 이상 갈 곳도 없을 것이다. 어쩌면 이 회사가 그들의 마지막 기회일지도 모른다. 그래서 그렇게 필사적으로 자신을 드러내려고 하는 것이다.

  쉽게 말해서 만약 '아첨, 아부, 각종 감언이설로 무장한 사람'을 만났다면 반드시 조심해야 한다!

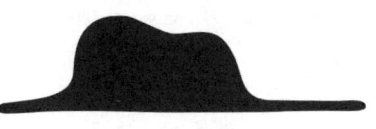

제4장

# 행위의 논리

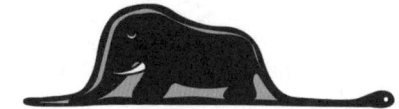

# 기괴한 선택,
# 놀라운 결과

사람들은 보통 자신의 생각대로 행동하지만 종종 다른 사람의 행동에 영향을 받아 자신의 행동을 결정하기도 한다. 흔히 말하는 '내 마음 같지 않은 일'들은 왜 발생할까? 어떻게 해야 좀 더 정확하게 사고하고, 온전히 자신의 생각대로 일을 처리할 수 있을까? 어떻게 해야 타인의 간섭을 받지 않으면서 다른 사람의 행동에까지 영향을 미칠 수 있을까? 이 문제들을 해결하려면 우선 '이상 행위'에 내재된 특수한 논리를 이해해야 한다.

# ; 첫 번째 선택이 중요하다

### 첫 단추를 잘 꿰어라

　세계적인 IT기업인 델컴퓨터 DELL Computer 은 업계의 신화 같은 존재다. 1984년에 갓 설립했을 때 1,000달러이던 총매출이 2001년에 무려 310억 달러까지 상승하면서 그들의 성공법칙이 업계의 화두가 되었다. 델컴퓨터는 설립부터 지금까지 두 가지 원칙을 고수하고 있다. 바로 '다이렉트 모델'과 '시장 세분화'이다. 델컴퓨터를 세운 마이클 델 Michael Dell 은 아주 어렸을 때 이 두 가지 원칙을 확정했다.

　델은 열두 살에 첫 번째 사업을 시작했다. 우표 수집을 무척 좋아하던 그는 돈이 필요했지만 그렇다고 애지중지하는 우표를 경매장에 내놓고 싶지는 않았다. 고심하던 그는 같은 취미를 가진 이웃을 찾아가 그들이 가지고 있는 우표를 자신에게 맡기면 좋은 가격에 팔아주겠다고 말했다. 몇몇 '고객'을 모은 그는 전문 잡지에 우표 판매 광고를 내고 구매자를 모집한 후, 위탁받은 우표를 판매했다. 이 첫 번째 사업에서 델은 예상보다 많은 '2,000달러'를 벌어들였다. 이때 그는 중개자를 고용하지 않고 자신이 '직접 파는 것'이 얼마나 효과적인지 깨달았다. 그리고 이후에 벌인 모든 사업에 '직접 팔아라!'를 모토로 하는 '다이렉트 모델'을 적용했다.

델은 중학교에 들어가면서 컴퓨터 사업을 시작했다. 컴퓨터에 들어가는 각종 부품을 구매해서 조립한 후에 완제품을 파는 일이었다. 당시 IBM의 개인용 컴퓨터의 가격이 약 3,000달러 정도였는데 부품 가격은 600~700달러면 충분했다. 또 대부분의 컴퓨터 판매 직원들은 전문지식이 부족해서 고객에 기술 지원을 제공하거나 각 고객의 상황에 따라 적합한 컴퓨터를 추천하는 것이 불가능했다. 이런 상황을 파악한 델은 중간업체를 없애고 직접 컴퓨터를 조립하면 가격 경쟁력을 갖출 수 있다고 생각했다. 어린 나이였지만 컴퓨터에 대해서만큼은 누구보다 잘 알고 있었기에 용도에 따른 컴퓨터를 추천하는 양질의 서비스도 제공할 수 있었다. 이렇게 해서 고객을 유형별로 세분화해서 직접 마주하고 전문적인 정보를 제공하는 '세분화 전략'이 탄생했다.

1984년 델은 학교를 그만두고 델컴퓨터를 창업했다. 델컴퓨터는 2002년에 〈포춘Fortune〉이 선정한 세계 500대 기업 중 13위에 오르며 세계에서 가장 유명한 기업 중 하나가 되었다.

델컴퓨터는 '다이렉트 모델'과 '시장 세분화' 전략을 통해 고객의 수요에 맞춰 제품을 설계, 생산한 후, 최단 시간에 고객의 손안에 제품을 가져다놓는 서비스를 완성했다. 델은 경험을 통해 얻은 소중한 전략을 창업 초기부터 확고하게 세우고 고수함으로써 성공의 기틀을 세울 수 있었다.

무슨 일이든 첫 단추가 중요하다. 특히 어느 업계에서 첫 직장을 구하는가는 당신의 인생을 좌지우지할 정도로 중요한 일이다.

## 습관의 힘

언젠가 중국에서 한참 칼슘 열풍이 분 적이 있다. 관련 업계는 각종 칼슘보충제를 내놓았고, 텔레비전과 신문, 잡지에도 칼슘보충제 광고가 넘쳐났다. 그런데 이때 한 가지 재미있는 현상이 발생했다. 이런 광고가 많아질수록 소고기나 돼지고기의 뼈 판매가 늘어나는 것이다! 사람들은 동물 뼈의 칼슘함유량이 풍부하므로 따로 칼슘보충제를 먹지 않고 뼈를 먹는 편이 더 낫다고 생각했다. 특히 골수가 많은 돼지 족발을 손에 들고 부러뜨려가며 먹는 것은 맛도 좋고, 영양가도 있으며 심지어 재미있기까지 했다. 돼지 족발을 먹는 것이 중국 사회에서 새로운 '유행'이 될 정도였다. 그런데 돼지 한 마리에서 얻을 수 있는 족발은 겨우 1킬로그램 가량에 불과했다. 이처럼 공급이 제한적이다 보니 뼈 가격이 크게 상승해서 나중에는 살코기 값과 비슷하게 되었다. 족발 외에도 음식점에서 파는 각종 뼈 고기 요리도 인기가 치솟아서 주문을 감당하지 못할 정도였다. 이런 상황을 본 제약 업계는 기가 찰 노릇이었다. 많은 돈을 들여 칼슘보충제 광고를 했는데 결국 정육업계만 꽃가마에 태운 셈이 되었기 때문이다.

경제학에서는 이러한 현상을 '외부성 externality' 혹은 '외부효과'라고 부른다. 이것은 한 사람의 생산과 소비 활동이 다른 사람에게 의도치 않은 혜택이나 손해를 일으키는 것을 가리킨다. 그것이 혜택이면 '양의 외부성 positive externality'이고, 손해면 '음의 외부성 negative externality'이라고 한다.

경제학에는 '경로의존성 path dependence'이라는 개념이 있다. 경로의존성 이론에 따르면 사람은 일단 어떤 선택을 내리면 다른 선택을 내릴 확률이 극히 낮다. 자신의 운동 상태를 유지하려는 관성의 힘이 자아를 끊임없이 강화하기 때문에 그 길에서 벗어나 다른 길로 가려는 생각을 못하는 것이다.

더글러스 노스 Douglass North 는 경로의존성을 최초로 널리 알린 사람이다. 경제학자인 그는 경로의존성 이론을 이용해서 경제 제도의 발전을 설명해서 1993년에 노벨 경제학상을 수상했다.

노스는 경로의존성이 물리학의 관성과 유사해서 한 사물이 일단 어떠한 경로에 들어서면 곧 이 경로에 의존하게 된다고 주장했다. 마치 물리적 세계처럼 경제생활에도 보상과 자아강화의 기제가 존재하기 때문이다. 이러한 기제 때문에 시간이 흐를수록 더욱 빠져나오기가 어렵다.

경로의존성 이론이 알려진 후 사람들은 이것을 생활의 각 방면에 매우 광범위하게 적용하고 응용했다. 가만히 생각해보면 일상에서 내리는 모든 선택이 경로의존성의 영향을 받는다. 좀 더 쉽게 설명하자면 과거에 내린 선택이 현재 내려야 하는 선택에 영향을 미치는 것이다. 이미 알려진 이론 역시 경로의존성으로 해석이 가능하다.

이와 관련한 재미있는 사례가 있다. 사람들은 마이크로소프트가 본사를 왜 시애틀에 두는지 궁금해했다. 시애틀은 날씨가 그리 좋은 편도 아니고 기업하기에 특별한 장점도 없었기 때문이다. 다른 IT기업은 모두 실리콘밸리에 모여 있는데 가장 성공한 기업인 마이크로소프트는 왜 굳이 시애틀에 남아 있을까? 한 연구자가 수많은 자료를 분석하고 연구한 끝에 결과를 발표했다. 어찌 보면 상당히 단순한 결과였다. 바로 빌 게이츠Bill Gates가 태어나고 유년시절을 보낸 곳이 시애틀이라는 것이었다. 이 결과는 바로 경로의존성을 설명하고 있다.

습관이란 언제나 개인의 선택에 영향을 미친다. 사람은 이미 있는 것에 익숙하기 때문에 더 좋은 것, 더 나은 상황을 선택하지 않는다.

## 고객이 떠나지 못하도록 만들어라

경로의존성형 산업도 있다. 소비자가 많아질수록 상품의 가치가 상승하는 산업이 여기에 속한다. 예를 들어보자. 당신의 집에 전화기가 한 대 있다. 그러나 당신이 알고 있는 사람, 친구나 친척들은 모두 전화기가 없다. 이러면 당신의 전화기는 아무런 의미가 없다. 있어봤자 전화를 걸 곳이 없으니 무용지물에 불과하다. 그러니까 친구나 친척들이 모두 전화기를 보유해야만 당신의 전화기 역시 의미가 발생한다. 다시 말해서 당신이 가지고 있는 물건을 당신과 교류하는 사람들도 가지고 있거나 구매할 계획이 있어야 하는 것이다. 이것이 바로 '경로의존성'이 있는 물건인 것이다.

  전화기 외에도 경로의존성을 지닌 상품이 많다. 프린터가 대표적인 예다. 요즘 프린터의 가격은 믿을 수 없을 정도로 저렴하다. 하지만 프린터를 만드는 회사가 이윤이 발생하기 바라는 부분은 프린터 자체가 아니라 그 안에 들어가는 잉크다. 프린터만 만들어 팔아서는 이윤은커녕 손해볼 가능성이 크다. 하지만 일단 프린터를 많이 팔아야 소모품인 정품 잉크를 사는 고객도 많아진다. 고객은 저렴한 가격으로 프린터를 구매했지만 대신 끊임없이 잉크를 구매해서 해당 기업에 이윤을 제공한다. 이것이 바로 경로의존성이다.

  혹시 경로의존성이 강한 산업, 또는 그러한 업계에 종사하고 있는가? 그렇다면 일단 소비자가 당신의 생산품을 사도록 만들어야 한다. 여기에 성공하면 당신의 사업은 이미 성공한 것이다. 소비자들은 이제 좀처럼 다른 상품을 사용하지 않을 것이기 때문이다. 이러한 경로의존성은 특히 컴퓨터 산업에서 많이 발생한다. 마이크로소프트가 그토록 탁월한 성과를 거둔 것도 경로의존성의 힘이 컸다.

  경로의존성이 뛰어난 상품을 보유해서 '승자독식'의 구조를 형성하고 싶은가? 그렇다면 일단 처음부터 시장을 점령해서 '승자'가 되어야 한다. 사은품을 무료로 증정한다거나 신제품이 처음 나왔을 때 아예 저렴한 가격으로 물건을 파는 것이 효과적이다. 이렇게 해서 신속하게 시장을 점령하고 사용자를 확보하기만 하면 이후부터는 관련 상품이 저절로 돈을 벌어다줄 것이다. 초기에는 적자여도 금세 흑자로 돌아설 테니 걱정할 필요는 없다.

이렇게 되면 경로의존성 법칙에 따라 선순환의 궤도에 진입할 것이다. 하지만 도중에 무언가 잘못되면 효율이 떨어진 채로 '옴짝달싹 못하게 되어' 이도저도 못할 수도 있으니 조심해야 한다. 그러므로 처음에 매우 치밀하게 전략을 짜서 그대로 행동해야 한다.

사업을 성공시키고 싶다면 소비자가 반드시 당신의 상품을 선택하도록 만들어야 한다. 소비자의 수요를 키워 상품에 대한 의존성이 발생하게 해서 당신의 상품을 선택하지 않으면 안 되게 해야 한다!

## ; 가장 적합한 것이 가장 좋은 것이다

**더 좋은 것이 반드시 좋은 선택은 아니다.**

당신은 아마 컴퓨터 키보드의 글자판 배열에 무척 익숙할 것이다. 그런데 혹시 알파벳 26개를 왜 이렇게 무작위로 배열했는지 생각해본 적 있는가? 지금이야 익숙하지만 처음 배울 때는 아무런 규칙이 없다보니 손가락의 움직임도 매우 어색했을 것이다. 사실 지금 우리가 사용하는 글자판은 모두 사용빈도를 잘 계산해서 배열된 것이다.

크리스토퍼 레이덤 숄스Christopher Latham Sholes는 1870년대에 타자기를 발명한 사람이다. 당시는 기술이 좋지 않아서 키를 한 번 누르면 다시 올라오는 속도가 느렸다. 그래서 타자 속도가 빠르면 종종 키 두 개가 동시에 내려가 있기도 했다. 이때마다 반드시 손으로 조심스럽게 키를 들어 올려야 했다. 문서를 작성하는 데 이런 일이 생기면 타자 속도가 아무리 빨라도 소용이 없었다. 키를 들어 올리는 데 시간을 많이 할애해야 했기 때문이다. 이 때문에 매일 고객들의 항의가 숄스의 회사에 빗발쳤다.

상품 설계자와 엔지니어들은 모두 머리를 싸매고 해결방법을 고민했다. 이때 한 엔지니어가 아이디어를 냈다. 그가 보기에 문제의 핵심은 타자 속도가 너무 빠른 데 있었다. 물론 키가 다시 올라오는 속도도 느렸다. 하지만 그 당시 키를 빨리 올라오게 하는 기술은 아직 개발되지 않았다. 그렇다면 타자 속도를 늦추면 되는 것 아닌가!

이것은 정말이지 완전히 새로운 생각이었다. 그럼 어떻게 해야 타자 속도를 늦출 수 있을까? 가장 간단한 방법은 26개 알파벳 배열 순서를 뒤섞는 것이었다. 이때 자주 사용하는 'O', 'S', 'A' 같은 것은 상대적으로 둔한 손가락인 오른손 약지, 왼손 약지, 왼손 새끼손가락이 누르도록 했다. 반대로 사용 빈도가 낮은 'V', 'J', 'U' 등은 가장 민첩한 양쪽 검지가 누르도록 배치했다.

이것이 바로 '쿼티QWERTY 자판'의 탄생 과정이다. '쿼티 자판'은 타자기뿐만 아니라 나중에 컴퓨터 키보드에도 적용되었다. 물론 나중에 키가 빨리 올라오는 기술도 개발되었다. 그리고 지금은 타자 속도가 아무리 빨라도 키가 올라오는 속도보다 빠를 수 없게 했다.

그 이후, 드보락 자판과 말트 자판이 개발되었다. 먼저, 드보락 자판은 1934년에 미국인 어거스트 드보락August Dvorak이 양손을 교차해서 누를 수 있는 글자판이었다. 이것은 초보자들의 훈련시간이 쿼티 자판의 절반에 불과했고, 타자 속도 역시 35% 이상 높일 수 있었다. '드보락 글자판'의 배열 원칙은 다음과 같다.

① 양손을 교차함으로써 한 손만 연속으로 사용하는 것을 최소화한다.
② 글자판 위에서 손가락의 이동 거리를 최소화한다.
③ 알파벳 사용 빈도에 따라 순서대로 배열한다.

또한 말트 자판은 릴리안 말트Lillian Malt라는 사람이 드보락 글자판보다 더 합리적이고 효율적인 글자판을 개발했다. 가장 큰 특징은 양손이 교차할 때의 자판 배열을 바꿔 엄지손가락을 더 많이 사용하게 한 것이었다. 또 다른 글자판에서는 비교적 바깥쪽에 있던 백스페이스Backspace 같은 키를 좀 더 효율적으로 개선했다. 하지만 드보락 자판과 말트 자판은 쿼티 자판보다 훨씬 효율적이지만 예상과 달리 널리 사용되지 못했다. 이유가 뭘까?

알다시피 타자를 잘 치려면 일정 기간의 학습과 훈련이 필요하다.

사용자들은 이 과정에 꽤 많은 시간과 에너지를 투입해야 한다. 새로운 자판이 등장하면 다시 이 과정을 거쳐야 하는데 사용자들은 그럴 필요를 못 느낀 것이다. 드보락이나 말트 자판이 훨씬 효율적인 것을 알면서도 말이다. 주변 사람들이 모두 쿼티 자판을 사용 중이고 키보드 생산업체 역시 쿼티 자판을 표준으로 제품을 생산하고 있으니 굳이 할 필요가 없는 것이다.

더 효율적이고 합리적인 글자판을 선택할 수 있어도 우리의 선택은 언제나 쿼티 자판이다. 더 좋은 것이라고 해서 반드시 좋은 선택이라고 할 수는 없다.

### 타인과 비슷한 선택을 하는 것도 나쁘지 않다

현재 중국의 거의 모든 네티즌은 메신저 프로그램으로 QQ를 사용한다. 중국의 컴퓨터와 스마트폰 사용자 중에 QQ 아이디가 없는 사람은 없을 것이라고 확신한다. 그런데 사실 QQ의 역사는 그리 길지 않다. 나 역시 QQ가 처음 생겼을 때 가입하고 아이디를 만든 적이 있다. 그러나 그때는 QQ를 사용하는 사람이 드물어서 이 프로그램으로 채팅할 수 있는 사람이 많지 않았다. 이후 사용자가 점차 많아지면서 중국인들은 일상의 거의 모든 일을 'QQ에서 혹은 QQ를 통해서' 하고 있다.

물론 QQ도 처음 시장에 뛰어들었을 때는 피 말리는 경쟁을 벌여야 했다. 당시 중국에서는 QQ와 유사한 인스턴트 메시징[IM] 프로그램이 우후죽순처럼 생겨났다. 그중 QQ와 가장 치열하게 시장 쟁탈전을 벌인 프로그램은 바로 시나닷컴Sina.com, 新浪에서 출시한 'UC'였다.

솔직히 말해서 UC는 QQ보다 훨씬 사용이 간편하다. 배경이 예쁘고, 이모티콘도 무척 다양하다. 앞서 이야기한 것처럼 QQ가 초기에는 사용자가 많지 않았다. 그래서 나는 한동안 UC를 사용했는데 시간이 조금 흐르니 이번에는 대부분 친구들이 QQ를 사용하는 것이 아닌가! 결국 나도 어쩔 수 없이 UC를 '배신하고' 다시 QQ로 돌아왔다.

친구 두 명이 UC와 QQ 중 어떤 것을 선택하느냐에 따른 효용 변화를 따져보자. 총 네 가지 상황이 가능하다.

① 갑, 을 두 사람 모두 UC를 선택할 경우: 이때 두 사람은 UC의 예쁜 배경과 다양한 이모티콘 등을 사용하며 큰 만족을 얻을 수 있기 때문에 각각 10의 효용을 얻는다.

② 갑은 QQ를, 을은 UC를 선택할 경우: 이때 갑의 효용은 4, 을의 효용은 5다.

③ 갑은 UC를, 을은 QQ를 선택할 경우: ②의 경우와 반대로 갑의 효용은 5, 을의 효용은 4다.

④ 갑, 을 모두 QQ를 선택할 경우: 두 사람은 각각 9의 효용을 얻을 수 있다.

②, ③의 경우에서 자신만 UC를 사용하고 다른 친구들은 모두 QQ

를 사용한다면 얻을 수 있는 효용은 5에 불과하다. 친구들과의 소통이 원활하지 않기 때문이다. 그러니까 효용을 9까지라도 끌어올리려면 UC의 예쁜 배경과 다양한 아이콘을 포기하고 QQ를 사용하는 수밖에 없다.

정리하자면 UC가 QQ보다 편리하더라도 다수가 QQ를 선택하는 상황에서는 QQ를 선택하는 것이 이성적인 판단이라는 이야기다.

개인이 선택은 그가 속한 집단과 일치시키는 것이 가장 좋다. 숲을 벗어난 나무는 홀로 거센 바람을 맞아야 한다. 집단의 선택과 동떨어져 완전히 새로운 것을 시도하는 행동은 결코 바람직하다고 할 수 없다.

### '좋은 편'인 것을 선택할 수도 있다

어느 날, 세 명의 제자가 소크라테스를 찾아와 이렇게 질문했다. "어떻게 하면 가장 이상적인 배우자를 찾을 수 있습니까?"

소크라테스는 대답 대신 그들을 밀밭으로 데리고 가서 이렇게 말했다.

"한 명씩 이쪽 끝에서 출발해서 저쪽 끝까지 가거라. 계속 앞으로 가야지 되돌아올 수는 없어. 도중에 마음에 드는 밀 이삭 하나를 꺾어 와야 하는데 기회는 한 번뿐이니 잘 생각해야 한다. 나중에 누구의 밀 이삭이 가장 큰지 비교해보자."

 소크라테스가 말을 마치자 세 제자는 밀 이삭을 어떻게 선택할지 곰곰이 생각했다. 밀밭의 이삭은 큰 것도 있고, 작은 것도 있었다. 또 높이 자라서 눈에 잘 보이는 것도 있었고, 짧고 안이 텅 빈 것도 있었다. 그런데 기회는 한 번뿐이라니 섣불리 꺾어서는 안 되고 신중하게 결정해야 했다.

 드디어 첫 번째 제자가 출발했다. '기회가 한 번뿐이니 일단 크고 예쁜 것이 보이면 즉시 꺾어야겠어. 그래야 나중에 아쉽지 않을 테니까.' 이렇게 생각하며 걷던 그는 몇 걸음 가지 않아 정말 크고 예쁜 이삭을 발견했다. 줄기가 쭉 곧고 낱알이 많이 달려서 한 눈에 보기에도 가장 좋아보였다. 그는 흥분한 마음을 진정시키며 이것을 꺾어서 손에 쥐고 매우 자신만만하게 밭을 가로질렀다. 하지만 그의 기쁨을 오래가지 못했다. 가는 길에 손에 든 것보다 훨씬 크고 예쁜 이삭들이 사방에 보였기 때문이다. 제자는 속이 상했지만 어쩔 수 없었다. 그는 풀이 죽어 한숨을 내쉬며 남은 길을 걸었다.

 두 번째 제자는 첫 번째 제자의 실수를 되풀이하지 않기 위해 더 신중하게 생각했다. '밀밭에 이삭이 이렇게나 많으니 처음 좋은 것이 보인다고 덥석 꺾으면 안 돼. 분명히 그것보다 더 좋은 것이 있을 테니까. 기회는 한 번뿐이야. 조급하게 생각하지 말자.' 그 역시 출발과 동시에 크고 예쁜 이삭을 발견했다. 하지만 그는 손을 뻗지 않았다. 그리고 나중에 더 좋은 이삭이 있을 거라고 믿으며 계속 전진했다. 가는 동안 좋은 이삭을 여러 개 발견했지만 계속 묵묵히 걷기만 했다. 이제 얼마 남지 않았는데 그의 손에는 아직 아무것도 없었다. 좋은 이삭을 여러 개 보았지만 더 나은 것을 찾느라 그의 손에는 아무것도 없었다. 그렇다고 돌아가지도 못한다. 결국 그는 도착 직전에 그냥 아무렇게나 손에 잡히는 대로 이삭 하나를 꺾어 가져올 수밖에 없었다. 조금 전에 보았던 것과는 비교도 안 될 만큼 평범하기 그지없는 이삭이었다.

두 동료의 실패를 목격한 세 번째 제자는 드넓은 밀밭을 바라보며 나름의 전략을 구상했다. '좋은 이삭이 있다고 해서 바로 꺾으면 안 되겠군. 그렇다고 더 좋은 것을 기대하며 계속 앞으로 가기만 해서도 안 되겠지. 그러니까 비교를 하는 것이 좋겠어. 일단 전체 여정을 세 구간으로 나누어야지. 그런 후에 첫 구간의 이삭을 '대, 중, 소'로 나누고, 두 번째 구간에서는 이 분류가 정확한지 검증하자. 그리고 세 번째 구간에서는 앞의 결과를 토대로 '대'에 해당하는 밀 이삭을 찾는 거야. 물론 밭 전체에서 가장 크고 예쁜 이삭은 아닐 수도 있지만 그래도 크게 차이가 나지는 않을 거야. 그 정도면 만족해야지.'

세 번째 제자는 밀밭을 가로지르며 계획을 정확하게 실행했다. 그는 즐거운 얼굴로 밭을 가로지른 유일한 사람이었다.

살다보면 '가장 좋은 결과란 결국 이론으로만 존재하는 것이 아닌가?'라는 생각이 든다. 그렇다면 가장 좋은 것이 아니라 비교적 좋은 것을 선택하는 것이야말로 이성적인 행동일 것이다.

사람들은 언제나 '기왕에 하기로 했으면 가장 좋은 것을 선택해야 한다'고 생각한다. 하지만 이것은 완전히 잘못된 인식이다. 눈을 약간 낮추고 전체 계획을 종합, 정리한 후에 가장 좋은 것이 아니라 '자신을 만족시키는 선택'을 해야 한다. 그러면 당신의 생활은 더욱 편리해질 것이다.

## 선택의 과정을 개선하라

한 나라의 여왕이 남편감을 찾고 있었다. 그녀는 믿을 만한 신하 두 명에게 곳곳을 돌아다니며 가장 적합한 사람을 찾아 데려오라고 명령했다.

얼마 후, 두 신하는 각각 자신이 뽑은 후보자를 한 명씩 데리고 왔다. 이들을 각각 A와 B라고 하자. 여왕과 신하들은 두 후보의 배경과 능력을 비교, 검증하기 위해 각종 항목을 구분하고 점수를 부여했다. 건강, 지혜, 외모, 말솜씨, 재능, 가문, 명성 등 총 일곱 가지 항목이었다. 이들은 과연 여왕에게 가장 적합한 남편감을 고를 수 있을까?

그 결과 A의 총점이 B보다 높았다. 하지만 B 역시 결코 만만한 상대가 아니다. 그는 네 개 항목에서 A보다 높은 점수를 받았고, 한 개 항목에서 똑같은 점수였다. 그가 A보다 뒤진 항목은 단 두 개뿐이었다. 종합적인 실력으로 말할 것 같으면 오히려 B가 A보다 적합해 보였다. 대체 누구를 여왕의 남편감으로 선택해야 할까?

여왕이 그들을 직접 만난 후, 첫인상과 느낌으로 한 명을 지정해도 좋다. 하지만 이것은 매우 위험한 방법이다. 어떤 사람은 보기만 좋지 아무 짝에도 쓸모가 없기 때문이다. 또 연애를 시작할 때는 아무리 봄바람처럼 따뜻하고 부드러워도 시간이 흐르면 혐오스럽게 변할 수도 있다.

그렇다면 두 번째 방법도 있다. 이것은 여왕이 남편감을 볼 때 주로 무엇을 보는가에 달려 있다. 일곱 개 항목 중 여왕이 중요하게 생각하는 항목에서 더 높은 점수를 받는 사람을 선택하면 된다. 그녀가 오로지 '남자다운' 사람을 원한다면 지식이 많고 적고는 큰 문제가 아닐 것이다.

가장 합리적인 방법은 바로 몇 가지 방법을 섞는 것이다. 예를 들어 총점 커트라인을 미리 만들어놓고, 일단 이 커트라인을 넘으면 특정 항목의 점수를 살펴보면 된다. 아니면 총점과 각 항목 점수의 우선순위와 비율을 정해도 좋다. 이렇게 하면 최고로 좋지는 않아도 '상당히 괜찮은 결과'를 얻을 수 있다.

정책 결정의 핵심 문제는 '어떻게 하면 최고의 결과를 얻을 수 있을까?'가 아니라 '정책 결정의 과정을 어떻게 개선해야 할까?'이다. 정책 결정의 과정을 좀 더 합리적으로, 좀 더 효율적으로 만들 수만 있다면 '좋은 결과'는 반드시 따라오게 되어 있다.

여기서 말하는 '좋은 결과'는 '최고의 결과'가 아닐 수도 있다. 그러나 분명히 만족스러운 결과일 것이다.

## ; 완벽하게 독립적인 선택은 없다

### 비싼 광고 모델을 쓰는 이유

상업광고는 크게 두 가지로 나눌 수 있다. 유명인이 등장하는 광고와 그렇지 않은 것이다. 소비자는 둘 중 어떤 광고의 상품을 선택할까? 아마 대부분의 소비자가 유명인이 등장하는 상품을 선택할 것이다. 단지 그 유명인의 아름다운 외모나 명성 때문만은 아니다. 광고에 등장하는 유명인이 소비자들에게 '자본'을 의미하기 때문이다. 생각해보라. 유명인을 기용하려면 많은 돈을 들여야 하는데 기업이 비싼 모델료를 기꺼이 투자했다면 그만큼 좋은 상품 혹은 해당 기업이 자랑하고 싶은 상품이지 않겠는가? 유명인은 기업이 '이 상품을 얼마나 중요하게 생각하는지'를 소비자들에게 알리는 일종의 '신호'라고 할 수 있다.

광고주들이 유명 모델을 선호하면서 수많은 스타가 광고계로 진출해 상품의 '대변인' 역할을 담당하고 있다.

그런데 소비자들은 모델이 광고의 진위 여부를 '꼼꼼하게' 확인했는지에 대해서는 크게 생각하지 않는다. 모델들의 입장에서 생각해보자. 그들은 광고를 선택할 때 어떻게 결정할까?

항상 진품을 생산하는 회사 A와 가품$^{佳品}$, 이른바 '짝퉁'만 생산하는 회사 B가 있다고 가정하자. 그렇다면 A와 B 두 회사 중 어느 쪽이 더 적극적으로 유명 모델을 기용하려고 할까? 어느 쪽이 광고에 더 많은 돈을 투자할까?

정답부터 말하자면 회사 B다. 유명인을 모델로 세워야만 회사의 이익이 더 커질 수 있기 때문이다. 회사 A는 제품을 생산하는 데 이미 많은 돈을 들였기 때문에 모델 기용에까지 거액을 투자하는 것을 주저한다. 반면에 회사 B는 생산비용이 상대적으로 적기 때문에 더욱 적극적으로 유명인을 광고모델로 쓰려고 한다.

그러므로 단순히 스타가 광고하는 상품이라고 해서 혹해서는 안 된다. 소비자는 좀 더 이성적으로 상품 구매를 결정할 필요가 있다.


## 책가방은 점점 더 무거워진다

중국 교육 당국은 최근 몇 년 동안 '책가방 가볍게 하기' 캠페인을 벌였다. 하지만 어찌된 일인지 학생들의 책가방은 나날이 더 무거워지기만 한다. 전문가들은 '책가방 가볍게 하기'가 단순히 캠페인에서 끝나서는 안 되며 장기적인 프로젝트로 추진해 하나의 시스템으로 자리 잡게 해야 한다고 입을 모은다.

'학생들의 부담을 줄이자!'는 구호를 거의 20여 년 동안 외쳤지만 실제로는 학업 부담이 줄어들기는커녕 더 커지기만 한 것도 같은 맥락이다. 학생들은 치열한 경쟁 속에서 살아남기 위해 늦은 밤까지 숙제하고, 명절이나 방학에도 각종 학원을 이동하며 조금도 쉬지 못한다.

중국국가통계국과 교육부의 조사에 따르면 도시와 농촌의 초중고 학생들에게서 '3多3少 현상'이 발견되었다. 즉, '숙제, 학원, 시험'이 많고, '잠, 운동, 사회활동'이 적다는 의미다. 공부에 대한 부담이 커지면서 학생들의 건강 상태가 나빠지고, 심리 상태가 왜곡되는 현상이 종종 보인다. 심지어 어떤 학생들은 자살을 시도하기도 한다.

이 문제의 원인은 크게 두 가지로 나눌 수 있다.

첫째, 과외와 보충학습이 많아졌기 때문이다. 지금은 학부모뿐 아니라 일부 학교와 교사들까지 학생들을 다그치고 있다. 정규수업을 마친 후에도 몇 시간씩 보충학습을 한 후, 집에 돌아와서는 다시 과외를 하는 학생들이 많다. 둘째, 학교에 있는 시간이 길고 숙제가 너무 많은 탓이다. 학생들은 아직 별이 사라지지도 않은 새벽에 등교해서 하루 종일 책상 앞에 앉아 공부한다. 오후가 되면 지쳐서 숨 쉬는 것조차 힘이 들 정도다. 또 집에 와서는 과외가 끝난 후에 깊은 밤까지 숙제하느라 침대에 눕지 못한다.

학부모 입장에서는 다른 학생들은 과외와 보충수업을 하지 않고 자신의 자녀만 하는 것이 가장 좋은 상황일 것이다. 이렇게 되면 자신의 자녀만 성적이 올라가기 때문이다. 이것은 학교 입장에서도 마찬가지다. 교육부는 줄곧 '책가방 가볍게 하기' 캠페인을 펼치고 각 학교에 협조공문 등을 보냈다. 다른 학교들이 모두 규정을 준수해서 보충수업과 숙제를 없앨 때, 어느 한 학교만 보충수업을 계속하고 숙제를 강화한다면 이 학교 학생들의 학습수준이 크게 상승할 것이다. 모든 학부모와 학교가 바로 이렇게 생각하기 때문에 교육부가 아무리 캠페인을 벌이고 사회적 공론이 형성되어도 학생들의 책가방이 가벼워지지 않는 것이다. 이렇게 해서 학생들의 부담만 날로 가중되는 현상이 발생하고 말았다.

경쟁이 치열해지고 그로 말미암은 압박이 커질수록 불합리한 현상을 개선하기 어렵다. 사회 전체의 관념이 변화하지 않으면 거의 불가능하다고 할 수 있다.

### 내 아이는 뒤처질 수 없다

학부모들은 나중에 아이들이 처할 사회적 경쟁에 대비하고자 교육을 시작하는 시점부터 만반의 준비를 한다. 그 대표적인 예가 바로 많은 돈을 들여 '학구방學區房'을 구매하는 것이다. 또 대도시의 중점 초등학교와 중학교는 아이들이 기숙사에 들어가도 학부모들이 학교 근처로 이사 오는 경우가 많다. 이렇게 해야 아이들의 생활과 학습 상황을 잘 관리할 수 있기 때문에 훨씬 효율적이라고 생각하는 것이다.

베이징의 경우 학구방의 가격 상승 속도는 정말 무서울 정도다. 또 다른 대도시인 난징南京 역시 학구방의 가격이 10년 전보다 3~4배나 올랐다. 자녀를 좋은 학교에 입학시키기 위해서라면 학부모들은 어떠한 희생도 감수한다. 크게 새로 지은 집을 포기하고 낡고 좁은 학구방으로 들어가거나 출근 시간이 한두 시간씩 늘어나도 아랑곳하지 않는다. 그들이 바라는 것은 오로지 아이들이 좋은 학교에 등교하는 것이다. 하지만 수백만 달러가 있어도 학구방을 구해서 원하는 학교에 입학시키기란 여간 어려운 일이 아니다.

똑같이 베이징 하이뎬구 海淀區의 4환環7) 안에 있는 아파트이더라도 학군에 따라 가격이 천양지차다. 이 지역에는 1988년에 건축한 아파트 두 동이 있다. 모두 깔끔하게 도색하는 등 꾸준히 관리를 잘했기 때문에 겉으로 보기에는 크게 낡은 것 같지 않다. 그러나 내부 구조나 각종 시설이 요즘 지은 것과는 완전히 다르다. 두 동은 철책 경계와 나무로 구분했지만 거리는 겨우 20여 미터 정도로 매우 가깝다. 하지만 부동산 시장에서 이 두 동의 가격은 하늘과 땅 차이다. 비싼 아파트 한 동만 좋은 학구에 속하기 때문이다.

대체 학구방이란 무엇일까? 중국에서는 도시의 초등학교와 중학

---

7) 베이징은 중심에서 여섯 개의 동심원을 그리는 순환도로가 있다. 1환부터 6환까지 숫자가 클수록 큰 원을 가리킨다.

교가 대부분 무시험 입학 제도를 채택하고 있다. 그렇기에 입학의 기준은 오로지 '현 주소'뿐이다. 그러니까 '학구방'이란 간단히 말해서 학군이 좋은 동네의 집들을 가리키는 말이다. 특히 중점 초등학교와 중학교 근처의 학구방은 학부모들의 지대한 관심을 받고 있다. 그러니 당연히 가격이 천정부지로 치솟는 것이다.

 돈을 얼마나 들였든 일단 학구방을 구매하는 데 성공한다면 그 동네의 학교에 입학할 수 있다. 실패하면 그냥 '일반 학군의 일반 학교'에 들어가야 한다. 이렇게 해서 중점 학교 근처의 집들은 부동산 시장의 꽃이 되었다.

 현재 학구방의 높은 가격은 학부모들이 스스로 만든 것이라고 해도 과언이 아니다. 어떤 학부모는 자녀가 중점 학교에 들어갈 수만 있다면 집의 크기나 환경 따위는 전혀 문제가 되지 않는다고 생각한다. 몇 년 고생하더라도 일단 졸업까지만 버틴 후에 팔아버리면 되기 때문이다. 실제로 중국의 거의 모든 부모가 이렇게 생각할 것이다. 하지만 비용의 부담 때문에 행동에 옮길 수 있는 사람은 매우 제한적이다.

 학부모에게 가장 좋은 상황은 다른 아이들은 모두 일반 학교에 들어가는데 자신의 아이만 중점 학교에 입학하는 것이다. 그래야 중점 학교에 들어간 효용이 증대되고 학구방을 구매하는 비용은 내려가기 때문이다. 그러나 실제로는 중국의 거의 모든 학부모가 이렇게 생각하고 있으며, 다른 학부모도 자신처럼 생각하는 것을 잘 안다.

그러므로 다른 아이들이 중점 학교에 들어가면 자신의 아이도 중점 학교에 입학시키는 것이 가장 좋은 선택이다. 아이들을 출발선 상에서부터 뒤처지게 할 수는 없기 때문이다. 이런 이유로 학구방의 가격이 계속 올라가는 것이다.

물론 중점 학교나 유명 대학에 들어간다고 해서 반드시 성공하는 것은 아니다. 하지만 학부모로서 다른 아이들이 모두 중점 학교에 들어가는데 자신의 아이만 일반 학교에 보낸다면 부모로서 책임을 다하지 않은 것 같은 생각이 드는 것도 사실이다.

## 습관은 규율이 된다

연구자가 원숭이 다섯 마리를 한 우리에 넣었다. 우리 가운데는 원숭이의 손이 닿을 수 있는 높이에 바나나를 걸었다. 하지만 한 마리라도 이 바나나에 손을 대면 다섯 마리 모두에게 수압이 강한 물을 쏘아 '처벌'했다. 이런 일이 몇 차례 반복되자 나중에는 다섯 마리 모두 감히 손을 뻗으려고 하지 않았다.

얼마 후, 한 마리를 우리에서 빼고 대신 다른 원숭이 한 마리를 넣었다. '신참'은 이 우리 안의 '규율'을 몰랐기 때문에 들어가자마자 바나나로 돌진했다. 이를 본 원숭이 네 마리는 크게 화를 내며 '신참'을 마구 때려 연구자를 대신해 '처벌'했다. 우리 안의 폭행은 새로 들어

온 원숭이가 이곳의 '규율'을 완전히 이해하고 복종할 때까지 계속되었다.

 연구자는 일정한 간격을 두고 원숭이를 한 마리씩 다른 원숭이와 계속 바꾸었다. 이렇게 해서 나중에는 처음에 들어간 다섯 마리가 모두 우리에서 빠졌다. 지금 우리 안에 있는 원숭이들은 수압이 강한 물을 맞는 '처벌'을 받아본 적이 없다. 그러나 단 한 마리도 감히 바나나에 손을 대지 않았다.

 실험 초기에 원숭이들은 동료의 잘못된 행동에 '연루'되어 자신까지 처벌을 받을까봐 신참들이 바나나에 다가서지 못하게 했다. 이는 매우 합리적인 판단이다.

 하지만 나중에는 연구자와 '수압이 높은 물'이 개입하지 않았다. 그래도 새로 들어온 원숭이들은 '바나나를 가져가면 안 되는' 규율을 엄격히 지켰다. 이 역시 앞에서 설명한 '경로의존성'의 자아강화 효과라고 할 수 있다.

 강력한 처벌로 만들어진 습관은 우리 안의 원숭이들이 반드시 지켜야 하는 '규율'로 변했다. 사실 나중에 들어온 원숭이들이 순종적으로 변한 것은 규율 때문이 아니라 정보가 너무 적었기 때문이었다. 이 규율이 어떻게 나온 것인지 알았다면 어느 정도는 반항하지 않았을까?

 사람들은 사회의 각종 제도와 규율을 준수하고 있지만 이 중에는 어떻게 만들어졌는지 모르는 것도 많다. 심지어 이것이 합리적인지

고려하지도 않는다. 나중에 들어온 원숭이들처럼 말이다.

# ; 당신의 용기를 보여라

### 때로는 '척'할 줄도 알아야 한다

한 바탕 피비린내 나는 전투가 끝난 후, 양측의 병사 두 명이 좁은 길에서 마주쳤다. 그들은 전투를 치르느라 곧 쓰러질 것만 같았지만 그래도 젖 먹던 힘까지 다해 총구를 마주하며 대치했다. 두 사람은 서로의 눈을 쏘아 보며 누구 하나 물러서려고 하지 않았다. 그러다가 한 명이 심리적으로 흔들렸는지 총을 내려놓고 그 자리에 '풀썩' 주저앉아 항복했다. 다른 한 명은 일단 적의 총을 빼앗고 탄창부터 확인했다. 탄창이 텅 빈 것을 본 그도 쓰러지듯 주저앉았다. 그 역시 총알이 없고, 무척 허기진 상태였기 때문이었다.

자신의 용기와 의지를 전달할 때, 반드시 실력을 보일 필요는 없다. 그저 당신의 '용기'에 대한 정보를 전달하기만 하면 된다. 인간과 동물 사이에도 그렇다.

한 서커스단의 조련사와 호랑이가 한 우리 속에서 공연 중이었다. 그런데 갑자기 무슨 이유에선지 정전이 되어 사방이 암흑으로 변했다. 호랑이는 어둠 속에서도 눈이 잘 보이지만 조련사는 아무것도 보이지 않았다. 이 때문에 우리 밖에서는 조련사의 안위가 걱정되어 난리가 났다. 조련사 역시 무서웠지만 최대한 침착함을 잃지 않고, 평소와 똑같이 지휘봉을 흔들었다. 마치 눈이 잘 보이는 것처럼 말이다. 그의 의연한 행동은 조련사에게 대항하려는 호랑이를 제압했다. 그 결과 호랑이는 조련사의 지휘에 따르는 '온순하고 커다란 고양이'가 되었다.

만약 조련사가 '공포'를 드러냈다면 참혹한 대가를 치러야 했을 것이다. 이런 상황에서 그의 가장 좋은 선택은 바로 '침착'이었다.

적을 좁은 길에서 마주쳤을 때는 용기 있는 쪽이 이긴다. 아주 간단하다. 그저 자신의 용기에 대한 신호를 상대방에게 전달하기만 하면 된다.

### 적에게 허점을 보여라

제갈량은 평생 수많은 전쟁에 나섰지만 그중 가장 유명한 것은 바로 '공성계空城計'였다.

그는 마속馬謖을 잘못 등용한 바람에 전략적으로 중요한 가정街亭을 잃고 말았다. 위魏의 장수 사마의司馬懿는 기세를 몰아 15만 대군을 이끌고 제갈량이 있는 서성西城을 향해 왔다. 당시 제갈량의 주변에는 다른 장수가 없었고, 문관文官들만 있었다. 제갈량이 직접 지휘하는 병사는 5,000명이었지만 그중 절반은 양식을 수송하러 갔기 때문에 성 안에 있는 병사는 2,500명에 불과했다. 사람들은 사마의가 병사를 이끌고 서성으로 온다는 이야기를 전해 듣고 대경실색했다. 그런데 제갈량은 뜻밖에도 걱정할 것 없다고 다독이며 자신이 반드시 사마의를 물리치겠다고 장담했다.

그는 모든 깃발을 감추고 병사들은 지정된 위치에서 움직이지 말라고 명령하고 만약 임의로 움직이거나 큰소리로 소란을 피운다면 즉각 목을 잘라버리겠다고 했다. 또 성문 네 개를 모두 열고 일반 백성처럼 옷을 입은 병사 20명이 빗자루로 거리를 깨끗하게 쓸도록 했다. 마지막으로 제갈량 자신은 학의 털로 만든 학창의鶴氅衣를 걸치고, 머리에는 윤건綸巾을 썼다. 그런 후에 어린 시동侍童을 대동해서 거문고를 들고 적루敵樓의 난간에 기대앉아 천천히 거문고를 연주했다. 적루는 성 밖에서 아주 잘 보이는 곳이었다.

사마의의 선발대는 성 가까이 도착해서 이런 광경을 목격하고 무언가 이상하다고 생각해 섣불리 공격하지 못했다. 결국 그들은 급하게 다시 사마의가 있는 곳으로 돌아가 본 것을 고했다. 사마의는 이 이야기를 듣고 웃으며 말했다. "어떻게 그런 일이 있을 수 있는가?" 그는 진군을 잠시 멈추라고 명령한 후 직접 서성까지 가서 살펴보았다. 그랬더니 정말 선발대 장수가 한 이야기처럼 제갈량이 성루에 올라 앉아 향을 피우고 유유자적하게 거문고를 뜯는 것이 아닌가! 곁에는 시동이 두 명 있었는데 왼쪽은 보검을, 오른쪽은 먼지떨이를 손에 들고 있었다. 또 각 성문 안팎에 백성 20여 명이 있었는데 모두 거리를 청소하고 있었다. 아주 편안한 표정으로 긴장감 따위는 전혀 보이지 않았다. 모든 것을 직접 확인한 사마의는 본영으로 돌아가 퇴각을 준비하라고 명령했다.

사마의의 아들 마소馬昭는 놀라서 이렇게 물었다. "서성 안에 병사가 없는 것이 분명한데 어찌 퇴각하라 하십니까?"

"제갈량은 성실하여 평생 모험을 하지 않은 사람이다. 지금 저렇게 성문을 활짝 열어놓고 있으니 분명히 매복이 있을 것이다. 우리가 무모하게 뛰어 들면 그들의 계책에 말려드는 것이 아니겠느냐. 그러니 하루 빨리 퇴각하는 편이 더 낫다!"

이 이야기에서 사마의는 공격과 퇴각, 둘 중 하나를 선택해야 했다. 그는 매우 합리적이고 이성적으로 퇴각을 선택했다. 공격했다가 제갈량의 매복에 거꾸로 당할 확률이 높기 때문이었다. 만약 그가 제갈량의 '실제 상황'을 알았다면 공격이 가장 좋은 선택이었을 것이다. 지금이야말로 제갈량을 무너뜨릴 수 있는 가장 좋은 기회이기 때문이다.

제갈량은 선택권이 없었다. 그의 성공과 실패는 오로지 사마의에게 달려 있었다. 그의 입장에서 가장 좋은 상황은 사마의가 제갈량에게 병사가 있다고 믿는 것이었다.

사실은 제갈량 이전에도 '공성계'를 사용한 사람이 있었다. 서한西漢

의 이광李廣 역시 이 계책을 사용해 위험한 지경을 피했다.

서한은 북방의 흉노족이 큰 골칫덩이였다. 점점 강성해져 몇 차례 국경을 넘더니 이제는 중원까지 내려오기 시작했기 때문이다. '비장군飛將軍'으로 이름을 날리던 이광은 변방의 상군上郡 태수太守로 임명받았다. 그는 오랑캐를 무찌르라는 황제의 명을 받들어 병사를 이끌고 나아가 흉노족의 남진을 저지했다.

그러던 어느 날, 황제가 상군에 파견한 환관이 사냥 중에 흉노족 병사 세 명의 기습을 받고 크게 다쳤다. 천만다행으로 간신히 도망쳐서 목숨은 건졌지만 이 일은 이광을 크게 분노하게 만들었다. 그는 직접 기병 100명을 이끌고 흉노족 병사를 추격하기 시작했다. 그렇게 수십 리를 달려 결국 따라잡아서는 세 명 중 한 명은 놓치고, 두 명은 잡아 죽였다. 어느 정도 분이 풀린 이광과 기병들은 초원에 병영을 꾸리고 잠시 쉬었다. 그런데 바로 그 때, 저 멀리 흉노족 기병 부대가 오고 있는 것이 아닌가! 이광도 놀랐지만 사실은 흉노족들도 깜짝 놀랐다. 그들은 이광의 병사가 겨우 100명인 것을 보고서 이는 선봉대일 뿐, 분명히 대규모 군대가 숨어 있을 거라고 의심했다. 그들은 잠시 주저하다가 감히 공격하지 못하고 급히 산으로 올라가 형세를 살피기로 했다.

이광의 기병들은 공포에 휩싸였다. 그러나 이광은 차분한 목소리로 병사들을 안정시키고 이렇게 말했다.

"우리는 겨우 100명뿐이며 본영에서 몇 십 리나 떨어져 있다. 만약 우리가 도망치면 오랑캐는 분명히 우리를 쫓아와 죽일 것이다. 하지만 우리가 움직이지 않고 의연하게 행동하면 우리 뒤에 대부대가 있을 거라고 생각하고 섣불리 공격하지 못할 것이다. 고로 우리는 계속 전진할 것이다."

이렇게 해서 이광과 기병 부대는 적이 있는 곳으로부터 겨우 2리 정도 떨어진 곳까지 나아갔다. 이광은 병사들을 향해 크게 소리쳤다. "전체 말에서 내려 쉰다!" 병사들은 모두 말안장에서 내려와 초원에 편안히 누워 휴식을 취했다. 말들도 한가롭게 풀을 뜯어 먹었다.

이 모습을 모두 보고 있던 흉노족들은 큰 혼란에 휩싸였다. 어찌된 건지 도무지 알 수 없었던 그들은 일단 군관 한 명을 보내어 더 가까이 가서 살펴보고 오도록 했다. 이를 눈치 챈 이광은 직접 말에 올라서 활 한 발을 쏘아 염탐하러 온 흉노족 군관을 죽였다. 그리고 아무 일도 없었다는 듯이 다시 진영으로 돌아왔.

이 일이 전해지자 흉노족 부대는 아연실색했다. 그들은 이광이 이렇게 대담한 것을 보니 분명히 근처에 대규모 군대가 매복했을 거라고 확신했다. 어두워진 후에도 이광의 병사들은 별다른 움직임이 없었다. 반면에 흉노족 부대는 이광이 곧 엄청난 수의 병사를 이끌고 공격할까봐 어두운 밤에 허둥지둥 도망갔다. 이렇게 해서 이광과 기병 100명은 모두 무사히 본영으로 돌아올 수 있었다.

공성계는 '탁월한 지혜'일 뿐 아니라 '커다란 용기'이다. 이 계책이 성공하려면 분위기를 조성해 상대가 진짜로 믿게 만들어야 한다. 약자의 배포와 의연함은 강자를 당황하게 만들어 물러나게 할 수 있다.

## 자신을 다그쳐야 할 때도 있다

진秦 말기에 진시황秦始皇이 사망하자 둘째 아들인 호해胡亥가 황제의 자리에 올랐다.

얼마 후, 전국적으로 대규모 농민반란이 일어났다. 반란군은 새로운 나라를 선포하고 함양咸陽을 향해 진군했다. 반란군의 기세가 심상치 않은 것을 직감한 호해는 대장군 장한章邯에게 군사를 이끌고 가서 최대한 빨리 반란군을 진압하라고 명령했다. 지략이 뛰어나고 용맹한 장한은 진승陳勝과 오광吳廣이 지휘하는 반란군을 연이어 격퇴하는 데 성공했다. 그리고 내친김에 항량項梁이 이끄는 초楚나라 군을 소멸한 후, 다시 북쪽으로 나아가 황하黃河를 건너 조趙나라를 치러 갔다. 조나라 황제 조헐趙歇은 다급하게 초나라의 회왕懷王에게 도움을 요청했다. 마침 숙부 항량이 장한의 손에 죽은 것을 분해하던 항우項羽가 직접 조나라를 도우러 가겠다고 나섰다. 이에 초나라 회왕은 항우를 상장군上將軍, 송의宋義를 부장군으로 봉해서 조나라 지원군을 함께 지휘하라고 명했다.

그러나 송의는 담이 작은 사람이었다. 그는 안양安陽, 지금의 산동성 차오현(曹懸)에 도착해서 진영을 꾸리더니 계속 미적거리기만 할 뿐 더 이상 전진하지 않았다. 송의는 이후 46일이나 허송세월하며 병사를 쉬게 하면서 장한과의 결전을 피하기만 했다. 이에 항우는 크게 화를 내고 송의를 죽여 병권을 가져왔다.

이어서 항우는 수하의 장수인 영포<sup>英布</sup>에게 2만 명의 병사를 내어주면서 장하<sup>漳河</sup>를 건너 장한의 군사를 공격하라고 말했다. 이 소식을 들은 장한 역시 장수 사마흔<sup>司馬欣</sup>과 동예<sup>董翳</sup>에게 초나라 군이 절대 장하를 건너지 못하도록 하라고 명령했다. 그러나 이 두 사람은 처음부터 영포의 상대가 되지 못했다. 그들은 영포와 맞붙어 싸워보려 했지만 제대로 손 한 번 써보지 못하고 후퇴하기에 바빴다. 그리하여 영포는 순조롭게 장하를 건너 반대편 강기슭을 모두 장악했다. 얼마 후 항우도 남은 병력을 이끌고 무사히 장하를 건넜다. 초나라의 병력이 모두 장하를 건넌 후, 항우는 이렇게 말했다.

"병사들에게 각각 3일치 식량을 나누어주고 밥 짓는 솥을 깨뜨려라. 또 강을 건널 때 타고 온 배는 구멍을 뚫어 강바닥으로 가라앉혀라!"

그는 깜짝 놀라 멍하니 바라보는 장수들에게 설명했다.

"성공과 실패는 단 한 번의 전투로 결정될 것이다. 우리가 갈 길은 전진뿐이며 후퇴는 없다. 3일 안에 반드시 진나라 군을 격퇴해야 한다. 우리는 적과 혈전을 벌여 끝까지 싸울 것이다. 이 전투에서 승리하지 않으면 절대 병사를 거두지 않겠다!"

장수와 병사들은 솥이 부서지고 배가 가라앉는 것을 바라보며 퇴로가 없는 것을 실감했다. 그리고 반드시 온힘을 다해 싸워 이기겠다는 굳은 결심을 다졌다. 그 결과 항우의 초나라 군은 진나라 군을 크게 무찔러 조나라를 구했다. 이것이 바로 유명한 '파부침주破釜沈舟'의 유래다.

사람들은 선택을 내릴 때 그로부터 이익을 얻기를 바란다. 그래서 많은 선택을 할수록 훨씬 유리하다고 생각한다. 하지만 어떤 선택은 오히려 '믿을 구석'을 제공해서 의지를 약하게 만들 수도 있다. 이럴 때는 아예 선택을 하지 않거나 돌아갈 길을 제거하는 편이 더 유리할 수 있다.

당신이 항우라고 가정해보자. 당신의 목표는 진나라 군을 물리쳐 숙부의 복수를 하고, 조나라를 구하는 것이다. 현재 당신은 진나라 군과 대치하고 있다. 병력은 상대적으로 적은 편이지만 병사들이 열심히 싸워 속전속결로 진행한다면 승리를 거둘 수도 있는 상황이다. 하지만 전투가 길어지면 절대적으로 불리하며 처참한 결과가 기다리고 있을 것이다.

전쟁에서 최고의 결말은 바로 '적의 투항'이다. 이 전쟁에서 이길 수 없다고 생각한다면 적은 반드시 투항을 선택할 것이다.

하지만 진나라 군은 당신의 병력이 충분하지 않은 것을 알고 있다. 그래서 투항하지 않고 계속 버틴다면 상황이 당신에게 불리해진다. 그러면 싸워 이기고 싶은 마음이 굴뚝같아도 병력이 손실될 가능성 때문에 후퇴를 결정할 수밖에 없다.

그래서 진나라 군은 어느 정도까지 버티기만 하면 당신이 후퇴를 선택할 거라고 확신한다. 당신의 병사들 역시 전쟁이 길어지면 '결국 우리가 후퇴하겠군!'이라고 생각할 것이다.

이런 상황에서 당신이 배를 전부 가라앉히고 3일치의 식량만 배급한다면 어떻게 될까? 병사들은 당신이 절대 후퇴하지 않을 거라고 생각한다. 그리고 최대한 빨리 적을 무찔러 승리하는 것만이 생존할 수 있는 유일한 방법임을 깨닫는다. 이뿐 아니라 당신이 스스로 퇴로를 끊어버렸다는 소식이 진나라 군에 전해지면 그들은 두려움에 떨 것이다. 죽음을 불사하고 싸우는 사람처럼 무서운 적은 없기 때문이다. 이때 진나라의 입장에서 가장 좋은 선택은 바로 투항이다.

밥 짓는 솥을 깨뜨리고 타고 돌아갈 배를 가라앉히는 행동을 선택함으로써 당신은 다른 선택권을 포기했다. 이것은 오히려 당신에게 유리한 국면을 만들 수 있다. 다른 선택을 할 수 없게 만듦으로써 오히려 더 유리한 국면을 형성할 수 있다.

이처럼 자신에게 선택의 여지를 남기지 않고, 단 한 가지 길로 가도록 다그치는 것이 가장 좋은 선택이 될 수도 있다.

### 선택 사항을 최소화하라

산 위의 절에 물통 두 개와 멜대 하나가 있다. 어느 날 이 절에 스님 한 명이 왔다. 그는 물통과 멜대를 이용해서 산 아래로 내려가 직접 물을 길어다 마셨다. 얼마 후, 다른 스님이 한 명 더 이 절에 왔다. 두 스님은 함께 물을 길어다 마셨다. 그리고 다시 얼마 후, 새로운 스님이 한 명 더 왔다. 그런데 문제가 발생했다. 멜대 하나에 양쪽으로 물통 두 개를 달 수 있기 때문에 스님이 두 명일 때는 문제가 없었지만 이제 세 명이니 어떻게 일을 분담해야 할지 알 수가 없었다. 셋 중 한 명은 다른 두 사람이 길어온 물을 편하게 마실 수 있는 상황이 된 것이다. 그러자 스님들은 물통과 멜대를 한쪽으로 치워두고 서로 눈치만 보며 일을 미뤘다. 얼마 후, 세 스님은 모두 목이 말라 죽었다.

　만약 한 명이라도 물을 길으러 갔다면 세 스님은 모두 목숨을 구했을 것이다. 하지만 산 아래까지 내려가 물을 길어오는 것은 매우 힘이 드는 일이다. 그러므로 다른 사람이 물을 길으러 가는 것이 확실할 때는 그냥 '기다리는 것'이 가장 좋은 선택이다. 이 경우 체력 소모를 피할 수 있으므로 가장 큰 효용을 얻게 된다.

　반면에 다른 사람들이 모두 '기다리는 것' 쪽을 선택했다면 직접 '물을 길어오는 것'을 선택해야 한다. 다른 사람에게 더 이익인 것 같지만 사실 자신에게도 나쁜 일은 아니다. 다른 사람이 안 간다고 오기를 부리며 버티다가 목이 말라 죽을 수는 없지 않은가? 당신이 이 세 스님 중 한 명이었다면 어떻게 하는 것이 가장 유리할까? 가장 좋은 방법은 상대방으로 하여금 당신이 '기다릴 것'이라고 믿게 만들어야 한다. 당신이 어떠한 대가를 치르더라도 '절대 물을 길으러 가지 않을 것'이라고 생각하게 만들면 그들은 좋든 싫든 어쩔 수 없이 물을 길으러 갈 것이다. 그러니까 세 스님 중에 가장 '자신의 뜻을 절대 굽히지 않을 것' 같은 사람만이 편하게 앉아서 남이 길어온 물을 마실 수 있다는 이야기다.

실제로 주변을 둘러보면 비이성적인 사람, 예를 들어 '분별이 없다' 혹은 '막되 먹었다'라는 소리를 듣는 사람들이 있다. 이들은 한 가지 아주 유용한 '재주'가 있다. 바로 다른 사람이 자신을 '말한 대로 하는 사람'이라고 믿게 만드는 재주다. 사람들은 이들이 '하지 않겠다'라고 말하면 '정말 하지 않을 것'이라고 생각하기 때문에 차라리 직접 하는 편을 택한다. '직접 하라든가, 일을 분담하자'라는 식의 이야기는 애초에 꺼내지도 않는다. '비이성적인 사람'은 이렇게 해서 상대적으로 편리함을 얻는 것이다.

만약 당신이 목말라 죽을지언정 물을 길으러 가고 싶지 않은데 다른 사람들도 '기다리는 것'을 선택했다면 어떻게 해야 할까? 이럴 때는 스스로 물을 길으러 갈 수 없다는 것을 보여주면 된다. 예를 들어 고의로 자신의 다리를 부러뜨려 아예 걷지 못하는 식이다. 잔인해 보이지만 목말라 죽는 것보다는 낫다. 이렇게 하면 별다른 말이나 행동이 없이 상대방에게 '나는 기다릴 수밖에 없어. 그러니까 당신들이 물을 길으러 가야 해!'라는 뜻을 전달할 수 있다.

크게 애를 쓰지 않아도 모든 일이 순풍에 돛 단 듯이 술술 풀리는 사람들이 그렇다. 이들은 자신의 다리를 부러뜨렸으면 부러뜨렸지 절대 움직이지 않는다. 그러면 남들이 알아서 그에게 유리한 선택을 하고 편의를 제공한다.

### 부드러운 사람은 강한 사람을, 강한 사람은 불합리한 사람을, 불합리한 사람은 목숨을 내놓은 사람을 두려워한다

얼굴이 누렇게 뜨고 소박한 옷차림을 한 농부가 장거리 버스를 탔다. 기사는 그의 짐이 너무 많은 것을 나무랐고, 이 때문에 기가 죽은 농부는 버스 뒤편 구석에 앉았다. 한참 시간이 흘러 버스가 어느 정류장 앞에서 멈췄다. 그런데 남자 몇 명이 올라타더니 다짜고짜 칼로 기사를 찌르고, 승객들을 위협하며 강도짓을 하려고 했다. 이때 농부가 벌떡 일어서더니 크게 소리쳤다. "그 손 떼!" 농부는 쪽지를 하나 써서 강도 한 명에게 건네주었다. 강도들은 한 명씩 쪽지를 돌려보며 읽고 잠시 서로를 쳐다보더니 놀랍게도 부랴부랴 차에서 내려 도망쳤다. 깜짝 놀란 승객들이 그에게 물었다.

"혹시 경찰이십니까?"

"아닙니다."

"그럼 군인인가요?"

"아닙니다."

"그런데 어떻게 그처럼 용감할 수 있었나요?"

"사실은 제가 오늘 아주 큰돈을 빌려서 몸에 지니고 있습니다. 이 돈을 강도에게 빼앗긴다면 그냥 죽는 수밖에 없어요. 궁지에 몰려 밑져야 본전이라는 생각으로 행동한 것뿐입니다. 쪽지에는 이렇게 썼어요. '이 나쁜 놈들! 나는 총을 가진 도망자다. 나를 화나게 하면 즉시 총으로 쏴 죽여 버릴 테다!'"

중국에는 "부드러운 사람은 강한 사람을, 강한 사람은 불합리한 사람을, 불합리한 사람은 목숨을 내놓은 사람을 두려워한다"는 말이 있다. 살다보면 가끔 '위협'을 선택하는 것이 꽤 쓸모 있을 때가 있다. 여기에서 가장 중요한 부분은 상대방이 당신이 '목숨을 내놓았다'고 믿게 만드는 것이다.

20세기 초, 미국 젊은이들 사이에는 이른바 '치킨게임'이 유행했다. 일종의 '담력 테스트'로 게임의 규칙은 아주 간단하다.

두 사람이 차를 몰고 서로 상대방을 향해 돌진한다. 그리고 차가 충돌하기 직전에 핸들을 꺾는 사람이 지는 것이다. 끝까지 직진하는 사람은 상대방보다 '담력'이 큰 것을 인정받고 승자가 된다.

'치킨게임'의 결과는 총 네 가지다. 최후의 순간에 A와 B가 모두 방향을 바꾸는 것, A는 방향을 틀고 B는 직진하는 것, A는 직진하고 B가 방향을 트는 것, A와 B 모두 직진하는 것이다. 마지막 결과의 경우에는 차가 크게 충돌해 두 사람 모두 중상을 입거나 심하면 사망에 이를 수도 있다.

이 게임에서 이긴 쪽은 '용감한 사람'으로, 진 쪽은 담력이 작은 '새

가슴'으로 불린다. 사실 두 사람 모두 차가 충돌해서 중상 혹은 사망으로 게임이 끝나기를 바라지 않을 것이다. 그러므로 만약 상대방이 끝까지 갈 것이 확실하다면 반드시 방향을 틀어야 한다.

그러므로 치킨게임에 도전한다면 상대방에게 당신은 절대 방향을 틀지 않을 것이라는 신호를 보내야 한다. 사실 이 게임은 '누가 진짜 용감한 남자인가?'가 아니라 '누가 더 용감한 남자처럼 보이는가?'로 승부가 결정된다. 당신이 죽었으면 죽었지 절대 물러서지 않는 사람임을 믿게 만들 수 있으면 승리하는 게임이다.

그래서 치킨게임에서는 '과하게 무모한 사람', 다시 말해 '목숨을 내놓고 미친 짓을 불사하는 사람'이 절대적으로 우세하다. 중상을 입거나 심지어 죽을 수도 있는 위험을 무릅쓰고 이런 사람과의 게임을 벌여 이기려는 사람은 없을 것이다. 이런 사람들은 제외하고, 만약 게임 참가자 두 명이 모두 매우 이성적이라면 어떻게 될까?

이 게임에서는 둘 중 한 명이 반드시 방향을 틀어야 한다. 그러므로 '나는 절대 방향을 틀지 않겠어!'라는 신호를 상대방에게 보내야 한다. 이 신호를 받은 상대방은 방향을 틀지 않을 수 없을 것이다. 어떻게 하면 이 신호를 효과적으로 전달할 수 있을까?

가장 효과적인 방법은 당신의 선택권을 포기하는 것이다. 예를 들어 게임이 시작하기 전에 안대로 눈을 가리는 식이다. 이것은 상대방에게 '나는 방향을 바꾸는 선택을 포기했다!'를 알리는 가장 강력하고 효과적인 신호가 될 것이다. 그는 당신에게 직진 외에 다른 선택은 없는 것을 알기에 사고를 피하기 위해 반드시 방향을 바꿀 것이다.

상대방에게 효과적으로 신호를 보내는 것은 무엇보다 중요하다. 물론 신호를 보냈어도 여전히 걱정될 수 있다. 하지만 상대방이 이성적인 사람이기만 하다면 분명히 핸들을 꺾을 것이다.

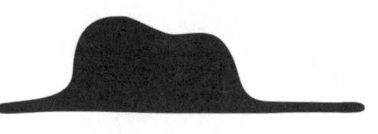

제5장

# 언어의 논리

# 새로운 방법으로 설득하다

다른 사람과 소통하고 교류를 이어갈 때 언어는 매우 큰 작용을 한다. 언어를 사용할 때도 나름의 논리가 있다. 이 논리들을 잘 이해한다면 말에 생동감이 넘치고, 더 명확하게 표현할 수 있어서 타인을 쉽게 이해시킬 수 있다. 지금부터 언어의 이면에 갖춰진 논리의 매력을 살펴보자.

# ;방법을 바꾸면 설득이 쉬워진다

## 말하는 방식이 다르면 결과도 다르다

**첫 번째 이야기**

수업을 마치고 집으로 돌아온 샤오레이는 현관문을 열자마자 크게 소리쳤다. "엄마! 오늘 시험 봤어요!"

엄마는 주방에서 나오더니 이렇게 물었다. "그래? 몇 점 받았어?"

"60점이요."

'딱!' 엄마는 샤오레이에게 꿀밤 한 대를 때렸다.

샤오레이는 울먹거리며 "그래도 우리 반에서 최종 커트라인을 넘은 사람은 나 한 명이란 말이에요!"

"그래서 60점을 받아놓고 잘했다는 거니?"

엄마는 도저히 화가 안 풀리는지 결국 참지 못하고 다시 한 번 꿀밤을 때렸다.

**두 번째 이야기**

피아노 학원의 장 원장은 최근 고민이 생겼다. 물가가 올라 학원을 유지하는 데 지출이 크게 늘어난 것이다. 지금 받는 학원비로는 도저히 운영할 수가 없었다. 결국 그녀는 학원비를 올리기로 결정했다. 다음은 그녀와 학부모의 대화다.

"이번 달부터 학원비가 조금 오를 예정입니다."

"네? 학원비가 지금보다 더 오른다고요?"

"아이의 피아노 실력이 좋아져서 이제부터는 조금 난이도가 있는 것을 가르쳐야 하니까요."

"됐어요. 그냥 그만두죠. 집에서 피아노 치는 걸 들어봐도 뭐 그렇게 많이 느는 것 같지도 않던데!"

이 대화는 모두의 기분을 나쁘게 만들어 어색하게 마무리 되었다. 또한 학부모는 기어코 아이를 이 피아노 학원에 다니지 못하게 했다.

하지만 소득도 있었다. 장 원장이 대화의 기교를 깨우친 것이다. 다음은 두 번째 학부모와의 대화다.

"축하드려요. 어머님! 아이가 피아노에 천부적인 재능이 있네요. 워낙 배우는 속도가 빨라서 실력도 일취월장하고 있어요. 어느 새 난이도가 있는 것을 배워야 할 때가 되었어요!"

"어머! 정말 그런가요? 우리 아이가 피아노를 좋아하긴 하더라고요."

"네! 그런데 수업 수준이 올라가면서 학원비도 조금 조정이 되어야 할 것 같아요."

"아……, 네! 그래야죠."

이것이 바로 말의 순서가 일으키는 기묘한 효과다. 첫 번째 이야기에서 샤오레이가 꿀밤을 맞지 않으려면 대화가 다음과 같이 진행되었어야 한다.

"오늘 본 시험은 꽤 어려웠어요. 우리 반 아이들 중에 단 한 명만 최종 커트라인을 통과했죠."

"그게 누군데?"

"저요!"

"몇 점 받았는데?"

"60점이요!"

말하는 내용이 같아도 순서가 다르면 완전히 다른 결과가 발생할 수 있다. 엄마는 여전히 60점이 적다고 생각하겠지만 적어도 샤오레이의 꿀밤을 때리지는 않았을 것이다. 어쩌면 반에서 1등이니 상을 주었을지도 모른다.

자신이 말하는 방식을 잘 생각해보자. 설득력 있게 말하기란 결코 어려운 일이 아니다.

### 보는 각도를 바꾸면 문제가 해결된다

한 노인이 농촌으로 내려가 휴양을 보내고 있었다. 그런데 근처에 개구쟁이 아이 때문에 좀처럼 편하게 쉴 수가 없었다. 매일 서로 싸우고 장난을 쳐서 머리가 다 지끈거릴 정도였다. 여러 차례 경고를 하고, 한 번 더 시끄럽게 하면 혼쭐을 내겠다고 했지만 효과가 없었다. 그래서 노인은 다른 방법을 생각해냈다.

그는 아이들을 불러서 제일 크게 소리 지르는 아이에게 상금을 주겠다고 말했다. 그리고 며칠 동안 실제로 목소리가 가장 큰 아이에게 상금을 주었다. 아이들은 어느 새 상금을 받는 것에 익숙해졌다. 이때부터 노인은 상금을 조금씩 줄이기 시작했다. 그리고 나중에는 아이들이 아무리 떠들고 소리를 질러도 한 푼도 주지 않았다.

그러자 아이들은 점점 불공평하다고 생각했다.

'흥! 돈도 주지 않는데 여기서 놀지 말자!'

아이들은 더 이상 노인의 집 근처에 와서 시끄럽게 떠들지 않았고, 노인은 드디어 조용하게 생활하게 되었다.

처음에 이 노인이 선택한 방법은 '경고'였지만 별 효과가 없었다. 그는 다시 새로운 대응책을 강구해서 아이들의 '소란'에 외부적 이익, 즉 상금을 제공했다. 이렇게 했을 때 아이들의 가장 좋은 선택은 노인의 집 근처에서 큰소리로 떠드는 것이었다. 얼마 후 노인은 외부적 이익을 없앴다. 이제 아이들의 입장에서 '떠드는 행위'는 아무런 이익도 없이 '노인을 위해' 공짜로 해주는 일이 되었다. 이때 아이들의 가장 좋은 선택은 더 이상 떠들지 않는 것이었다. 노인은 아이들이 스스로 자신에게 유리한 선택을 하도록 유도했다.

상대방이 자신에게 유리한 선택을 한다고 여기게 만드는 것이야말로 가장 좋은 전략이다. 말하는 것뿐 아니라 문제를 해결할 때도 마찬가지다. 각도를 바꾸면 결과가 크게 달라질 수 있다.

 1790~1792년, 영국 정부는 죄수들을 호주로 이송했다. 영국과 호주의 거리는 약 17,000킬로미터로 이동에만 약 3~4개월이 걸렸다. 영국 정부는 상선과 계약을 맺고 죄수들을 이송했다. 일단 기항 전에 이송할 죄수의 수에 따라 미리 상선에 돈을 지불했다. 이것은 상선에 꽤 유리한 계약이라서 많은 선주가 이 일에 적극적으로 뛰어들었다. 하지만 시간이 흐르면서 문제가 발생했다. 선원들의 학대와 고된 노동을 못 이긴 죄수들이 배 안에서 사망하는 일이 많아진 것이었다. 3년 동안 호주로 가는 상선에서 죄수의 사망률이 계속 높아졌다.

 이런 상황에서 영국 정부는 세 가지 선택 사항이 있었다. 첫째, 상선을 이용하지 않고 정부가 직접 배를 사거나 만든 후, 군대를 동원해 선상 안전을 유지하는 것이다. 이런 방식으로 죄수를 이송하면 사망률이 현저히 내려갈 것이다. 하지만 그러려면 정부가 감당해야 하는 비용이 너무 컸다.

 둘째, 상선에 사망자 한 명 당 일정 금액의 '벌금'을 물리는 것이다. 그런데 이렇게 하면 상선이 처음 계약할 때 죄수가 사망할 확률을 따져서 처음부터 운송비를 높게 받으려고 할 가능성이 컸다. 그러면 이번에도 정부가 지출해야 하는 비용이 커진다.

 셋째, 지불 방식을 바꾸는 것이다. 영국에서 출발하는 죄수의 수로 계산하는 것이 아니라, 호주에 도착할 때 생존해서 항구에 무사히 내리는 죄수의 수로 계산하면 된다.

영국 정부는 세 번째 방법을 선택했다. 이후 12%이던 죄수 사망률이 1%로 떨어졌다.

문제가 발생했을 때 각도를 바꾸어 생각해보면 종종 전혀 예상하지 못한 돌파구를 찾을 수도 있다.

## 말 속의 논리적 허점을 찾아라

같은 학교를 다니는 A, B, C, D는 매일 모여 토론을 벌인다. 어느 날 이들은 식사를 하면서 식탁 위의 '술병'에 대해 토론을 시작했다.

A: "이 술병은 절반이 비었군."

B: "아냐. 이 술병은 절반이 찼어."

C: "절반이 빈 술병이란 곧 절반이 찬 술병이라는 의미지!"

D: "그렇지 않아. 만약 '절반이 빈 술병=절반이 찬 술병'이라는 등식이 성립한다면 등식 양쪽에 2를 곱해도 등식이 성립해야 하잖아. 그런데 이 등식에 2를 곱하면 '절반이 빈 술병 두 병=절반이 찬 술병 두 병'이 되지. 그런데 '절반이 빈 술병 두 병'은 '빈 술병 한 병'과 같고, '절반이 찬 술병 두 병'은 '가득 찬 술병 한 병'과 같아. 즉, '빈 술병 한 병=가득 찬 술병 한 병'이라는 이야기인데 이건 말이 안 되지!"

그들의 토론은 어디에서부터 잘못된 것일까? 바로 C가 개념을 살짝 바꾸면서부터다. '절반이 빈 술병'과 '절반이 찬 술병'은 '상호 추론이 가능한 관계'다. 다시 말해 "이것은 절반이 빈 술병이다"에서부터 "이것은 절반이 찬 술병이다"로 유추가 가능하다는 의미다. 거꾸로 해도 마찬가지다. 그런데 C는 '상호 추론이 가능한 관계'를 '동일 관계'로 바꾸어 이야기했다. 다른 사례를 들어보자. 어느 학급의 학생 20명 중 절반이 남학생이고, 나머지 절반은 여학생이다. 여기에서 우리는 전자로부터 후자를 유추할 수 있고, 반대로 후자로부터 전자를 유추할 수 있다. 그러나 '열 명의 남학생'과 '열 명의 여학생'이 동일하다고는 말할 수 없다.

그러니까 D가 C의 말을 반박하며 "그렇지 않아"라고 말한 것은 옳다. 하지만 D 역시 반론 중에 개념을 살짝 바꾸는 잘못을 저질렀다. 그는 "절반이 빈 술병 두 병은 빈 술병 한 병", "절반이 찬 술병 두 병은 가득 찬 술병 한 병"이라고 했다. 비었든 찼든 술병이 두 병인데 어떻게 한 병이 되겠는가? 절반이 빈 술병 두 병은 빈 술병 한 병으로 합쳐서 말할 수 없으며, 절반이 찬 술병 두 병 역시 가득 찬 술병 한 병으로 합쳐서 말할 수 없다. 정리하자면 D의 궤변은 '술병 두 병을 한 병으로' 바꾸면서 발생했다.

일상생활에서는 어떤 내용을 생략하거나 과장해서 의미를 더 쉽게 전달하는 경우가 많다. 그러나 이 때문에 종종 논리적 오류가 발생하기도 한다. 엄마와 아이의 대화를 보자.

"아빠가 그러시는데 네가 이 세상에서 가장 사랑스러운 아이래. 너도 그렇게 생각하니?"

"설마요! 아빠는 이 세상 아이들을 전부 만나보지 않았잖아요. 그런데 제가 가장 사랑스러운지 어떻게 알 수 있죠?"

"오! 그럼 아빠가 어떻게 말해야 할까?"

"아빠가 본 적 있는 아이들 중에서 가장 사랑스럽다고 해야죠!"

종종 어린 아이들이 말 속의 논리적 허점을 더 잘 찾아낸다. 그러나 나이가 들면서 언어의 오류를 자주 접하게 되고 이를 자연스럽게 여기게 된다. 그 결과 일상생활에서 흔히 보이는 논리적 허점을 찾아내는 감각이 무뎌지는 것이다.

### 상대의 방식으로 대응하라

당신과 이야기를 나누는 사람이 터무니없는 논리를 늘어놓는데도 정면으로 부정할 방법이 없다면 어떻게 하겠는가? 이럴 때는 우선 동의하는 척 하고 상대방의 논리를 이용해 그가 결코 받아들일 수 없는 황당무계한 결론을 내려보자. 그러면 상대방이 스스로 자신의 논리를 포기할 것이다. 즉, 상대방의 논리적 오류를 이용해 그의 논리를 무효화시킬 수 있다.

가난한 사람이 촌장을 찾아갔다.

"저 같이 돈이 없는 사람은 정말 살기 어렵습니다! 한 번은 식당 앞에 서 있는데 글쎄 주인이 나오더니 제게 돈을 내라는 겁니다. 제가 음식의 냄새를 맡았다고요. 저는 당연히 주지 않았죠. 그랬더니 경찰에 저를 신고했어요. 오늘 그 판결이 나는데 촌장님이 같이 가셔서 도와주실 수 있나요?"

"그러고말고! 걱정 말게!"

촌장은 흔쾌히 대답하고 함께 법관을 찾아갔다.

음식점 주인은 일찍 도착해 법관과 즐거운 듯이 이야기를 나누고 있었다. 법관은 가난한 사람과 촌장이 다가서자 흘끗 보더니 갑자기 크게 호통을 치기 시작했다.

"정말 염치도 없군! 식당에서 나는 좋은 냄새를 맡았으면서 어떻게 돈을 안 낼 수 있나! 어서 식당 주인에게 돈을 내게!"

이때 촌장이 법관에게 정중히 인사하고 이렇게 말했다.

"법관 양반! 이 사람은 내 형제요. 그러니 내가 대신 돈을 내지요."

촌장은 허리춤에서 동전이 가득한 작은 주머니를 꺼내더니 음식점 주인의 귀에 대고 흔들었다.

"주인장! 동전 소리 들었지?"

"예? 아! 네, 네. 들었습니다!"

"잘 되었군. 내 형제는 당신의 음식 냄새를 맡고, 당신은 나의 돈 소리를 들었으니 계산이 끝났구려!"

말을 마친 촌장은 가난한 사람의 손을 잡고 집으로 돌아갔다.

음식 냄새를 맡는 것과 실제로 음식을 먹는 것을 동일하게 보고 돈을 내라는 말은 식당 주인이 가난한 사람에게 돈을 뜯어내려는 궤변에 불과하다. 그는 고의로 객관적 사물의 서로 다른 방면을 뒤섞어 이야기했다. 즉, '음식 냄새 맡는 것'과 '먹는 것'의 개념을 뒤섞어 동일하게 해석한 것이다. 이런 말도 안 되는 궤변을 마주한 촌장은 '냄새 맡는 것'과 '먹는 것'이 어떻게 같을 수 있냐며 정면으로 반박하지 않았다. 대신 상대방이 주머니 속의 동전 소리를 듣게 해서 그의 논리대로 돈을 '지불'한 것이었다. 촌장은 식당 주인이 절대 반박할 수 없음을 잘 알고 있었다. 이는 상대방의 궤변을 꿰뚫어보고 그 논리적 허점을 파헤쳐서 그의 입을 다물게 하는 묘수였다. 그야말로 독으로 독을 없애는 계략이라 할 수 있다.

송나라 시대에 한 가짜 스님이 살생을 하지 말고, 범사에 인내하며 자비롭게 살라고 설교했다. 여기까지는 전부 좋은 말이다. 그런데 그가 제시한 이유에 문제가 있었다. 이 가짜 스님은 "살생을 하면 다음 생에 그것으로 태어난다"고 주장했다. 그러니까 소나 돼지를 죽이면 다음 생에 소나 돼지로 태어난다는 것이다.

지나가던 사람이 그의 설교를 듣고 이렇게 말했다. "스님께서 하시는 말은 정말 모두 옳군요. 확실히 맞는 말입니다. 그러니까 다음 생에 사람으로 태어나려면 사람을 한 명 죽이면 되겠군요." 가짜 스님은 아무런 반박도 하지 못하고 멍하니 바라보기만 했다.

지나가던 사람은 가짜 스님의 잘못된 말에 정면으로 반박하거나 날을 세우지 않았다. 대신 잘못된 전제에 근거해서 '사람으로 태어나려면 살인을 해야 한다'는 황당무계한 결론을 내린 것이었다. 그의 말에 도망갈 구멍도 없이 몰아 붙인 셈이라 할 수 있다.

　이 방법을 사용할 때는 당신이 내리는 결론이 황당할수록 좋다. 여기에 재미있는 색채까지 가미한다면 효과가 더 좋을 것이다.

### 더 나쁜 것을 먼저 말하라

　한 회사가 재정 위기에 빠졌다. 회장은 문제를 해결하려고 동분서주했지만 결국 임금삭감 조치를 내릴 수밖에 없었다. 일시적으로 임금을 줄였다가 상황이 나아지면 다시 회복하기로 했다. 임원들은 이 일이 직원들의 사기를 떨어뜨려 사내 분위기를 나쁘게 할까봐 걱정했다. 그러면 업무 효율이 떨어져 상황이 더 나빠질 수도 있었다. 이때 한 임원이 아이디어를 냈다. 인사팀의 주임이 직원들에게 "회사가 일시적인 재정 위기 탓에 일부 직원을 정리해고 할 예정이니 양해 바란다"고 전하도록 한 것이다.

　이 소식이 전해지자 회사가 크게 들썩였다. 회사를 떠나기를 바라는 사람은 아무도 없었다. 대부분 이 회사의 대우와 환경에 만족하고 있었기 때문에 일시적인 위기만 잘 버텨내기를 바랐다. 이후 며칠 동안 직원들은 더 열심히 일하고, 말과 행동을 조심했다. 혹시 뭐 하나라도 잘못해서 정리해고 대상이 되고 싶지 않았기 때문이다.

　무거운 사내 분위기가 계속되면서 직원들은 점점 지쳐갔다. 바로 이때 회장이 전 직원을 대상으로 중요한 결정을 발표했다. 다소 상기된 표정이었다. "우리 회사는 지금 어려움에 처했습니다. 그러나 나는 직원들이야말로 회사의 귀중한 자산이라고 생각합니다. 나를 포함한 임원진들은 여러 차례 회의를 거쳐 정리해고를 하지 않기로 했습니다!" 여기까지 말한 회장은 일부러 말을 잠시 멈추었다. 그러자 직원들은 기쁨과 안도의 환호성을 질렀다.

이런 분위기 속에서 회장은 다시 말을 시작했다. "하지만 아직 우리 회사는 위기입니다. 이 위기를 해결하려면 모든 직원의 임금을 삭감할 수밖에 없습니다. 모두 조금만 더 노력하고 인내해서 이 곤경에서 벗어납시다. 그러면 임금이 곧 회복될 것입니다."

직원들은 이미 정리해고의 공포를 경험했기에 임금 삭감 정도는 충분히 받아들일 수 있다고 생각했다. 또 나중에 상황이 나아지면 곧 회복될 테니 지금 당장 임금이 줄어도 큰 문제가 되지 않는다는 분위기가 컸다. 이렇게 해서 회사는 애초의 임금 삭감 계획을 순조롭게 추진할 수 있었다.

상대방이 당신의 요구를 순순히 받아들이게 하고 싶다면 먼저 더 받아들이기 어려운 조건을 제시하면 좋다. 이렇게 하면 당신의 '진짜' 요구는 그다지 큰 저항 없이 받아들여질 것이다.

# ;지피지기면 백전백승이다

### 설득하려면 먼저 급소를 찾아야 한다

　송 태조<sup>太祖</sup>가 즉위하고 반년이 채 되지 않은 사이에 반란이 두 번이나 일어났다. 태조는 직접 군사를 이끌고 반란군을 소멸했다. 그러나 이처럼 반란이 끊이지 않으니 태조의 마음은 심란하기만 했다. 고심하던 그는 조보<sup>趙普</sup>를 불러 이야기를 나누었다.
　"당 말기부터 나라가 다섯 번이나 바뀌면서 전쟁이 끊이지 않아 수많은 백성이 죽었네. 어찌하여 전쟁이 잇달아 일어나는 것인가?"
　"간단합니다. 나라가 혼란한 것은 번진<sup>藩鎭</sup>[8]의 세력이 너무 크기 때문입니다. 병권을 조정에 집중한다면 천하는 자연스레 태평해지고 백성들도 무사할 것입니다."
　태조는 머리를 천천히 끄덕이며 조보의 말에 일리가 있다고 칭찬했다. 조보는 계속 말을 이었다.
　"지금 금위군 대장인 석수신<sup>石守信</sup>, 왕심기<sup>王審琦</sup>, 이 두 사람의 병권이 너무 큽니다. 그들을 금위군으로부터 떨어진 직위에 봉해야 합니다."
　"그들은 걱정 말게. 두 사람은 나의 오랜 친구야. 절대 나를 배반하

---
[8] 당나라부터 송나라까지 절도사를 최고 권력자로 한 지방지배 체제.

지 않을 걸세."

"저는 그들의 반역을 걱정하는 것이 아닙니다. 다만 제가 보기에 이 둘은 통솔력이 부족해 수하의 장수들을 관리하지 못합니다. 그래서 아랫사람이 일을 벌였을 때 자신의 뜻대로 할 수 없을까봐 걱정하는 것이옵니다!"

"공 덕분에 크게 깨우쳤네."

며칠 후, 태조는 황궁 안에서 연회를 개최하고 석수신과 왕심기 등 몇 명의 원로 장수들을 불러 술을 마셨다. 이것이 961년의 일이다.

어느 정도 취기가 오르자 태조는 곁의 시중과 환관을 모두 물러가라고 명했다. 그러고는 직접 술잔을 들고 이렇게 말했다.

"자네들의 도움이 없었다면 내가 어찌 이 자리에 있겠는가? 허나 황제가 되어서도 어려움이 끝이 않으니 차라리 절도사節度使를 하는 편이 더 자유로울 것이네. 자네들에게 하는 이야기이지만 나는 이 1년 동안 단 하루도 편히 잠들지 못했다네."

석수신 등의 장수들은 매우 놀라 대체 연유가 무엇이냐고 여쭈었다. 그러자 태조는 "아직 알지 못하겠는가? 누구든 황제에 자리에 오르면 눈시울을 붉힐 것일세."

장수들은 모두 황망하여 땅에 무릎을 꿇고 머리를 조아리며 말했다. "폐하, 어찌 그런 말을 하십니까? 천하가 이미 안정되었는데 어느 누가 감히 폐하의 마음을 어지럽힐 수 있습니까?"

태조는 천천히 고개를 저으며 말했다. "내가 설마 자네들은 못 믿겠는가? 단지 수하의 장수들 중 어느 놈이 모의해 자네들에게 용포를 입힐까 그것이 걱정일 뿐이네. 자네들은 원치 않아도 일이 벌어지면 그럴 수 있겠는가?"

석수신을 비롯한 장수들은 황제의 말을 듣고 큰 화가 닥친 것을 직감했다. 그들은 연신 머리를 조아리며 눈물을 머금고 말했다. "머리가 아둔하여 깊은 뜻을 생각하지 못했습니다. 폐하께서 물러날 곳을 일러주시면 바로 떠나겠습니다."

"내가 생각해보니 자네들은 병권을 내놓고, 지방으로 가서 관리를 하며 한가로이 지내는 것이 좋겠네. 밭과 집을 마련해 자손들에게 모두 물려주고, 자네들은 홀로 떠나 호젓이 말년을 보내는 것이 좋지 않겠나? 그러면 내가 자네들과 가족을 함께 걱정하지 않아도 되니 모두에게 좋은 것이 아닌가!"

"폐하! 저희를 이렇게까지 배려해주시다니요. 황공하여 몸 둘 바를 모르겠습니다!"

다음 날 아침, 연회에 참석했던 사람들이 각각 상소문을 올렸다. 모두 나이가 들고 병에 시달리니 사직을 청한다는 내용이었다. 태조는 사직을 허락하고 그들의 병권을 받아들였다. 또 큰 재물을 주고 중앙에서 먼 지방에 각각 나누어 관직을 주었다.

동한東漢 말, 조조曹操가 천자天子의 힘을 믿고 제후를 다스리려 했다. 그는 실력이 뛰어난 군벌을 제압해서 스스로 투항하고 소멸되도록 했는데 유독 유비劉備와 손권孫權만이 따르지 않았다. 조조는 두 세력을 한꺼번에 제압하는 것이 어렵다고 보고 사람을 시켜 동오東吳의 손권에게 편지를 전했다. 그와 손을 잡고 유비를 물리칠 생각이었다.

제안을 받은 손권은 고민에 빠졌다. 책사들은 입을 모아 조조에 투항해서 스스로 살 길을 찾아야 한다고 했다. 단 한 사람, 노숙魯肅만이 유비와 손을 잡고 조조를 물리쳐야 한다고 주장했다. 노숙은 자신의 주장이 받아들여지지 않을 것을 알고 제갈량에게 도움을 청했다.

노숙은 제갈량과 책사들의 만남을 주선했다. 책사들은 모두 학문이 깊고 머리가 비범한 사람들이었다. 첫 번째 책사인 장소張昭는 제갈량을 만나자마자 껄끄러운 이야기를 꺼냈다.

"듣자하니 유비가 세 번이나 찾아가서 당신을 모신 후에 물고기가 물을 만난 듯 위세를 떨쳤다지요. 그런데 근거지로 삼으려던 형주를 결국 조조에게 빼앗겼다고 들었소. 어찌 생각하시오?"

이때 제갈량은 장소를 설득하지 못하면 손권이 유비와 손을 잡지 않겠다고 생각하고 이렇게 말했다.

"유비가 형주 땅을 차지하는 것은 마치 손바닥을 뒤집는 일처럼 쉬운 일이지요. 차마 한 집안 사람의 땅을 차지할 수 없어서 물러났을 뿐입니다.[9] 지금 군사를 강하江夏에 주둔시켜 큰일을 도모하고 있으니 평범한 무리가 어찌 이를 이해하겠습니까? 나라의 큰일과 안위에 관해서는 참된 재능과 학식을 갖춘 사람만이 생각할 수 있습니

---

[9] 형주의 자사刺史였던 유표劉表는 죽기 전에 유비에게 형주를 맡아달라고 부탁했다. 그러나 유비는 이것이 도리에 맞지 않는다며 받아들이지 않았다.

다. 입으로만 말하는 무리는 일이 닥쳤을 때 오히려 제대로 된 방법 하나 내놓지 못해 천하의 웃음거리가 됩니다."

장소는 아무 말도 하지 못했다. 또 다른 책사가 제갈량에게 물었다. "조조가 백만 대군을 이끄는데 두렵지 않다니 허풍이 아닙니까?" 제갈량은 다음과 같이 대답했다.

"유비가 하구夏口로 물러난 것은 시기를 기다리는 것입니다. 동오가 병력과 식량이 충분하고, 장강長江이라는 천연의 요새를 가졌는데도 조조에게 투항하는 것을 선택한다면 이는 부끄러운 일입니다."

이외에도 동오의 책사 7~8명이 모두 어려운 질문을 하였으나 제갈량의 논리에 부딪혀 제대로 토론해보지도 못하고 물러났다.

다른 사람을 설득하려면 그를 설득할 수 있는 효과적인 전략을 익혀야 한다. 상대방의 급소를 찾아 당신의 말이 더 설득력 있게 들릴 수 있도록 하는 것이 좋다.

### 좋아하는 것을 들키지 마라

부모님이 세상을 떠난 집에 노트북 컴퓨터, 세탁기, 라이터, 자전거, 식기세척기가 남았다. 남매는 이 물건들을 나눠 가지기로 하고 번갈아 하나씩 선택하기로 했다. 누나가 먼저 고르기로 했다.

두 사람은 각각의 물건에 대한 선호도가 달랐다. 두 사람이 '진실한 선택'을 한다면 어떤 결과가 나올까? '진실한 선택'이란 남아 있는 물건 중에 자신에게 가장 선호하는 것을 선택한다는 의미다. 또 만약 누나가 '전략적 선택'을 한다면 결과는 어떻게 바뀔까? '전략적 선택'이란 상대방이 가장 선호하는 것을 선택함으로써 자신이 가장 선호하는 것을 빼앗기지 않는 선택이다.

각각의 물건에 대한 누나와 남동생의 선호도는 다음과 같다.

누나: 냉장고, 세탁기, 자전거, 식기세척기, 노트북 컴퓨터, 라이터
남동생: 노트북 컴퓨터, 라이터, 식기세척기, 자전거, 냉장고, 세탁기

진실한 선택의 경우, 누나는 냉장고, 세탁기, 자전거를, 남동생은 노트북 컴퓨터, 라이터, 식기세척기를 선택할 것이다.

누나는 여섯 개 중에서 가장 선호하는 세 가지를 얻을 수 있다. 남동생 역시 마찬가지다. 그러니까 이때는 두 사람 모두 큰 만족감을 얻을 수 있다. 이른바 '양쪽이 모두 승자'인 결과라고 할 수 있다.

이처럼 '양쪽이 모두 승자'인 결과가 도출되려면 각자가 선호하는 물건이 확연하게 차이가 나야 한다. 각각의 물건이 두 사람에게 제공하는 효용이 크게 달라야 하는 것이다. 만약 남매가 선호하는 물건이 서로 비슷하다면 상황은 어떻게 달라질까? 누나와 남동생의 선호도가 다음과 같다고 가정해보자.

누나: 냉장고, 노트북 컴퓨터, 자전거, 식기세척기, 세탁기, 라이터
남동생: 노트북 컴퓨터, 라이터, 식기세척기, 자전거, 냉장고, 세탁기

이번에도 누나가 먼저 고른다. 두 사람이 '진실한 선택', 즉 남아 있

는 물건 중에 가장 선호하는 것을 고른다면 결과는 다음과 같다.

누나는 냉장고, 자전거, 식기세척기를, 남동생은 노트북 컴퓨터, 라이터, 세탁기를 선택한다. 이때 누나는 선호도 1, 3, 4순위의 물건을, 남동생은 1, 2, 6순위의 물건을 얻게 되었다. 이 결과가 두 사람의 입장에서 가장 좋다고는 할 수 없지만, 그래도 대체로 만족할 것이다.

전략적인 독자라면 여기에서 조금 다른 생각을 했을 것이다. 만약 누나가 첫 번째 선택에서 냉장고가 아니라 노트북 컴퓨터를 골랐다면 상황은 어떻게 바뀔까? 즉, 누나가 진실한 선택이 아닌 전략적 선택을 시도하는 것이다. 누나는 남동생이 노트북 컴퓨터를 1순위에, 냉장고를 5순위에 놓은 것을 알고 있다. 그래서 자신이 먼저 노트북 컴퓨터를 선택하면 남동생이 냉장고가 아니라 라이터를 선택할 거라고 예측할 수 있다. 이때는 결과가 다음과 같이 바뀐다.

누나는 냉장고, 노트북 컴퓨터, 자전거를, 남동생은 라이터, 식기세척기, 세탁기를 선택했다. 이렇게 하면 누나는 가장 선호하는 세 가지를 모두 얻을 수 있다. 그러나 남동생은 2, 3, 6순위의 물건을 얻는다. 혹시 남동생이 이 결과에 불만을 느낀다면 똑같이 전략적 선택을 하면 된다. 누나가 첫 선택에서 전략적으로 노트북 컴퓨터를 선택하면, 자신의 차례가 되었을 때 냉장고를 선택하는 것이다. 자신은 냉장고를 크게 선호하지 않지만 누나가 냉장고를 선호하기 때문이다. 그러면 나중에 누나의 노트북 컴퓨터와 교환할 수 있다! 물론 상황은 한없이 복잡해질 것이다.

　이 사례에서 누나와 남동생은 서로 무엇을 선호하는지 미리 알고 있었다. 그러나 실제 상황에서는 이런 경우가 드물다. 경쟁을 벌일 때는 자신이 무엇을 좋아하는지 최대한 숨기려고 해야 한다. 상대방에게 아픈 곳을 찔리지 않으려면 말이다.

## 똑똑한 거짓말은 발각되는 법이 없다

　다음은 유명한 솔로몬 왕의 판결에 관한 이야기다.
　두 명의 여성이 서로 한 아기의 진짜 어머니라고 주장하며 싸움을 벌였다. 그들은 단 한 발짝도 물러서지 않았고, 결국 솔로몬 왕을 찾아가 판결을 내려달라고 부탁했다. 이야기를 들은 솔로몬 왕은 커다란 칼을 들고 아기를 둘로 나누어 두 여인에게 나누어주겠다고 했다. 그러자 한 여성이 다급하게 자신은 진짜 어머니가 아니니 아기를 죽이지 말라고 간청했다. 자신의 아기를 남에게 줄지언정 죽일 수는 없었기 때문이다. 반면에 가짜 어머니는 어차피 아기를 데려갈 수 없다고 생각하고 그냥 죽이라고 말했다. 솔로몬 왕은 두 여인의 반응을 보고서 누가 진짜 어머니인지 알게 되었다. 아기는 진짜 어머니의 품으로 무사히 돌아갔다.
　우리는 이 이야기에서 어머니의 위대함과 동시에 솔로몬 왕의 지혜를 엿볼 수 있다. 하지만 솔로몬 왕의 방법이 정말 이처럼 쉽게 성공할 수 있었을까?

만약 가짜 어머니가 이 책을 읽었다면 솔로몬 왕의 우매함을 비웃었을 것이다. 왜냐하면 이 방법으로는 절대 누가 진짜 어머니인지 알아낼 수 없기 때문이다!

솔로몬 왕이 아기를 둘로 나누려고 할 때, 진짜 어머니는 당연히 막아서며 차라리 아기를 상대방에게 내주겠다고 했을 것이다. 만약 가짜 어머니가 똑똑한 여성이었다면, 그녀는 이것이 솔로몬 왕의 '고육지책'임을 눈치 챘을 것이다. 그녀 역시 매우 고통스럽다는 듯이 아기를 상대방에게 양보하는 것처럼 '연기'할 수 있다. 그러면 두 여성이 모두 상대방에게 아기를 넘겨주려는 상황이 된다. 즉, 다시 원점으로 돌아온 것이다. 솔로몬 왕이 아기를 반으로 가르겠다고 한 말이 진짜든 가짜든 그는 결코 진짜 어머니가 누구인지 판단할 수 없다.

정말 똑똑한 사람은 거짓말을 절대 다른 사람에게 들키지 않는다.

### 상대방도, 당신도 손해 볼 수 있다

샤오훙과 샤오란은 각각 유럽 여행 중이다. 두 사람은 전혀 모르는 사이다. 공통점이 있다면 독일의 어느 도자기 가게에서 똑같은 도자기를 샀다는 것뿐이다. 두 사람은 각자 여행을 마치고 귀국했다. 그런데 두 명 모두 짐 속의 도자기가 운송 과정에서 손상된 것을 발견했다. 두 사람은 모두 항공사에 배상을 요구했다. 그런데 영수증이나 보증서가 없어 구매 가격을 증명할 수가 없었다. 항공사 내부의 평가위원은 아무리 비싸도 1,000달러는 넘지 않을 것으로 추정했다. 항공사는 이 일을 제대로 처리하기 위해 두 아가씨에게 연락했다. 그리고 자체 심사 결과 1,000달러 이하로 추정되니 배상금 신청서에 정확한 가격을 써서 제출해달라고 했다.

항공사는 두 아가씨 모두 정직하다면 그녀들이 말한 구입 가격 역시 같을 거라고 생각했다. 만약 다르다면 둘 중 한 명은 거짓말을 한 셈이다. 거짓말을 한 쪽은 더 큰 배상금을 바라는 것이 분명하다. 또 둘 중 낮은 가격을 말한 아가씨는 믿을 만한 사람이다. 그래서 항공사는 두 아가씨가 말한 금액 중 낮은 금액을 기준으로 배상금을 책정하기로 했다. 그리고 낮은 가격을 말한 '정직한' 아가씨에게는 위로금의 명목으로 200달러를 더 주기로 했다.

사실 이 도자기의 실제 가격은 888달러이다. 샤오훙은 다음과 같이 생각했다.

'항공사는 정확한 가격을 모르고 있어. 샤오란이라는 여자는 아마 가격을 높게 써서 더 많은 배상금을 받으려고 하겠지. 1,000달러만 넘지 않으면 되니까. 그렇다면 900~1,000달러 사이의 돈을 써내겠군. 제일 낮은 900달러를 쓴다면……, 나는 890달러를 써내야 해. 그래야 항공사가 나에게 위로금 200달러를 더 줄 테니까. 그러면 나는

총 1,090달러를 받게 되겠지!'

하지만 샤오란도 바보가 아니다. 그녀는 오히려 샤오훙보다 생각을 더욱 발전시켰다.

'샤오훙이라는 여자가 만만치 않을 거 같아. 거기에 말려들 수는 없지. 890달러를 써서 나를 가지고 놀려고 한다면 당하고 있을 수만은 없잖아? 차라리 진짜 가격인 888달러를 쓰는 것이 낫겠어. 그러면 샤오훙이 쓴 것보다 낮은 가격이니 위로금 200달러까지 받을 수 있지!'

샤오훙도 손 놓고 가만히 있지는 않았다.

'아냐. 샤오란 이 여자가 보통내기가 아닐지도 몰라. 과소평가해서는 안 되지. 내가 890달러를 쓸 거라고 예상했을 수도 있어. 그렇다면 진짜 가격인 888달러를 쓸 가능성이 높지. 내가 더 많은 돈을 받으려면 좀 더 확실한 것이 필요해. 한 발 물러나 공격하는 전략이 좋겠어. 880달러를 쓰는 거야. 진짜 가격보다 낮게! 여기까지는 생각 못 하겠지!'

샤오란은 방 안에 있는데도 왠지 스산한 느낌이 들었다. 아직도 뭔가 부족한 것만 같았다.

'그래. 네가 그렇게 나오면 나는 너보다 더 확실한 카드를 확보해야지. 800달러! 800달러를 써내겠어. 더 이상은 어쩌지 못하겠지!'

두 명의 '매우 똑똑한' 아가씨는 계산에 계산을 거듭하다가 결국 689달러를 쓸 것이다. 구매 가격이 888달러이므로 689달러는 턱도 없이 부족한 금액이지만 위로금 200달러가 더해지는 것을 생각하면 정확히 1달러를 버는 셈이다.

얼마 후, 항공사는 두 아가씨의 배상금 신청서를 받았다. 그들은 가격 란에 모두 689달러가 적힌 것을 보고, 두 아가씨가 모두 정직하고 믿을 만하다고 생각했다. 항공사는 처음에 배상금으로 2,198달러(999×2)를 예상했는데, 이보다 훨씬 적은 1,378달러(689×2)만 배상하면 되었다. 한편 '과하게 똑똑한' 아가씨 두 명이 받아든 돈은 겨우 689달러뿐이었다. 똑같은 가격을 적어냈으니 두 명 모두 위로금을 받지 못했다. 689달러라니! 이 금액은 도자기 값에 크게 모자라는 돈이었다. 사실 그녀들 모두 위로금은 생각하지 않고 단순하게 1,000달러를 써야 했다. 그러면 각자 1,000달러를 받는 데 성공했을 것이다. 그러나 두 사람은 서로를 속여 상대방보다 더 많은 돈을 받으려고 했기 때문에 모두 실패해서 이익을 얻지 못했다.

경쟁 중에는 자신의 이익을 극대화하는 데 치중하느라 상대방이 얻는 이익을 전혀 신경 쓰지 않는다. 이런 이기적인 행위는 종종 양쪽 모두에 손해가 될 수 있다.

# ;언어의 가장 큰 역할은 소통이다

### 소통은 무엇보다 중요하다

두 아이가 이웃집 아주머니로부터 오렌지 하나를 받았다. 아이들은 이 오렌지를 어떻게 나누어 가질지 토론하기 시작했다. 갑론을박이 오고간 후, 드디어 방법이 결정되었다. 한 아이가 오렌지를 자르고, 다른 한 아이가 먼저 고르는 것이었다. 아이들은 합의한 방법으로 각각 오렌지 반쪽을 나누어 가지고 신이 나서 집으로 돌아갔다.

한 아이는 오렌지 반쪽의 껍질을 까서 쓰레기통에 버린 후, 과육만 믹서기에 갈아 주스를 만들어 마셨다. 다른 한 아이는 반대로 과육을 파서 쓰레기통에 버린 후, 껍질만 잘게 다져서 밀가루 반죽에 넣어 오렌지 향이 나는 맛있는 케이크를 구웠다.

두 아이는 공평하게 오렌지를 절반씩 나누었지만 각자 효용을 충분히 발휘하지는 못했다. 그들은 각자 이 오렌지에 대해 어떠한 가치를 기대하는지 이야기를 나누지 않았다. 그래서 그저 맹목적으로 형식상의 공평함만 추구한 것이었다. 그 결과, 협상을 거쳐 합의에 도달했음에도 불구하고 효용이 극대화되지 못했다.

생각해보자. 두 아이가 협상 과정에서 각자 이 오렌지의 사용 계획에 대해 이야기를 나누었다면 과육과 껍질로 각각 나누어 가져갔을 것이다. 한 아이는 과육을 가져가서 주스를 만들고, 다른 아이는 껍질을 가져가서 케이크를 구우면 된다. 물론 둘 중 한 명이 주스도 마시고 싶고, 케이크도 굽고 싶을 수 있다. 이때 역시 소통이 필요하다.

이때는 오렌지의 과육과 껍질을 모두 원하는 아이가 다른 문제를 끌어다가 제안할 수 있다. 예를 들어 이런 식이다. "만약에 네가 이 오렌지를 전부 양보한다면 저번에 빌려간 막대사탕 하나를 갚지 않아도 돼." 사실 이 아이의 치아는 이미 엉망진창으로 썩은 상태다. 부모님이 사탕 금지령을 내렸기 때문에 어차피 먹지도 못하니 이번 기회에 큰 선심 쓰듯 이용하는 것이다.

여하튼 이 이야기를 들은 아이는 생각을 좀 하더니 좋다고 한다. 사실 그는 부모님께 막대사탕을 사야 한다고 말해서 5달러를 받아놓았다. 그런데 지금 오렌지를 양보하면 그 5달러로 게임을 하러 갈 수도 있다. 이렇게 되면 아마 오렌지 주스 따위는 생각도 안 날 것이다.

그렇다면 이렇게 중요한 소통을 어떻게 진행해야 효과를 극대화할 수 있을까? 다음의 이야기를 살펴보자.

A장군과 B장군의 부대가 두 개의 고지高地에 각각 주둔했다. 고지 사이에는 넓은 평원이 있었다. 그런데 어느 날 적군의 부대가 이 평원에 진영을 구축했다.

아직 적군은 고지에 A장군과 B장군의 부대가 있는지 모르므로 최대한 빨리 기습 공격을 해야 했다. 두 부대의 병력을 합쳐도 적군의 병력만큼도 안 되기 때문에 조금이라도 지체했다가는 전멸당할 수 있었다. 또 반드시 두 부대가 연합해야 승리할 수 있었다. 그런데 당시에는 전화나 다른 통신기기가 없었기 때문에 통신병이 양쪽 고지를 오가면서 연락하는 수밖에 없었다. 우선 A장군이 B장군에게 다음날 새벽, 동시에 공격하자는 내용의 쪽지를 적어 통신병 편에 보냈다.

통신병이 떠난 후, A장군은 혹시 그가 적에게 포로로 잡혔을까봐 노심초사했다. 그러면 B장군이 연락을 못 받았을 테니 패배는 불 보듯 뻔했다. 하지만 사실 통신병은 무사히 B장군의 고지에 도착했다. B장군 역시 다음 날 새벽에 동시 공격하는 것에 동의했다. 통신병은 이 소식을 가지고 다시 A장군의 고지를 향해 출발했다.

통신병이 출발한 후, 이번에는 B장군이 통신병이 무사히 도착하지 못했을까봐 걱정하기 시작했다. 일이 잘못되어 다음날 새벽에 자신의 부대만 전투에 나선다면 스스로 사지를 향해 걸어가는 것과 다름없었기 때문이다.

한편 통신병은 A장군의 고지로 돌아간 후에 다시 B장군에게 A장군의 뜻을 전하러 떠났다. 이번에는 A장군이 다시 통신병이 무사히 도착하지 못할까봐 걱정하기 시작했다…….

이것이 바로 짐 그레이Jim Gray가 말한 '협조공격의 딜레마Coordinated Attack Problem' 혹은 '두 장군의 딜레마Two Generals Problem'이다. 이 딜레마의 가장 심각한 문제는 그 날 밤에 통신병이 수차례 양쪽 고지를 오고 가더라도 두 장군이 끝까지 협조공격을 확신할 수 없다는 사실이다.

만약 두 장군이 직접 만나 이야기를 나누었다면 이런 일은 없었을 것이다. 통신수단이 고도로 발달한 현대에서도 마찬가지다. 통신수단을 이용한 소통은 오해를 불러일으킬 가능성이 크다. 그러므로 중요한 일은 언제나 직접 얼굴을 보고 이야기를 나누어야 한다.

### 오해는 이렇게 만들어진다

　로마 교회의 학자가 터키 황제의 정원을 방문했다. 황제는 유명한 뮬라mullah10)를 불러 로마에서 온 학자와 지혜를 겨루도록 했다. 뮬라는 우선 무슨 말인지 전혀 알 수 없을 만큼 어려운 책 한 더미를 당나귀 등에 올렸다. 로마 학자를 만나기로 한 날, 그는 이 당나귀를 끌고 황제의 정원에 등장했다. 두 사람은 서로 말이 통하지 않았지만 뮬라는 이 모습만으로 터키인의 지혜가 얼마나 탁월한지 드러냈다. 그는 자신이 로마 학자의 기세를 꺾었다고 확신했다.

　이번에는 로마 학자가 뮬라의 학식을 시험해볼 차례가 되었다. 그는 뮬라를 향해 손가락 하나를 들어 보였다. 그러자 뮬라는 손가락 두 개를 들었다. 로마 학자가 다시 손가락 세 개를 들자 뮬라는 손가락 네 개를 펴 보였다. 또 로마 학자가 손을 펴고 휘두르자 뮬라는 주먹을 쥐고 다른 쪽 손바닥을 향해 뻗었다. 이번에는 로마 학자가 가

---
10) 회교도들이 이슬람 학자를 부를 때 쓰는 존칭.

방을 꺼내들었다. 그가 가방에서 달걀 하나를 꺼냈더니 뮬라는 즉각 호주머니에서 양파를 꺼냈다. 이때 로마 학자가 입을 열어 이렇게 질문했다. "증거가 있습니까?" 뮬라는 조금도 주저하지 않고 책을 가리키며 기묘한 손동작을 했다. 로마 학자는 그 책을 보고서 깜짝 놀랐다. 그러더니 잠시 후, 고개를 숙이며 패배를 인정했다.

현장에 있던 사람 누구도 그들이 무슨 이야기를 하는지 알 수 없었다. 터키 황제는 로마 학자와 차를 마시며 대체 아까 한 행동이 무슨 뜻이었냐고 물었다.

"그 뮬라는 정말 재주가 뛰어난 사람입니다. 제가 손가락 한 개를 들어 세상에 오직 하나의 신이 있다고 했더니 그는 손가락 두 개를 들어 신이 천지를 창조했다고 말했습니다. 또 저는 손가락 세 개를 들어 사람이 삶과 죽음 사이를 끝없이 오가는 존재라고 이야기했습니다. 그랬더니 뮬라는 손가락 네 개로 사람의 몸이 흙, 바람, 물, 불의 네 가지 원소로 이루어졌다고 말했습니다. 이어서 저는 손을 쫙 피고 휘둘러서 세상에 신이 안 계신 곳이 없다고 했습니다. 그러자 그는 주먹을 쥐고 다른 쪽 손바닥을 향해 뻗었지요. 이것은 신이 이곳에, 그러니까 그와 나 사이에 와 계신다는 의미였습니다."

황제는 무척 재미있어 하며 또 물었다.

"그렇군. 아까 그 달걀과 양파는 무엇인가?"

"달걀은 땅(노른자)이 하늘로 둘러싸인 것을 상징합니다. 뮬라는 양파를 꺼내 땅을 둘러싼 하늘이 여러 겹의 층으로 이루어졌다고 이야기했지요. 그래서 저는 그에게 어떤 근거로 하늘과 양파의 층의 개수가 같다고 생각하는지 물었습니다. 그랬더니 아주 심오한 책들을 가리키더군요. 그것은 모두 제가 읽어본 적 없고, 알지 못하는 책이었습니다. 뮬라는 이 세상 누구보다 학식이 뛰어난 사람입니다."

로마 학자는 여기까지 이야기한 후에 슬프게 흐느끼다가 곧 로마로 돌아갔다. 며칠 후, 황제가 뮬라에게 당시 상황을 물었다.

"황제 폐하! 매우 간단한 일이었습니다. 그가 제게 손가락 하나를 들어 보여 도전하더군요. 그래서 저는 손가락 두 개를 들어 그의 두 눈을 파버리겠다고 응수했습니다. 그가 손가락 세 개를 든 것은 저를 세 번 걷어찬다는 의미이지요. 맞고만 있을 수는 없지 않습니까? 그래서 저는 네 번을 걷어차겠다는 의미로 손가락 네 개를 들었습니다. 그랬더니 이번에는 손바닥을 휘두르더군요. 이것은 제 뺨을 후려친다는 의미가 분명했습니다. 그렇다면 저도 그가 절대 잊을 수 없는 일격을 날려야 했기에 주먹을 휘두른 것입니다. 그 로마인은 제가 절대 물러서지 않을 것을 알았는지 갑자기 우호적으로 행동하더군요. 달걀 하나를 주기에 저도 양파를 하나 주었습니다."

정말 재미있지 않은가? 이것은 모두 두 사람이 소통하지 않았기 때문에 발생한 오해다. 오해는 또 다른 오해를 만들어 나중에는 두 사람이 서로 완전히 다른 이야기를 하게 만든다. 사실 언어도 소통의 일부분에 지나지 않는다. 언어 외에 각종 보조도구, 예를 들어 손동작이나 표정, 자세 등이 수반되어야 한다. 그중 단 한 가지만 사용했다가는 오해만 생겨날 뿐이다.

## 자기모순을 피하라

한 어머니가 아이를 데리고 강가로 빨래를 하러 왔다. 그녀는 빨래를 하고, 아이는 멀지 않은 곳에서 혼자 놀고 있는데 갑자기 악어 한 마리가 나타났다! 악어가 아이를 물고 가려 하자 어머니는 서럽게 울면서 아이를 돌려달라고 애원했다. 그러자 악어는 이렇게 말했다.

"내가 내는 문제에 정답을 말하면 아이를 돌려주겠다. 약속은 꼭 지키지."

"알겠습니다."

"내가 이 아이를 잡아먹을까? 돌려줄까?"

어머니는 혼란스러웠지만 정신을 다잡고 생각하기 시작했다. 우선 그녀가 할 수 있는 대답은 두 가지다. 악어가 아이를 잡아먹는다고 대답하거나 돌려줄 거라고 대답하는 것이다. 악어의 선택 역시 틀렸다고 하거나 맞았다고 하는 두 가지다. 그러면 다음의 네 가지 상황이 등장한다.

상황 ①: 잡아먹을 거라고 대답하고, 대답이 맞은 경우

상황 ②: 잡아먹을 거라고 대답하고, 대답이 틀린 경우

상황 ③: 돌려줄 거라고 대답하고, 대답이 맞은 경우

상황 ④: 돌려줄 거라고 대답하고, 대답이 틀린 경우

각 상황의 결과를 좀 더 구체적으로 살펴보자.

상황 ①의 결과: 악어는 어머니의 대답이 맞으면 아이를 돌려준다고 약속했다. 그러므로 반드시 아이를 돌려주어야 한다.

상황 ②의 결과: 대답이 틀렸다는 것은 아이를 잡아먹지 않을 거라는 뜻이다. 어머니의 대답이 어떠하든 아이는 돌아오게 되어 있다.

상황 ③의 결과: 어머니의 대답이 맞았으므로 악어는 아이를 돌려주어야 한다.

상황 ④의 결과: 가장 비극적인 상황으로 악어는 결국 아이를 잡아먹을 것이다. 대답이 틀렸기 때문에도 그렇고, 처음부터 악어는 아이를 돌려줄 생각이 없었다.

모든 상황을 분석해보니 '악어가 아이를 잡아먹을 것'이라고 대답하기만 하면 어머니는 아이를 돌려받는 것을 알 수 있다.

악어처럼 자기모순에 빠지는 실수를 피해야 한다. 이것은 스스로 자신을 어려운 처지에 밀어 넣는 것과 마찬가지다. 여기에서 빠져나올 방법은 없다.

### 위협했으면 그대로 실천하라

프랑스의 위대한 장군 나폴레옹은 어렸을 때부터 자신이 위협하면 다른 사람들이 어떠한 반응을 보이는지에 주목했다. 특히 어린 나폴레옹은 '고집스러운 것'으로 유명했다. 그래서 사람들은 그의 위협이 결코 허풍이 아니며 말한 대로 반드시 실천할 거라고 생각했다.

브리엔 유년학교를 다니던 나폴레옹은 친구들과 자주 싸웠다. 하루는 쉬는 시간에 상급생과 싸우다가 한쪽 눈 주위가 퍼렇게 멍이 들었다. 하지만 수업 종이 울려서 교실로 돌아가야 했다.

수업이 끝나는 종이 울리자마자 나폴레옹은 아까 자신을 때린 상급생을 찾아가 돌진했다. 그 결과 다른 쪽 눈까지 퍼렇게 멍이 들었다. 다시 수업 종이 울렸다.

점심시간이 되었다. 나폴레옹은 밥도 먹지 않고 다시 그 상급생의 교실로 갔다. …… 아직 교실에 있던 상급생은 교실 밖에 두 눈 주변이 퍼런 나폴레옹이 서 있는 것을 보고 기가 막혔다.

나폴레옹은 상급생이 교실에서 나오자마자 세 번째 싸움을 벌일 준비를 했다. 그러자 상급생은 이렇게 소리쳤다. "야! 이제 그만 좀 해! 대체 뭘 원하는 거야?"

나폴레옹은 이렇게 말했다. "네가 나에게 사과하지 않으면 오늘 너를 죽여버릴 거야!"

"……미안하다."

그러자 나폴레옹은 이렇게 말했다. "진작 사과했으면 아무 일도 없었을 거 아냐!"

상급생은 나폴레옹보다 힘도 세고 몸집도 크다. 그러므로 '싸움'이 가장 좋은 선택이다. 상급생이 '싸움'을 선택한다면 나폴레옹 역시 '싸움'을 선택할 것이다. 신체적인 고통이 따르지만 그보다 패배로 말미암은 심리적 고통이 더 크기 때문이다. 반면에 상급생이 '사과'를 선택한다면 나폴레옹은 심리적 보상과 만족감을 얻을 것이다. 호전적인 나폴레옹이 '사과'를 선택할 리는 없다.

상급생이 나폴레옹의 이런 성격을 알았다면 그냥 '사과'하는 쪽이 훨씬 좋은 선택이다. 그러면 더 이상 싸우지 않아도 되고, 처음 몇 번은 이기겠지만 그렇다고 계속 싸울 수는 없기 때문이다.

이와 비슷한 일이 몇 차례 반복되면서 사람들은 나폴레옹이 어떠한 대가를 치르더라도 반드시 목표를 달성하는 사람이라고 생각하게 되었다. 또 나폴레옹의 위협은 허풍이나 허세가 아니며 반드시 실행에 옮긴다고 믿었다.

타인을 위협했으면 반드시 실천해야 한다. 이런 일들이 몇 차례 누적되면 사람들은 결코 당신을 무시하지 않을 것이다. 반면에 위협해 놓고 실천하지 않는다면 사람들은 당신을 허풍쟁이라고 생각할 것이다. 이것은 위협하기 전보다 더 안 좋은 상황이다.

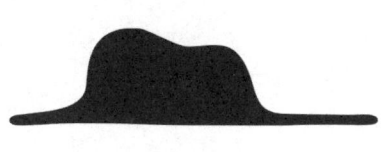

## 제6장
# 일의 논리

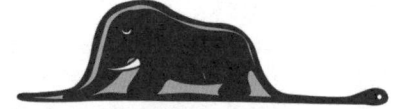

# 어떻게 선택해야 하는가?

인생은 선택의 연속이다. 우리는 모든 순간, 한 걸음씩 내딛을 때마다 선택을 내려야 한다. 작게는 일상의 자질구레한 일부터 크게는 인생의 방향과 목표까지 수많은 방면의 여러 가지 문제를 신중하게 생각해서 선택해야 한다. 무슨 옷을 입고 외출할까? 출근할 때 버스를 탈까 아니면 지하철을 탈까? 점심에는 무엇을 먹을까? 어느 대학에 들어갈까? 졸업 후에는 무슨 일을 할까? 어떤 배우자를 선택해야 하나? …… 이와 같이 크고 작은 선택이 누적되면서 당신의 인생이 완성되고 운명이 결정된다.

선택은 '가장 좋은 것을 고르는 과정'인 동시에 '더 나은 것을 찾는 과정'이다. 이 과정 속에 숨어 있는 논리를 깨우쳐야만 자기 주도적인 삶을 살 수 있다.

# ; 뜻이 좋아도 일이 잘못될 수 있다

### 왜 포기하지 못하는가?

1960년대, 영국과 프랑스는 함께 초음속 여객기 개발 프로젝트를 시작했다. 두 나라는 크기가 크고 속도가 빠르며 내부 시설이 무척 화려한 '초호화' 비행기를 만들고자 했다. 그러나 사실 이 일은 무모한 도박이나 마찬가지였다.

초음속 여객기 개발 프로젝트가 시작되고 얼마 지나지 않아 양국 정부는 자신들이 무슨 실수를 저질렀는지 깨달았다. 겨우 기본 설계와 디자인만 완성한 단계인데 이미 수억 달러에 달하는 돈이 들어간 것이었다. 본격적으로 제작에 들어가면 상상도 할 수 없는 엄청난 돈이 들어갈 터였다. 또한 제작을 완성해도 항공업계에서 경쟁력이 있을지도 확실하지 않았다. 그렇다고 이제 와서 프로젝트를 중단하는 것도 문제였다. 이미 투자한 돈을 회수할 길이 없어서 손실이 상당했다. 양국이 이렇게 고민하는 중에도 프로젝트는 계속되었다. 일이 진행될수록 빠져나오기는 점점 더 어려워졌다.

속사정이야 어떻든 결국 크고 화려한 초음속 비행기가 완성되었다. 하지만 이 비행기는 연료 소모가 많고 소리가 너무 컸으며 환경까지 심각하게 오염시켰다. 또 한 번 비행하는 데 비용이 많이 들어 시장경쟁력이 크게 떨어졌다. 이렇게 해서 영국과 프랑스가 야심차게 추진한 프로젝트는 실패로 돌아갔다. 두 나라 정부는 이 일로 재정에 큰 타격을 입었다. 도중에라도 그만두었다면 그나마 손실을 줄일 수 있었을 것이다. 그러나 그들은 끝까지 포기하지 못했다.

정부의 대규모 프로젝트뿐 아니다. 보통 사람들 역시 그동안 들어간 비용이 아까워 차마 빠져나오지 못하는 일이 많다.

엘리의 엄마는 딸을 위해 2,000달러라는 거금을 들여 전자오르간을 샀다. 하지만 엘리는 활동적인 아이라 음악에는 전혀 관심이 없어 전자오르간에 먼지만 가득했다. 그러던 어느 날, 엘리의 엄마는 친구로부터 한 음악학원의 선생님을 소개받았다. 선생님은 자신 같은 전문가에게 배우면 엘리도 음악에 관심을 가질 거라고 말했다. 엘리의 엄마는 잠시 고민에 빠졌다. '엘리가 그렇게 싫어하는데 선생님까지 집으로 모셔서 가르쳐야 할까?' 결국 엘리의 엄마는 딸에게 피아노 과외를 시키기로 결정했다. 그녀가 결정한 이유는 이러하다. '일단 샀으니까 쳐봐야지. 선생님을 모셔서 잘 가르치면 엘리도 좋아하게 될 거야. 그렇지 않으면 전자오르간을 산 의미가 없어!' 결국 2,000달러짜리 전자오르간을 낭비하지 않기 위해 피아노 강습비 3,000달러를 더 들인 셈이다.

어떤 행동을 선택할 때는 이전에 한 행동과 이미 지불한 비용을 모두 잊어야 한다. 오로지 행동으로 소비되는 비용과 에너지, 얻을 수 있는 이점만 생각해야 한다. 그런 후에 다시 각종 요소를 종합적으로로 고려해서 효용을 따져보고 최종 결정을 내리는 편이 좋다.

하지만 안타깝게도 대부분의 사람은 제때에 빠져나오지 못해서 기어코 심각한 지경에까지 간다. 이미 들어간 비용과 에너지가 많을수록 빠져나오기는 더 힘들어진다. 이처럼 다시 회수할 수 없는 지출, 예를 들어 시간, 돈, 에너지 같은 것을 '매몰비용 sunk cost' 혹은 '침몰원가'라고 부른다. 이것은 정식 거래가 시작되기 전에 투입된 비용을 가리키기도 한다. 이 경우 매몰비용은 거래가 불발되면 그대로 사라진다. 아깝기는 하지만 '매몰비용에 미련을 버리지 못하면' 더 큰 손실을 입을 수 있으니 반드시 조심해야 한다.

만약 당신이 헬스클럽에 등록한 적이 있다면 다음 사례의 주인공을 이해하기 쉬울 것이다.

한 남성이 규칙적인 운동을 위해 헬스클럽에 등록했다. 그리고 며칠 후 정기 건강검진을 했는데, 뜻밖에도 '격렬한 운동이 적합하지 않다'는 결과가 나왔다! 이 남성은 어떤 선택을 할까? 아마 그는 격렬한 운동이 자신의 몸에 미칠 영향을 무시하며 계속 헬스클럽을 다닐 것이다. 회원비를 지불하지 않았다면 고민할 거리도 안 된다. 하지만 그는 이미 헬스클럽 회원권에 너무 많은 돈을 들였다. 이 남성에게 헬스클럽 가입비는 매몰비용이다. 선택을 할 때는 절대 매몰비용을 염두에 두어서는 안 된다.

이와 유사한 상황에서 많은 사람이 '매몰비용'을 따지다가 스스로 발을 진흙 속에 깊이 밀어 넣는다. 이들은 종종 '포기할 줄 몰라서'

잘못된 길을 계속 걷는다.

## 양보하기 싫으면 강하게 나가라

　남자 A와 여자 B는 서로 깊이 사랑하는 연인이다. 이들은 각자의 회사에서 팀장을 맡고 있어서 로맨틱한 시간을 보내는 일이 드물다. 어느 날, 두 사람은 어렵게 시간을 내어 퇴근 후에 영화를 보러 가기로 했다. A는 전쟁영화를 좋아하고, 반면에 B는 예술영화 마니아로 전쟁영화는 좋아하지 않는다.

　두 사람의 만족도를 점수로 표현해보자. A는 전쟁영화를 볼 때 만족도가 10점이지만 예술영화를 볼 때는 2점에 불과하다. 반대로 B는 예술영화를 볼 때 만족도가 10점, 전쟁영화를 볼 때는 만족도가 2점이다. 이외에 두 사람이 함께 영화를 보면 사랑의 감정이 깊어질 테니 각각 만족도가 10점씩 더해진다.

　그러니까 어떤 영화를 보더라도 두 사람에게는 모두 좋은 일이며 A와 B가 내릴 수 있는 최선의 선택은 상대방에 의해 결정된다.

　다시 말해 만약 A가 전쟁영화를 보겠다고 고집하면, B는 혼자 예술영화를 보느니(10점) 차라리 남자친구인 A와 전쟁영화를 보는 편이 만족도가 더 높다(12점). 마찬가지로 B가 예술영화를 끝까지 고집하면 A 역시 예술영화를 보아야 만족도가 더 높다.

이 사례에서 A와 B를 모두 만족시킬 수 있는 선택은 없다. 하지만 그들은 분명히 서로에게 나쁘지 않은 선택을 할 것이다. 깊이 사랑하는 연인이니까!

그런데 시간이 없어서 상의는커녕 연락도 제대로 못하고 단독으로 무슨 영화를 볼지 결정해야 한다면? 이 경우 A는 전쟁영화를, B는 예술영화를 선택할 가능성이 높다.

이때 최악의 상황은 A와 B 두 사람이 연인을 배려하느라 각자 그 혹은 그녀가 좋아하는 영화를 선택하는 것이다. 이렇게 되면 좋아하지도 않는 영화를 어쩔 수 없이 혼자 봐야 하므로 만족도가 가장 낮다(각 2점). 뜻은 좋았으나 각자에게 전혀 득이 되지 않으니 반드시 피해야 할 상황이다.

이런 일을 피하려면 두 사람이 영화를 보러 가기 전에 통화해서 무슨 영화를 볼지 상의해야 한다. 그러면 훨씬 만족도가 높을 것이다. 함께 재미있는 규칙을 정해도 좋다. 예를 들어 영화를 보기 전, 동전 던지기를 해서 볼 영화를 결정하는 식이다. 물론 두 사람이 서로 깊이 사랑하고 배려한다면 동전 던지기 같은 것도 필요 없다.

그런데 A가 심각한 '마초' 기질이 있는 사람이라서 B에게 무조건 전쟁영화를 보겠다고 우긴다면 어떻게 될까?

이때 B가 온순한 여성이라면 별말 없이 전쟁영화를 보러 갈 테니 일이 쉽게 해결된다. 이것은 A와 B의 입장이 바뀌어도 마찬가지다.

협력 중인 두 기업 사이에도 이와 비슷한 상황이 발생할 수 있다.

양쪽 기업이 마치 연인처럼 서로를 배려하고 한 발씩 물러선다면 좋은 분위기에서 일이 진행될 것이다. 하지만 어느 한쪽이 먼저 강하게 나온다면 그 기업이 더 많은 이익을 얻을 터이다.

A와 B 모두 절대 뜻을 굽히지 않고 서로 무조건 자신이 원하는 영화를 보자고 할 수도 있다. 이때는 각자 보고 싶은 영화를 보면 된다.

만약 A가 B를 쫓아다니는 중일 수도 있다. 그러면 A는 분명히 B의 환심을 사려고 할 것이다. 이 말은 곧 A가 B에게 무언가를 요구할 가능성이 지극히 낮다는 의미다.

"남의 것을 받으면 자기 마음대로 할 수 없고, 남의 신세를 지면 심한 말을 하지 못한다"는 말이 있다. 두 사람이 함께 무엇에 대해 협상할 때는 약하거나 더 많이 요구하는 쪽이 언제나 열세다.

## 물질적인 이익만 따지지 마라

다음은 오 헨리O.Henry의 단편 《크리스마스 선물The Gift of the Magi》의 줄거리다.

결혼한 지 얼마 되지 않은 가난한 부부가 있었다. 그들은 아내의 아름답고 기다란 금발, 그리고 남편이 물려받은 회중시계 외에는 가진 것이 없었다. 생활이 힘들고 고단했지만 두 사람은 서로를 깊이 사랑했다.

결혼 후, 첫 번째 크리스마스를 맞이했다. 부부는 돈이 없었지만 배우자를 기쁘게 해주려고 깜짝 선물을 준비하기로 했다. 남편은 아끼는 회중시계를 팔아 아내의 아름다운 금발에 어울릴 만한 머리핀을 샀다. 아내는 기다란 금발을 팔아서 마련한 돈으로 남편의 회중시계에 달 수 있는 백금 시곗줄을 샀다. 두 사람은 선물을 받고 기뻐할 배우자를 떠올리며 무척 행복해했다.

그날 저녁, 부부는 서로의 선물을 사기 위해 각자가 그토록 아끼던 것을 팔아버렸음을 알았다.

이것은 의심할 바 없는 이타적인 행동이나 결과적으로 양측에 모두 손해를 안겨주었다. 정말 그럴까? 오 헨리는 소설의 마지막 부분에 이렇게 썼다.

"그들은 현명하지 못하게도 서로를 위해 그 집에서 가장 귀한 물건 두 개를 팔았다. 그들은 정말 어리석은 사람들일까? 아니다. 이 부부는 선물을 주고받는 모든 사람 중에서 가장 현명한 자들이다. 세상 누구보다 현명한 '현자'이다."

오 헨리는 그들의 비이성적인 행동을 어리석다고 생각하지 않았다. 오히려 세상에서 가장 현명한 사람들이라고 말했다. 하지만 여기에서 우리는 이익의 각도에서만 분석해보자. 소설 속의 부부는 모두 '내 이익보다는 배우자의 이익이 우선'인 사람들이다. 자신의 이익은 조금도 고려하지 않으며 오로지 상대의 행복만 추구한다. 그래서 비용 지출의 기준이 '어떻게 하면 배우자가 이익을 얻을 수 있는가?'이다. 자신이 보는 손해가 얼마만큼인지는 크게 신경 쓰지 않는다.

이 중 한 명의 입장에서 본다면 다음의 네 가지 상황이 가능하다.

① 가장 좋은 결과: 나는 비용을 지출하고, 상대방은 지출하지 않는다. 즉, 상대방만 이익을 얻는다(3점).

② 두 번째로 좋은 결과: 나와 상대방 모두 비용을 지출하지 않는다. 즉, 상대방은 이익을 얻지도, 나를 위해 희생하지도 않는다(2점).

③ 세 번째로 좋은 결과: 두 사람 모두 비용을 지출한다(1점).

④ 가장 나쁜 결과: 나는 비용을 지출하지 않고 상대방만 비용을 지출한다(0점).

이상의 내용을 분석해보면 나는 상대방이 지출하지 않을 때도 지출하는 편(①)이, 상대방이 지출할 때도 지출하는 편(③)이 효용이 높다. 즉, 상대방의 비용 지출 여부와 관계없이 지출하는 편이 '나에게' 좋은 선택이다. 하지만 이것은 상대방에게 유리한 선택은 아니다. 이렇게 되면 상대방을 오히려 슬프게 만들 수도 있기 때문이다. 그러면 아무리 좋은 선물을 해준들 무슨 소용이 있겠는가? 또 두 명 모두 비용을 지출하지 않는 편이 두 명 모두 지출하는 것보다 낫다.

이상의 분석을 토대로 보면 소설 속의 부부 두 사람, 그리고 작가인 오 헨리까지 모두 어리석은 행동을 한 셈이 된다. 하지만 현실에서도 그럴까? 아마 아닐 것이다. 원래 현실 속의 선택은 완벽하게 이성적일 수 없는 법이다. 설령 당신이 완벽하게 이성적인 분석을 하고 싶어도 그 안에 있는 모든 비이성적인 요소를 고려해야만 한다.

이야기 속의 남편과 아내는 모두 비용을 지출해서 선물을 샀다. 물질적 이익이 모두 손해를 입은 셈이다. 하지만 알다시피 이것은 사랑 이야기다. 이 일을 통해서 그들이 얻은 정신적 가치, 즉 '서로를 향한 깊은 사랑'은 물질적 손실을 몇 번이나 메우고도 남을 것이다. 그러므로 양쪽 모두 비용을 지출하는 것이 가장 좋은 선택이었다. 비이성적인 감정이야말로 감동을 전할 수 있기 때문이다.

### 그들은 왜 나서지 않는가?

한 우리 안에 원숭이 여러 마리가 살고 있었다. 주인은 매일 우리의 문을 열고 무작위로 원숭이 한 마리를 잡아 죽였다. 이런 일이 몇 차례 반복되자 원숭이들은 주인이 우리 가까이에만 와도 겁이 나서 벌벌 떨었다. 용감하게 저항하거나 탈출할 생각은 꿈도 못 꿨다. 괜히 나섰다가 너무 '튀어서' 주인에게 '선택'될까봐 무서워서였다. 주인이 문을 열면 원숭이들은 모두 한쪽에 웅크리고 앉아 그가 빨리 다른 원숭이를 데리고 나가기를 간절히 바랐다. 주인이 나가면 오늘도 살아남았다는 생각에 안도의 한숨을 쉬었다. 얼마 후, 우리 안의 원숭이는 모두 죽었다.

만약 원숭이들이 함께 저항했다면 어쩌면 도망갈 가능성이 있었을지도 모른다. 하지만 그들은 '집단 저항'은커녕 벌벌 떨며 오늘 하루를 무사히 넘기기만 바랐다.

비단 원숭이들만의 문제가 아니다. 인간 사회에서도 유사한 상황이 자주 벌어진다. 예를 들어 불의를 보고도 용기를 내지 못하는 것이 그렇다. 버스에서 소매치기가 다른 승객의 지갑을 훔치는 모습을 보았다면 어떻게 하겠는가? 안타깝지만 나서는 사람이 많지 않은 것이 현실이다. 대부분 '어차피 내가 도둑맞지도 않았는데 나서봤자 뭐가 달라지겠어. 괜히 보복이나 당하지'라고 생각할 것이다. 사실 틀린 생각도 아니다. 가만히 있으면 얻는 것도 없지만 손해 볼 것도 없다. 그런데 뭐하러 나서겠는가?

소매치기들은 물건을 훔치기 전에 주변에 일종의 신호를 보낸다. 누가 나서서 소란을 피우면 가만두지 않겠다는 신호다. 만약 누군가가 용기를 내어 말했는데 그를 가만히 둔다면 다른 승객까지 덩달아 일어날 수 있다. 그러므로 가장 처음 나서며 저항하는 사람을 그냥 놔두지 않으려 한다.

승객이 볼 때 소매치기가 보내는 신호는 실제로 일어날 가능성이 높다. 그렇다면 다른 승객들 역시 가만히 있을 확률이 높기 때문에 자신 역시 가만히 있는 편을 선택한다. 소매치기는 효과적으로 신호를 보냄으로써 아무도 나서지 않아서 유유히 빠져나올 수 있는 가장 좋은 상황을 맞는다.

공공장소에서 정의가 짓밟히고 질서가 흐트러졌는데도 말 한마디 하는 사람이 없는 일이 종종 일어난다. 이런 '침묵'으로 말미암은 비극은 뉴스에도 심심찮게 등장한다. 다음은 미국에서 일어난 일이다.

미국 땅에 발을 디딘 지 얼마 되지 않은 중국 청년이 있었다. 하루는 그가 한 중국인 음식점에서 식사를 하는데 강도가 들어오더니 주인에게 칼을 들이대고 다짜고짜 돈을 내놓으라고 소리쳤다. 주인은 가게에 있던 현금 200여 달러를 전부 강도에게 주었다. 돈을 받아 든 강도는 유유히 음식점을 나갔다. 청년은 방금 눈앞에서 벌어진 일을 믿을 수가 없었다. 반면에 주인은 크게 한숨을 한 번 쉬더니 마치 아무 일도 없었던 것처럼 하던 일을 계속했다. 청년은 주인에게 어째서 경찰에 신고하지 않는지 물었다. 그러자 주인은 시큰둥한 표정으로 "신고해봤자 소용없어요. 경찰이 오려면 30분은 족히 걸리는데 그 사이 강도는 멀리 도망갈 거예요. 어차피 잡지도 못하는데 뭐 하러 신고해요"라고 대답했다.

청년은 이 말을 믿을 수 없었다. 미국 경찰은 신고가 들어오면 3~5분 사이에 현장에 도착한다고 들었기 때문이다. 그는 결국 주인 대신 방금 일어난 강도 사건을 신고했다.

주인의 말처럼 30분이 지난 후에야 경찰 두 명이 왔다. 그들은 사건의 경위를 듣고 주변을 대충 살펴보더니 그냥 갔다.

이를 목격한 청년은 크게 화를 내며 어떻게 저럴 수 있냐면서 목소리를 높였다. 그런데 정작 음식점 주인은 경찰을 두둔했다.

"사실 뭐 꼭 경찰만 탓할 일도 아니에요. 우리 스스로 노력하고 적극적이지 않았기 때문이죠. 미국 경찰은 꽤 수준이 높아요. 다른 곳에서는 강도 사건이 발생하면 3~5분 안에 현장에 도착하거든요. 그냥 우리 중국인 식당만 예외인 거예요."

"왜요? 혹시 중국인을 무시해서인가요?"

"그렇지 않아요. 생각해보면 결국 자업자득이죠. 옛날에는 중국인 음식점에 강도가 침입하면 정말 3~5분 안에 도착해서 사방을 수색한 후 용의자를 잡았어요. 하지만 나 같은 피해자들이 보복이 두려워 범인 지목을 거부했어요. 그러니 경찰은 힘들게 잡은 강도 용의자를 그냥 놔줘야 했죠. 이런 일이 많았거든요. 그러자 미국 경찰은 점점 중국인 음식점의 신고 전화를 중요하게 생각하지 않았어요. 달려가봤자 헛일이니까. 그래서 지금 이 지경이 되었죠."

같은 거리에 있는 다른 상점들이 강도를 당하는 일은 극히 드물었다. 강도 입장에서 상대적으로 위험도가 높기 때문이었다. 이 상점들의 주인들은 현장에서 즉각 신고하고, 종종 강도와 육탄전을 벌였으며, 강도가 체포되어 감옥에 갈 때까지 적극적으로 증언했다. 특히 강도들은 유대인 상점 근처에는 얼씬도 안 했다. 그들은 신고만 하는 것이 아니라 경찰과 검찰을 압박해 사건이 빨리 해결되도록 힘을 썼다. 공권력을 믿지 못하겠으면 아예 자기들끼리 돈을 모아서 현상금을 걸고 사설탐정을 고용해 사방을 수색하기까지 했다. 이런 상황이니 강도가 마음 놓고 들어갈 곳은 중국인 상점뿐이었다.

게다가 이 거리에는 유대인 상점이 하나뿐이고 중국인 음식점은 열 곳도 넘었다. '아주 손쉬운 표적'이 그렇게나 많은데 뭐 하러 골치 아픈 유대인 상점에 들어가겠는가? 그 결과 법의 테두리를 벗어난 강도들은 중국인 식당에서 돈을 가져가고, 며칠이 지나면 또다시 나타나기를 반복했다.

불의를 보고도 나서지 않는 사람은 정의감이 없거나 사람 된 도리를 다하지 않는다고 생각하는가? 아니면 설마 침묵을 깨뜨리는 사람이 한 명도 없겠냐고 생각하는가? 그런데 사실 어떤 상황이 닥쳤을 때 '침묵'하는 것이야말로 가장 이성적이고 경제적인 선택이다. 안타깝지만 논리적으로 그렇다는 이야기다. 원래 사람이란 '이익은 많게, 손실은 적게'를 추구하므로 당연한 일이다. 하지만 침묵을 통해 이익을 도모하는 사람이 많아질수록 사회 전체의 도덕성에 치명적인 문제가 발생할 수 있다는 점도 간과해서는 안 될 것이다.

개인의 이익과 사회의 도덕, 이 두 가지가 충돌한다면 어떻게 해결해야 할까? 침묵하는 사람이 더 이상 침묵하지 않고 저항하도록 만들어야 한다. 그러려면 저항하는 사람의 이익을 확대하고 침묵하는 사람의 이익을 감소하는 것이 관건이다. 저항했을 때 얻을 수 있는 이익이 가만히 있을 때보다 많아져야 더 많은 사람이 목소리를 낼 것이다.

각종 다른 방식의 캠페인을 통해 사회 구성원의 정의감을 키우는 방법도 효과적이다. 개인의 정의감을 강화하면 커다란 정신적 이익을 얻을 수 있다. 다시 말해 불의를 보고 저항했을 때, 설령 다치거나 물질적, 신체적 손해를 입을 수 있더라도 도덕적 만족감, 자부심

등의 심리적 보상을 얻는다면 사람들은 기꺼이 앞으로 나선다. 또한 반대로 저항하지 않았을 때는 자신이 잘못된 행위를 했다는 수치심을 느끼도록 유도해야 한다.

구성원들에게 이러한 정의감이나 도덕성이 없다면 사회는 강도가 날뛰고 도둑질이 성행하는 무법천지가 될 것이다. 강도나 도둑의 입장에서는 범죄를 저질렀을 때 강한 저항을 받는 횟수가 많을수록 효용이 떨어진다. 그러면 범죄를 다시 일으킬 가능성이 크게 내려간다.

단순히 사람이 많다고 범죄를 막거나 예방할 수 있는 것은 아니다. 사람들이 모두 자신만 돌보고 남은 어떻게 되든 신경 쓰지 않는다면 아무 소용이 없다.

### 병사는 왜 도망치지 않았을까?

자신을 옛날 전쟁터의 최전선에 선 병사라고 가정해보자. 적과 대치한 상황에서 당신은 어떠한 선택을 하겠는가? 아군이 승리하더라도 당신은 큰 포상을 받지 못한다. 승리에 그다지 결정적인 공헌을 못했기 때문이다. 오히려 사망이나 부상의 위험이 있는 까닭에 아군이 승리해봤자 일개 병사에게는 크게 유리할 것도 없다. 아군이 패한다면? 이때는 사망의 가능성이 훨씬 더 높아진다. 그러므로 아군의 승패와 상관없이 가장 합리적인 선택은 바로 '도망'이다.

전쟁의 역사가 시작되었을 때, 이 문제는 수많은 장군과 전략가들의 골머리를 썩게 했다. 무슨 수를 써도 도망가는 병사가 발생했고, 심지어 병사들이 집단 반란까지 일으켜 명령에 불복하는 일도 있었다. 그런데 비율로 보자면 실제로 도망가는 병사는 일부에 불과했다. 만약 모든 병사가 위와 같이 추론을 했다면 전부 도망가서 아예 전쟁이 일어나지도 못했을 것이다. 병사들은 왜 도망가지 않았을까?

이유는 간단하다. 도망갔을 때 얻으리라고 예상한 효용이 상관에 의해 크게 감소하기 때문이다! 알다시피 군대란 예나 지금이나 명령을 하달하는 조직이다. 도망가다가 체포되면 엄한 처벌을 받거나 심지어 처형되기 때문에 차라리 가만히 있는 편이 나을 수 있다.

도망의 위험도 상승은 도망갔을 때 얻는 효용의 하락을 의미한다. 전투에서 승리와 패배는 겨뤄봐야 알 수 있지만 전쟁에서 도망가다가 잡히면 죽음뿐이다. 그래서 병사들은 차라리 적을 공격해서 승리를 거두는 것이 낫다고 생각한다. 바로 이런 이유로 인류 역사에 전쟁이 끊이지 않았다.

군대를 통솔하는 장군이 도망치는 병사를 엄하게 다스리지 않으면 도망을 선택하는 병사가 더 많아질 것이다. 그러니까 따지고 보면 병사들이 전투를 선택하는 까닭은 적에 대한 반감이라기보다는 아군의 장군이 두려워서다.

# ;당신은 선택권이 없다

### 교통신호가 필요한 이유

 운전 중에 맞은편에서 오는 차량과 마주한 상황을 한번 상상해보자. 이때 교통신호가 없다면 양쪽 운전자들은 모두 정지 혹은 전진 사이에서 고민할 것이다. 대부분 운전자는 전진을 원하겠지만 그렇다고 양쪽 모두 그랬다가는 충돌사고가 날 것이 분명하다.
 물론 당신은 정지하고 싶지 않다. 이때는 상대방에게 당신이 절대 멈추지 않으리라는 신호를 보내는 방법이 가장 좋다. 그가 신호를 제대로 받았다면 분명히 정지를 선택할 것이다.
 어떻게 하면 이 신호를 효과적으로 전달할 수 있을까? 간단하다. 바로 당신이 눈을 가리는 모습을 보여주면 된다. 이것은 당신이 절대 정지할 생각이 없다는 의미다. 이를 본 맞은편 운전자가 '정지' 외에 무슨 선택을 하겠는가?
 그런데 양쪽 운전자가 모두 이 방법을 사용한다면 어떻게 될까? 두 명 모두 눈을 가리고 동시에 전진한다면 정말 상상하고 싶지도 않은 결과가 발생할 것이다.
 어떻게 해야 이 문제를 해결할 수 있을까? 바로 이런 이유로 외부 요소, 즉 신호등이 필요하다. 신호등은 서로 마주한 양쪽 운전자로부터 '계속 전진'의 선택권을 빼앗아서 먼저 갈 수 있는 쪽을 지정해 준다.

대부분의 경우, 무조건 양보하기를 원하는 사람은 없다. 그러므로 양쪽 모두 상처 입는 것을 바라지 않는다면 반드시 신호등과 같은 '중재기구'를 마련해야 한다.

### 적에게 퇴로를 열어주라

《손자병법孫子兵法》의 〈군쟁軍爭〉 편에 '위사필궐圍師必闕'이라는 용병술이 나온다. 이것은 손무孫武가 말한 여덟 개 용병술 중 하나로 '궐闕'은 곧 '결缺'의 의미이며 '돌파구' 혹은 '빈틈'을 가리킨다. 즉, '적을 사방에서 포위할 때는 도망갈 수 있는 퇴로를 열어주어야 한다'는 뜻이다.

적을 사방에서 포위했다면 곧 승리를 거둘 수 있는데 왜 도망갈 길을 만들어주어야 할까? 언뜻 생각해보면 앞뒤가 맞지 않는 이야기다. 하지만 깊이 생각해보면 손무의 용병술이 얼마나 탁월한지 깨달을 것이다.

겹겹이 포위되어 죽을 일만 남은 사람의 머릿속에는 세 가지 방법이 떠오른다. 투항하거나, 죽기 살기로 싸우거나, 그것도 아니면 앉아서 명령을 기다리는 것이다.

포위당한 쪽의 지휘관들은 어떻게 해서든지 빈틈을 찾으려고 한다. 바로 이때, 일부러 빈틈을 만들어 퇴로를 내어준다면 그로 하여금 도망과 결전 사이에서 고민하게 만들 수 있다. 또 적의 투지가 흐트러지고 전투력까지 크게 하락할 것이다.

물론 고의로 퇴로를 열어주되 그냥 내버려두어서는 안 된다. 적이 도망가는 길에 미리 매복을 준비하는 것이 중요하다. 적이 경계심과 주의력이 흐트러진 채로 허둥지둥 도망가는 와중에 자연스럽게 매복 지역으로 들어오게 해서 기습공격을 해야 한다.

모두 도망가서 텅 빈 성을 차지하는 것처럼 쉬운 일은 없다. 필사적으로 성을 지키려는 적보다는 야전에서 전투력을 상실한 적을 소멸하는 것이 훨씬 간단하고, 불필요한 희생을 줄일 수 있다. 훌륭한 장수는 이런 계산까지 염두에 둔다. 실제로 '위사필궐'은 동서고금을 막론하고 탁월한 지휘관들이 즐겨 쓴 전술이었다.

퇴로가 막힌 적은 죽기 살기로 저항하는 것 외에 다른 방법이 없다. 이 경우 전투의 결과와 관계없이 적군과 아군 모두 큰 손실을 입을 수 있다. 칭기즈 칸Chingiz Khan이 기병대를 이끌고 대륙을 호령할 수 있었던 까닭 역시 성을 공격할 때나 야전을 벌일 때나 반드시 '위사필궐'의 전략을 선택했기 때문이다. 그는 언제나 성을 포위하는 동시에 도망갈 길을 남겨두어서 적을 유인했다. 그리고 적들이 광활한 평원에 들어서면 기습공격을 해서 손쉽게 승리를 거두었다.

만약 상대가 당신에게 더 많은 선택사항을 준다면 반드시 조심해야 한다. 어쩌면 함정일지도 모르기 때문이다.

## 재수 없기를 바라는 사람은 없다

일본 간사이関西 지역의 소도시에 갑자기 엄청난 바람을 동반한 폭우가 쏟아졌다. 깜짝 놀란 행인들은 주변의 은행으로 들어가서 급히 비를 피했다. 한가롭던 은행은 갑자기 발 디딜 틈도 없이 붐비기 시작했다. 한 신문기자가 차를 운전하며 이곳을 지나가고 있었다. 그는 은행에 사람들이 가득한 것을 보고 '직업적 반응'을 보였다. '왜 은행에 사람이 이렇게 많지? 전부 돈을 찾으려는 고객인가?' 그는 신문사로 돌아가서 이 일을 기사로 썼다. 한 기자의 작은 호기심은 뜻밖에도 '대량인출 사태'를 일으켰고, 이 은행은 허망하게 문을 닫았다.

'대량인출 사태'는 금융위기 등의 경제적 악영향을 걱정한 고객들이 동시에 예금을 인출하는 일을 가리킨다. 상황이 심해져서 현금 보유량보다 많은 금액이 인출되면 곧 해당 은행의 파산으로 이어진다.

미국의 경우 1930년대 대공황 시기에 대량인출 사태가 자주 일어났다. 1990년대 중반에 국가가 직접 은행을 관리, 감독하면서부터는 이런 일이 거의 사라졌다. 하지만 2007년에 금융위기가 닥치자 다시 대량인출 사태가 출현했다.

2007년 9월 15일, 영국 제5위의 모기지 은행mortgage bank인 노던록 Northern Rock에서 대량인출 사태가 발생했다. 9월 15일 하루 동안 약 10억 파운드의 현금이 빠져나간 것이다. 상황은 점점 더 심각해졌다.

사태가 보도되면서 예금을 인출할 생각이 없었던 고객들까지 은행으로 달려왔다. 이러다가 은행이 파산하면 예금한 돈을 한 푼도 못 받을까봐 걱정해서였다. 이처럼 금융위기로 발생한 대량인출 사태는 거꾸로 새로운 금융위기의 전조가 되기도 한다.

당시 하루에 빠져나간 현금 10억 파운드는 노던록 은행의 예금 전체의 4%를 차지했다. 사실 이 은행은 자금 부족 문제로 영국 중앙은행이 자금 투입을 준비하고 있었다. 여기에 대량인출 사태까지 발생했으니 그야말로 설상가상이었다. 자금 부족이 확대되면서 당장 외부 수혈을 하지 않으면 안 될 상황이었다. 불안해진 예금주들이 인출을 계속하면 파산은 불 보듯 뻔했다.

은행이 어떤 방식으로 운영되는지 간단히 살펴보자. 사람들은 여러 가지 이유, 예를 들어 노후를 준비하거나 투자하기 위해 돈을 모은다. 이런 사람들은 돈을 안전하게 보관할 곳이 필요하다. 또 어떤 사람들은 남는 돈이 있어서 융통할 곳을 찾는다. 바로 이런 이유로 은행이 출현했다.

예금주는 원하는 때에 아무 은행에서나 저축할 수 있고, 반대로 인출할 수도 있다. 하지만 사실 그들의 돈은 은행이 가지고 있는 시간보다 누군가에게 빌려준 시간이 더 많다. 은행은 여기에서 나오는 이자로 운영된다. 물론 예금주 역시 이 사실을 잘 알고 있다.

예금주는 신뢰하는 은행에 돈을 맡긴다. 하지만 만약 은행이 보유한 자금이 예금총액의 70% 이하로 떨어져 상환 능력이 없어진 것을 안다면 이야기가 달라진다. 예금주는 상황이 더 심각해져서 은행이 파산하기 전에 하루라도 빨리 돈을 빼내고 싶어 한다. 30%의 '재수 없는 사람'이 되고 싶지 않기 때문이다. 열심히 일해서 번 돈이 자칫 공중분해되기를 바라는 사람은 없다.

하지만 현실에서 예금주는 은행의 경영 상태를 정확하게 알 수 없다. 돈을 맡기기 전에 해당 은행에 대해 아무리 샅샅이 조사하고 깊이 연구해도 진상을 알지 못한다. 그런데 어느 날 은행 앞에 사람들이 길게 줄을 서서 돈을 찾는 광경을 목격한다면 기분이 어떻겠는가?

이는 분명히 은행의 위기를 의미한다. 이때 재수가 없어서 돈을 찾지 못하는 사람이 되고 싶지 않다면 당장 줄을 서야 한다.

대량인출 사태가 벌어질 때 사람들은 모두 자신이 이성적인 사고에 근거해서 결정을 내렸다고 생각한다. 하지만 사실 이런 재난은 대부분 '정보가 불충분하기 때문에' 발생한다.

이처럼 사회 전체의 대재앙은 종종 자신의 이익을 최대화하려는 이성적인 개인이 많아져서 발생하기도 한다.

## 모두의 선택이 반드시 옳은 것은 아니다

양떼 앞에 나무 기둥 하나가 가로놓여 있다. 첫 번째 양이 멀리서 뛰어와 기둥을 훌쩍 넘었다. 그러자 두 번째, 세 번째 양도 똑같이 따라했다. 이렇게 몇 마리가 뛰어넘은 후에 목장 주인이 나무 기둥을 치우면 어떻게 될까? 아마 뒤따라오는 양 역시 나무 기둥이 있던 자리에 오면 훌쩍 뛰는 시늉을 할 것이다. 이것이 바로 '양떼 효과', 혹은 '군중심리'라고 불리는 현상이다.

프랑스의 곤충학자 장 앙리 파브르Jean Henri Fabre가 송충이 실험을 했다. 그는 송충이 몇 마리를 화분 테두리에 놓아 서로 꼬리에 꼬리를 물고 기어가도록 했다. 화분 옆에는 송충이들이 좋아하는 송진을 뿌려두었다. 실험이 시작된 후 송충이들은 앞에 가는 송충이를 따라서 계속 화분 테두리를 돌았다. 그들은 그렇게 7일 밤낮을 아무것도 먹지 않고 돌기만 하더니 결국 지쳐서 모두 죽고 말았다. 그중 한 마리라도 방향을 틀었다면 가까운 곳에 뿌려진 송진을 먹었을 것이다.

안타깝게도 인간 역시 이 동물들과 크게 다를 바가 없다. 앞에서 이야기한 '양떼 효과'의 사례는 우리 주변에서 흔히 찾을 수 있다.

어떤 결정을 내려야 하는데 다른 사람이 A로 결정하면 역시 같은 선택을 하거나 A를 최우선 고려 대상으로 삼는 경우가 많다. 다른 사람이 이성적인 사고를 통해 A로 결정했으므로 굳이 다른 선택을 할 필요가 없기 때문이다. 특히 정보 불균형의 상태에서는 다른 사람의 결정을 참고하는 것이 위험도가 낮다.

타인의 정보를 절대 믿지 않아야 할 필요는 없다. 하지만 그렇다고 완전히 믿어서도 안 된다. 어떠한 판단이든 자신이 직접 해야 한다.

작년 가을, 나는 난생처음으로 충칭重慶을 방문했다. 떠나기 전에 충칭 출신의 친구들은 반드시 츠치커우磁器口를 둘러보고 오라고 조언했다. 그래서 나는 도착 후 호텔에서 잠시 쉬었다가 바로 츠치커우로 향했다. 가자마자 제일 먼저 눈에 보인 것은 마치 거대한 용처럼 구불구불하게 늘어선 줄이었다. 그 줄을 보는 순간, 나는 흥분하지 않을 수 없었다. 무슨 일이지? 왜 저렇게 줄을 섰지? 이때 어디선가 아주 맛있는 꽈배기 냄새가 내 후각을 자극했다. 그렇다! 모두들 꽈배기를 사려고 그렇게 줄을 길게 섰던 것이다. 조금 둘러보니 그중에서도 '천씨 꽈배기' 가게 앞의 줄이 가장 길었다. 나 역시 자연스럽게 그 줄 뒤에 섰다. 내 차례가 될 때까지 너무 심심해서 꽈배기 가게 앞의 인산인해를 카메라에 담기도 했다.

  드디어 내 차례가 되었다! 그런데 만들어놓은 꽈배기가 내 앞에서 떨어져 조금 더 기다려야 한다는 것 아닌가? 이제 와 포기할 수도 없는 노릇이어서 나는 젖 먹던 힘까지 짜내어 다시 한 번 인내심을 발휘했다. 그렇게 오랫동안 기다린 끝에 마침내 맛있는 꽈배기를 먹었다. 나는 아예 몇 상자 더 사서 가족들에게 선물했다. 기다리는 것은 힘들었지만 모두 맛있게 먹어서 기분이 좋았다.

  하지만 나는 앞으로 꽈배기를 사려고 줄을 설 일은 없을 거라고 생각했다. 맛있기는 했지만 크게 특별한 것도 없었기 때문이다. 충칭 출신의 친구가 내 여행 사진을 보고 한 말에, 내 결심은 더욱 확고해졌다. 내가 산 곳이 '원조 천씨 꽈배기'가 아니었던 것이다! 친구는 그 옆 가게, 그러니까 줄이 별로 길지 않은 곳이 원조라고 했다. 더 기가 막힌 것은 그 기다란 줄의 절반 이상이 고용된 사람이라는 사실이다.

당시 나뿐 아니라 많은 사람이 그 줄에 동참했다. '줄이 가장 기니까 가장 맛있는 집'이라고 확신했기 때문이다. 즉, 시간과 에너지를 투입할 만한 가치가 충분하다고 생각했다. 괜히 다른 가게를 선택해서 실망할 위험을 무릅쓸 필요는 없지 않은가?

일반적으로 사람은 타인의 선택에 분명히 합당한 이유가 있다고 생각한다. 그래서 위험도를 낮추고 타인이 얻는 것과 같은 보상을 얻기 위해 그와 같은 선택을 한다. 하지만 타인 역시 합당한 이유 없이 또 다른 사람을 보고 선택했을 수도 있다.

### 콩고물이라도 주워 먹어야 한다

경쟁이 치열한 '인기' 업종에서 특히 양떼 효과가 자주 목격된다. 예를 들어 어떤 회사가 새로운 사업을 벌여 큰돈을 벌면 다른 기업들 역시 벌떼처럼 달려들어 유사한 사업을 벌이는 식이다. IT기업이 돈을 벌면 IT기업이 우후죽순으로 생기고, 컨설팅 회사가 잘된다 싶으면 너도 나도 컨설팅 회사를 차린다. 하지만 이렇게 되면 언제나 공급이 수요보다 많아져서 시장의 균형이 깨지고 만다. 오로지 우두머리 양만 바라보며 따라하느라 가까운 미래도 보지 못하는 실수를 저지르는 것이다.

기업뿐 아니라 구직자들도 마찬가지다. 누가 외국계 기업에 입사해 외국인들과 교류하면서 많은 연봉을 받는다는 이야기를 들으면 다들 영어 학원으로 뛰어간다. 또 안정적인 직장에서 편안하게 일하는 공무원들을 보고, 다니던 직장을 하루아침에 그만두고 공무원 시험을 준비하기도 한다.

물론 우리가 양들처럼 그렇게 미련하지는 않다. 나름대로 모든 가능성을 고려하고 이성적으로 분석한 후에 결국 '양이 되는' 것뿐이다.

아무리 능력이 뛰어난 엘리트나 경험이 많은 기업의 회장이라고 해도 미래에 어떠한 변수가 출현할지는 알 수 없다. 어떤 상품이 시장을 휩쓸고, 경쟁업체들 역시 그것과 비슷한 상품을 잇달아 출시하면 그저 '따라하는 것' 외에 다른 선택이 없다. 이렇게 해서 잘되면 좋겠지만 운이 나쁘면 거의 '재난'에 가까운 결과가 발생하기도 한다. 대학에 갓 입학한 학생들은 어떤 세부전공을 선택해야 나중에 유리할지 알 수 없다. 이때 이들은 그냥 '남들과 똑같이' 하는 것이 가장 좋은 선택이라고 생각한다. 왜냐하면 다른 사람이 자신보다 더 많은 정보를 알고 있다고 생각하기 때문이다.

사례 속의 사람들 역시 이처럼 '벌떼처럼 몰려들었다가' 크게 잘못될 수도 있다는 사실을 잘 알고 있다. 하지만 무엇이 더 나은 선택인지 역시 모르기 때문에 그냥 다른 사람을 따라하는 것이다.

2001년, 미국의 스펜서 존슨 Spencer Johnson이 쓴 《누가 내 치즈를 옮겼을까?》가 출판되었다. 2만 자에 불과한 이 책은 출판 즉시 전 세계에서 큰 인기를 끌었다. 이 책은 그해 세계 최고의 베스트셀러가 되었으며, 이후 2년 동안 거의 2,000만 권이 팔려나갔다. IBM, 코카콜라, 제너럴모터스 GE, HP, 타임워너 Time Warner, 시티뱅크 Citi Bank, 네슬레 Nestlé, 버드와이저 Budweiser 등 세계 500대 기업들 역시 이 책을 바탕으로 직원들을 교육했다. GE의 회장이었던 잭 웰치 Jack Welch는 "이 책이 우리를 어떻게 바꾸어놓을지 상상하기조차 어렵다. 사람들을 단순하게 만드는 것은 무척 어려운 일이다. 우리는 단순해지면 바보 같다는 말을 들을까봐 걱정하지만 사실은 그 반대다. 단순한 사람만이 사고가 명확하고 강인해서 흔들리지 않는다"라고 말했다.

이렇게 짧은 책 한 권이 세계적으로 커다란 반향을 일으키리라고 생각한 사람은 아무도 없었다. 그런데 재미있는 사실은 이 책이 큰 인기를 얻고 난 후, 각종 '치즈'와 관련된 책이 출현했다는 점이다. 예를 들어 《누가 내 치즈를 '또' 옮겼을까?》, 《대체 내 치즈를 옮긴 사람이 누구야?》와 같은 책이다. 책 이름에 꼭 치즈가 들어가지 않아도 각종 '성공 노하우'가 담긴 책들이 연이어 출판되었다. 이것이 바로 전형적인 양떼 효과다.

따지고 보면 매우 간단한 이치다. 까다로운 독자들의 취향은 매순간 수천, 수만 번씩 바뀐다. 출판사들은 책을 많이 팔고 싶지만 독자들이 이번에는 무슨 책을 좋아할지 예측할 방법이 없다. 그래서 특정 분야의 책이 유행하면 기회를 놓치지 않고 '콩고물이라도 주워 먹는 식'으로 같은 분야의 책을 출판하는 것이다. 그들의 입장에서는 충분히 이성적인 선택이다.

양떼 효과의 가장 큰 장점은 얻을 수 있는 이익이 클 때, 누구라도 뛰어들어 한몫 차지할 수 있다는 것이다. 콩고물이라고 무시하지 마라. 아무것도 없는 것보다는 훨씬 낫다.

## ; 복잡한 일은 다양한 전략으로 해결해야 한다

### 아무리 생각해도 해결할 수 없는 일

아주 작은 마을에 단 한 명의 경찰이 있다. 그는 혼자서 마을 전체의 치안을 담당하고 있는데 특히 두 곳을 집중적으로 관리해야 했다. 하나는 마을 입구에 있는 술집이다. 이곳에는 약 1만 달러 정도가 있었다. 다른 하나는 마을의 반대편 끝에 있는 은행으로 보유 현금이 약 2만 달러 정도였다. 분신술을 하는 것도 아니니 이 경찰은 한 번에 단 한 곳만 순찰할 수 있었다. 어느 날 이 마을에 도둑이 잠입했다는 정보가 입수되었다. 도둑도 한 번에 한 곳에서만 돈을 훔칠 수 있다. 경찰과 도둑, 두 사람 사이의 치열한 두뇌싸움이 시작되었다.

처음에 경찰은 도둑이 돈이 더 많이 있는 은행으로 올 가능성이 높다고 생각했다. 그러므로 은행 주변을 순찰하다가 도둑이 나타나서 잡으면 총 3만 달러의 재산을 보호할 수 있다. 물론 경찰의 예상이 빗나가서 도둑이 술집으로 가더라도 2만 달러는 지킬 수 있다. 술집 주변을 순찰해도 마찬가지의 결과가 나오겠지만 그렇게 하면 1만 달러를 지키고 2만 달러를 잃을 가능성이 있으니 아무래도 은행 주변을 순찰하는 것이 맞았다.

하지만 도둑도 만만치 않았다. 그는 경찰이 돈이 더 많은 은행을 순찰할 거라고 예상하고, 술집을 터는 편이 안전하겠다고 생각했다.

경찰 역시 생각을 조금 더 발전시켰다. 그는 도둑이 자신의 계획을 예측하고 술집으로 갈 수도 있다고 생각했다. '그러면 은행이 아니라 술집 주변을 순찰해야 하나? 아냐, 어쩌면 이것까지 예상하고 은행을 털지도 몰라…….' 그는 오만가지 경우의 수를 전부 생각하다가 결국 가장 간단하고 확실한 방법으로 결정하기로 했다. 바로 '주사위 던지기'이다. 경찰은 1부터 4까지의 숫자가 나오면 은행으로, 5와 6이 나오면 술집으로 가기로 했다. 그러니까 은행으로 갈 확률은 3분의 2, 술집으로 갈 확률은 3분의 1이었다.

도둑 역시 생각에 생각을 거듭하다가 지쳐서 결국 '주사위 던지기'를 하기로 했다. 그는 1부터 4까지의 숫자가 나오면 술집으로, 5와 6이 나오면 은행으로 가기로 했다. 그러니까 은행으로 갈 확률은 3분의 1, 술집으로 갈 확률은 3분의 2였다.

경찰은 어디로 갔을까? 그는 도둑을 잡는 데 성공했을까?

도둑은 어디로 갔을까? 그는 돈을 털어서 유유히 마을을 빠져나갔을까?

궁금하겠지만 이 이야기의 결말이 어떻게 되었는지 아는 사람은 없다. 이처럼 결정이 어려운 일이 생기면 그냥 운에 맡기는 편이 마음 편하다.

### 다양한 전략을 혼합하라

샤오밍은 책을 읽다가 '가위바위보 필승법'을 배웠다. 의기양양해진 그는 친구에게 가서 이 동네에서 가위바위보로 자신을 이길 사람은 없다고 허풍을 떨었다. 그러자 곧 사방에서 도전자들이 등장했다.

첫 번째 도전자는 샤오쥔이었다. 게임의 규칙은 이러했다. 우선 각자의 앞에 카드 열 장을 놓고 가위바위보를 해서 질 때마다 카드를 하나씩 없애는 것이다. 열 장의 카드를 모두 먼저 잃는 쪽이 최종 패배자가 된다.

드디어 게임이 시작되었다. 첫 번째 판은 두 명 모두 바위를 냈다. 샤오밍은 샤오쥔의 성격이 고집스러우니 똑같은 것을 낼 확률이 높다고 보고 두 번째 판에서 보를 냈다. 그의 예상은 적중했다. 샤오쥔의 약점은 바로 '고집'이었다. 샤오밍은 상대의 약점을 공략한다면 최종 승리를 거둘 확률이 높다고 생각했다. 잠시 후, 샤오쥔은 열 장의 카드를 모두 잃고 슬픈 표정으로 뒤돌아 나갔다.

　두 번째 도전자는 샤오광이었다. 샤오밍은 그에 대해서도 잘 알고 있었다. 그가 보기에 샤오광은 대부분의 사람처럼 한 번 낸 것을 연이어 내지 않을 듯했다. 그렇다면 책에서 배운 '가위바위보 필승법'을 사용하면 된다! 이 필승법이 사람들이 일반적으로 같은 것을 내지 않는다는 전제 하에 만들어졌기 때문이다.

　하지만 이 필승법을 사용하려면 일단 첫 번째 판을 해봐야 한다. 샤오광이 첫 번째 판에 무엇을 낼지는 전혀 예상할 수 없었기에 샤오밍은 그냥 운에 맡기기로 했다. 첫 번째 판에서 샤오밍은 별 생각 없이 가위를 내고 샤오광은 바위를 냈다. 샤오광이 먼저 이겼다. 두 번째 판이 시작되면서 필승법이 힘을 발휘하기 시작했다. 샤오광은 첫 번째 판에서 바위를 냈으니 두 번째 판에서는 분명히 가위 아니면 보를 낼 것이다. 즉, 샤오밍이 가위를 내면 비기거나 이길 수 있다. 두 번째 판은 두 명 모두 가위를 내서 비겼다. 이제 세 번째 판이다. 샤오밍은 이번에도 필승법을 떠올렸다. 이번에는 샤오광이 바위나 보를 낼 것이니 샤오밍은 보를 내면 지지 않을 수 있다. 세 번째 판은 샤오밍이 이겼다. 샤오밍은 이렇게 비기거나 이기는 것을 반복해서 최종 승리를 거두었다.

　이어서 계속 도전자가 나타났지만 모두 '대부분의 사람'에 벗어나지 못했기 때문에 모두 샤오밍에게 패했다. 친구들은 모두 믿을 수 없다는 표정으로 샤오밍을 바라보았다.

이때 뒤에서 여자아이의 낭랑한 목소리가 들렸다. "샤오밍! 나랑 한번 해보자!"

샤오란이었다. 샤오밍은 샤오란까지 이겨서 승리의 탑을 높이 쌓을 생각을 하니 웃음을 참을 수 없었다. '네가 처참하게 패배하고 싶은가 보구나! 어디 한번 덤벼봐!'

게임이 시작되었다. 얼마 지나지 않아 샤오밍은 뭔가 이상한 점을 느꼈다. 샤오란이 몇 번은 고집스럽게 똑같은 것을 내다가, 또 다른 때에는 다른 아이들처럼 이것저것 섞어서 내는 것이다. 샤오밍은 당황한 나머지 어찌할 바를 몰랐다. 자신의 카드가 점점 줄어드는 광경을 보니 마음이 더 조급해지기만 했다. 샤오란이 자신만의 '필승법'을 쓸지 누가 알았겠는가!

특정한 무언가에 근거해서 전략을 세우기보다 무작위로 전략을 선택하는 편이 더 효과적일 때도 있다. '대천명待天命'의 마음을 발휘해 보는 것이다. 물론 손 놓고 아무것도 안 하면서 모든 일을 하늘의 뜻에 맡기겠다는 태도는 좋지 않다.

샤오밍의 필승법은 무작위로 게임을 하는 사람에게는 효과를 발휘하지 못했지만 대부분의 친구들에게는 매우 효과적이었다. 그러므로 그는 이 필승법 외에 유사한 다른 방법들도 익혔어야 한다. 그러니까 다른 친구보다 훨씬 높은 수준에서 각각의 경우를 예상하고 다양한 전략을 익혔어야 한다. 이것이 바로 '진인사盡人事'이다.

할 수 있는 모든 전략과 기교를 익혀서 복합적으로 사용한다면 상대방의 시선을 혼란스럽게 만들고 최종 승리를 거둘 수 있다.

## 적당한 가격을 정하는 방법

당신이 이번에 신작을 발표한 유명 작가라고 하자. 출판사는 책의 가격이 50달러이면 고정 팬들만 사겠지만 20달러이라면 서점에서 우연히 본 독자들까지 살 것이라고 조언했다. 물론 20달러이면 50달러일 때보다 얻을 수 있는 수익이 적어진다.

당신의 고정 팬이 1만 명, 우연히 구매하는 독자 역시 1만 명이라고 가정해보자. 책 가격을 50달러로 하면 50만 달러의 수익을 얻을 수 있다. 또 20달러로 했을 때 얻는 수익은 40만 달러가 된다. 다시 말해 50달러로 했을 때 수익이 10만 달러 더 많다. 자, 어떻게 하겠는가? 50달러? 20달러? 혹시 이 두 부류의 독자를 분리한다면 다른 결과를 얻을 수 있지 않을까?

충분히 가능하다. 고정 팬에게는 50달러에, 우연한 구매자들에게는 20달러에 각각 책을 파는 것이다. 그러면 당신이 얻을 수 있는 수익은 50만 달러에 20만 달러를 더해 70만 달러까지 상승한다.

실제로 많은 출판사에서 이런 식의 마케팅 전략을 사용한다. 책이 나왔을 때 먼저 이른바 '호화판', '한정판', '디럭스판' 등의 이름으로 비싼 가격에 고정 팬에게 판매한다. 그런 후에 다시 일반판을 내놓는 것이다. 경제학에서는 이러한 마케팅 전략을 '가격차별화price discrimination'라고 한다.

시장경제에서는 판매자와 구매자 모두 가격에 가장 주목한다. 완전경쟁시장에서는 모든 구매자가 동일한 상품에 대해 동일한 가격을 지불한다. 이 경우 똑같은 품질의 상품 사이에 가격차별이 존재할 수 없다. 시장가격보다 더 높은 가격으로 파는 판매자의 상품을 사려는 구매자는 없기 때문이다. 그러나 독점 혹은 독과점 시장에서는 가격차별화가 자주 등장한다.

가격차별화는 두 가지 경우로 나눌 수 있다. 첫째, 한 기업이 동일한 시간에 동일한 상품 혹은 서비스에 대해 두 종류 이상의 가격을 선택하는 것이다. 둘째, 기업들이 판매하는 상품 혹은 서비스의 가격 차이가 생산비용의 차이보다 큰 것이다. 일반적으로 가격차별화를 한 판매자는 그렇지 않은 판매자보다 더 많은 이윤을 얻는다. 가격차별화는 세 등급으로 나눌 수 있다.

① **1급 가격차별화**: 완전 가격차별화라고도 부른다. 모든 상품이 서로 다른 가격인 것을 가리킨다. 즉, 독점 판매자가 소비자가 어떠한 상품에 대해 어느 정도 지불하고자 하는지 알고서 그에 따라 가격을 책정하는 것이다. 다시 말해 소비자를 모두 구분해서 각각 다른 가격을 부과하는 매우 강력한 가격차별 전략이다. 일반적으로 소비자가 지불하려는 가격이 곧 상품 가격으로 확정된다. 이때 독점 판매자는 각각의 가격에 근거해서 서로 다른 수량의 상품을 제공한다.

하지만 실제로는 고객이 얼마를 지불하고자 하는지를 기업이 알 수 없다. 그러므로 현실에서 1급 가격차별화의 실행은 완전히 불가능하다. 매우 극단적인 상황으로 현실에서는 일어나기가 매우 드물다. 1급 가격차별화를 실현하는 가장 대표적인 방법이 바로 '덤핑'이다.

② **2급 가격차별화**: 비선형정가 nonlinear pricing 라고도 한다. 독점 판매자가 수량별로 상이한 가격을 책정하는 것을 말한다. 같은 수량을 구매하는 사람은 같은 가격을 지불한다. 예를 들어 통신회사가 매달 인터넷 사용량이 많은 고객에게는 비교적 낮은 가격을, 인터넷 사용량이 적은 고객에게는 비교적 높은 가격을 채택하는 것이다. 또 낱개보다 묶음으로 상품을 사는 편이 더 저렴한 것도 2급 가격차별화의 대표적인 예다.

독점 판매자는 이러한 방식을 통해 전체 소비자 중에 아직 구매를 결정하지 않은 사람을 자기 고객으로 만든다. 1급 가격차별화가 소비자별로 가격을 달리 책정하는 데 반해, 2급 가격차별화는 상품의 수량별로 가격을 책정한다.

③ **3급 가격차별화**: 이것은 판매 방식이 아니라 일종의 상황을 가리키는 말로, 동일한 상품을 팔면서 각 시장마다 가격의 탄성이 다른 것에 착안해 서로 다른 가격을 책정하는 것이다. 두 시장 중에 가격에 민감한 소비자가 많은 시장에서는 가격을 낮추어서 많은 구매를 유도한다. 반면에 가격에 대해 크게 개의치 않는 소비자가 많은 시장에서는 가격을 올려 추가 수익을 확보하는 전략이다. 예를 들어

전기회사가 가격탄성이 비교적 큰 산업계에는 전기료를 저렴하게 해주고, 가격탄성이 비교적 작은 일반 가정에는 비싼 전기료를 적용하는 식이다.

소비자는 물건을 구매할 때 반드시 가격을 따져야 한다. 그리고 판매자는 물건과 시장 상황에 가장 적합한 가격 정책 전략을 도입해 물건을 판매해야 한다.

## 어떻게 해야 직원들이 더 열심히 일하게 만들까?

한 기업의 회장이나 CEO는 모두 각자의 일로 바쁘기 때문에 직원들을 일일이 쫓아다니면서 근무상태를 확인할 수 없다. 이런 상황에서 직원들은 열심히 일하거나 게으름을 피우는 것, 둘 중 하나를 선택해야 한다. 열심히 일하는 직원들은 회사에서 주는 임금만 받지만, 게으름을 피우는 직원들은 지금 받는 임금 외에 업무 시간에 다른 일을 해서 얻는 경제적 이익이 있다고 가정하자.

당신은 한 회사의 소유주다. 당신의 회사에는 총 열 명의 직원이 있는데, 그들의 한 달 수입은 근무상태에 따라 다음과 같이 나눌 수 있다. 열심히 일하는 직원은 5,000달러, 게으름을 피우는 직원은 10,000달러(임금 5,000달러+다른 일을 해서 얻는 수입 5,000달러)를 번다. 그리고 해고되는 직원의 수입은 0달러다.

당연히 당신은 모든 직원이 열심히 일하기를 바랄 것이다. 그러나 직원들은 '잘릴 걱정'이 없으면 대체로 게으름을 피운다. 왜냐하면 사실 '열심히 일한다'는 것이 말이 쉽지 몸과 마음을 모두 지치게 만들기 때문이다. 직원들은 잘리지도 않을 테니 내 몸 상해가며 열심히 일할 필요가 없다고 생각한다. 그러므로 직원들을 열심히 일하도록 만들고 싶다면 반드시 '해고'라는 수단을 이용해 그들을 위협해야 한다. 가장 효과적인 방법은 "앞으로 게으름을 피우는 직원은 반드시 해고하겠다"고 정식으로 공지하는 것이다. 당신의 위협을 믿는다면 직원들은 분명히 열심히 일할 것이다. 하지만 당신은 직원 열 명 중 한 명만 해고할 수 있다. 직원들 역시 해고 인원이 한 명 이상이면 회사가 제대로 굴러갈 수 없다는 사실을 잘 알고 있다.

이렇게 하면 두 가지 결과가 생겨날 수 있다. 우선 긍정적인 결과로는 모든 직원이 열심히 일한다. 열심히 일하는 동료를 보면 감히 게으름을 피울 생각도 못할 것이다. 그랬다가는 자신이 해고될 수도 있기 때문이다. 반면에 직원들 모두 게을러지는 부정적인 결과가 발생할 수도 있다. 다시 한 번 말하지만 당신은 열 명 중 한 명만 해고할 수 있다. 즉, 게으름을 피워서 매달 10,000달러를 벌어들일 확률이 90%, 운 나쁘게 해고 대상이 되어 아무것도 얻지 못할 확률이 10%다. 그러니까 직원들이 볼 때는 아주 재수가 없어서 당신의 눈에 들어 해고되지만 않는다면 90%의 확률로 10,000달러를 얻는다는 말이다. 해고당할 수 있는 10%의 확률은 눈에 들어오지도 않을 것이다. 다시 말해 열심히 일하는 직원보다 5,000달러나 더 벌 수 있다.

그렇다면 어떻게 위협해야 좀 더 효과적으로 직원들을 열심히 일하게 만들 수 있을까? 우선 원하는 대로 직원들에게 번호를 붙인다. 그리고 1번 직원을 불러서 열심히 일하지 않으면 그를 해고하겠다고 말한다. 이렇게 하면 1번 직원은 열심히 일할 것이 분명하다.

다음에는 2번 직원을 부른다. 그리고 1번 직원이 열심히 일하니 2번 직원이 게으름을 피운다면 즉각 2번 직원을 해고하겠다고 말한다. 그 역시 전보다 훨씬 열심히 일할 것이다.

이어서 3번 직원을 부른 후에는 1번과 2번 직원이 열심히 일하니 3번이 게으름을 피우면 당장 해고하겠다고 말한다. 3번 직원은 누구보다 열심히 일하는 1번과 2번 직원을 보고서 한시라도 게으름을 피웠다가는 밥줄이 날아가겠다고 생각할 것이다.

이 일을 계속 반복하면 모든 직원은 열심히 일할 것이다. 설령 직원들이 모의해서 게으름을 피우려 시도해도 소용없다. 왜냐하면 1번 직원이 해고를 피하기 위해 이 '연합'에 동의할 리 없기 때문이다.

이상의 사례를 기업 간 협력에 적용할 수도 있다. 당신은 원래 원자재 공급상 열 곳과 거래를 해왔다. 그런데 최근 들어 원자재의 품질이 자꾸만 떨어지고 있다. 이때 당신이 이들을 순서대로 불러 위 사례와 마찬가지로 거래를 끊겠다고 '위협'하면 원자재의 품질이 즉각 크게 향상될 것이다.

당신이 책임을 두루뭉술하게 배분하면 직원들은 차라리 징벌을 받는 쪽을 선택하고 일하지 않을 수 있다. 그들 입장에서 보면 열심히 일한 사람보다 두 배나 더 벌 수 있는 확률이 90%나 되므로 충분히 위험을 무릅쓸 만한 일이다. 그러므로 이 전략을 효과적으로 운용하려면 반드시 징벌에 연쇄관계를 더해야 한다. 우선 책임이 가장 막중한 직원을 한 명 선택한 후에 계속해서 책임을 배분하면 된다. 직원들이 비이성적이지만 않으면 당신은 위협을 수단으로 직원들이 계획을 따르게 만들 수 있다.

제7장

# 사교의 논리

# 모두가 좋아해야
# 진짜 좋은 것!

사교 활동이나 상호 협력은 우리 생활에서 매우 커다란 부분을 차지한다. 이를 잘해내려면 상대방의 속마음을 정확히 파악해야 한다. 특히 양측에 모두 이익이 발생해야 성공적으로 수행했다고 할 수 있다. 이것은 가장 단순하면서도 효과적인 인간관계의 논리다.

## ; 함께하는 법을 배우다

### 다른 사람을 돕는 것은 나를 돕는 것이다

옛날에 한 선량한 사람이 굶주린 거지 두 명에게 낚싯대 하나와 싱싱한 생선이 가득 담긴 통 하나를 보여주고 원하는 것을 고르도록 했다. 첫 번째 거지는 생선이 담긴 통을, 두 번째 거지는 낚싯대를 각각 선택했다. 이후 두 사람은 선택한 물건을 가지고 각자 갈 길을 갔다. 첫 번째 거지는 급하게 땔감을 주워 불을 피우고 생선을 구워 허겁지겁 먹었다. 워낙 배가 고팠기 때문에 맛을 제대로 음미해 보지도 못하고 입으로 꾸역꾸역 밀어 넣었다. 눈 깜짝할 새에 생선 한 통이 동났다. 다음날 아침, 잠에서 깬 그는 허기를 느끼고 힘없는 눈동자로 텅 빈 생선 통을 바라보았다. 한편 두 번째 거지는 낚싯대를 들고 배고픔을 참아가며 한 발, 한 발 힘겹게 바다를 향해 걸었다. 머리가 멍해지고 곧 쓰러질 것 같은 순간, 저 멀리 희미하게 푸른 바다가 보였다. 그는 다시 사력을 다해 걸어서 마침내 바다에 도착했다. 그리고 그 순간 쓰러져서 힘들었던 삶을 마감했다.

또 다른 거지 두 명이 있었다. 그들 역시 며칠이나 먹지 못해 몹시 굶주린 상태였다. 이때 한 선량한 사람이 나타나 낚싯대 하나와 싱싱한 생선이 가득 담긴 통 하나를 주더니 하나씩 고르라고 했다. 이들은 이야기를 나눈 후 두 가지를 모두 가지고 함께 바다로 가서 살 길을 찾기로 했다. 생선 한 통은 가는 도중에 배가 고플 때마다 한 마리씩 구워서 나눠 먹었다. 이렇게 허기를 달래가며 낚싯대를 들고 바다로 간 그들은 생선을 잡으며 살기 시작했다. 몇 년 후 그들은 집을 짓고 각자 행복한 가정을 꾸렸다. 또 나중에는 어선까지 사서 행복하고 안정적인 인생을 살았다.

살면서 다른 사람과 협력 또는 경쟁하는 일은 다분히 생기게 마련이다. 이때 협력과 경쟁 둘 중에 어떤 것을 선택하느냐에 따라 쌍방의 관계가 크게 달라질 수 있다.

평생 교회를 다닌 사람이 죽은 후에 하늘나라에 갔다. 그는 천사에게 천당과 지옥이 대체 어떻게 다른지 알고 싶다고 말했다. 천사는 우선 그에게 지옥을 보여주었다.

지옥에 도착하자 각종 산해진미가 차려진 커다란 식탁이 제일 먼저 눈에 들어왔다. 잠시 후 식사 시간을 알리는 종이 울리더니 며칠을 굶었는지 피골이 상접한 사람들이 들어왔다. 그들은 모두 길이가 10척도 넘는 젓가락을 들고 있었다. 그런데 이 젓가락은 너무 길어서 음식을 집어 입으로 가져가는 것이 불가능했다. 그들은 눈앞에 산해진미가 넘치는데도 제대로 먹지 못해 괴로워했다.

다음에 간 곳은 천당이었다. 이곳도 지옥과 크게 다를 바 없었다. 똑같이 산해진미가 차려진 커다란 식탁이 있었고 사람들은 역시 10척이 넘는 젓가락을 들고 있었다. 한 가지 다른 점이 있다면 그들은 먹을 것을 집어 서로 다른 사람의 입에 넣어주었다. 천당 사람들은 모두 즐겁게 맛있는 식사를 즐겼다.

인간은 한 쪽 날개만 달린 천사라고 한다. 그래서 다른 사람과 짝을 이룰 때만이 하늘을 날 수 있다. 다른 사람을 도와 얻을 수 있는 효용은 자신을 위해 일했을 때 얻는 효용보다 훨씬 크다. 타인을 돕는 것을 즐거움으로 삼는다면 당신은 분명히 행복해질 수 있다.

## 반드시 협력해야 한다

원시시대에 인류는 주로 사냥을 통해 생명을 유지했다.

어느 부락에 사냥 기술이 매우 뛰어난 두 사람이 있었다. 어느 날 그들은 함께 사냥을 나갔다가 아름다운 꽃사슴 한 마리를 발견했다. 이들은 상의 끝에 꽃사슴이 도망갈 수 있는 길목 두 곳을 막아서 잡기로 했다. 두 사람이 효과적으로 협력한다면 충분히 꽃사슴을 잡을 수 있었다. 반면에 둘 중에 한 명만 포기해도 사냥이 실패로 돌아갈 터였다. "나쁜 일 안에 좋은 일이 있고, 좋은 일 안에 나쁜 일이 있다"고 했던가! 꽃사슴 사냥은 생각만큼 그렇게 순조롭지 않았다.

두 사람은 각각 하나씩 길목을 막아 꽃사슴을 포위했다. 그런데 이때, 이들의 눈앞에 토끼 여러 마리가 나타났다. 토끼는 꽃사슴에 비해 사냥하기가 까다롭지 않다. 둘 중 누구라도 자리를 이탈해서 잡으려고만 한다면 한 사람이 네 마리는 거뜬히 잡을 수 있다. 하루에 한 마리씩 먹는다고 가정했을 때, 사냥에 성공한다면 한 명의 4일치 식량이 되는 셈이다. 꽃사슴의 경우 반으로 나누면 한 사람이 총 10일을 배불리 먹을 수 있다.

이때 두 사람 A와 B가 선택할 수 있는 상황은 다음과 같다.

① A와 B가 모두 토끼를 잡으러 간다. 이 경우 두 사람은 각각 4일치 식량을 얻는다.

② A는 자리를 이탈해 토끼를 잡고, B는 꽃사슴을 잡기로 한다. 이

경우 A는 4일 동안 배부르게 먹겠지만, B는 결국 사냥에 실패해서 아무것도 얻지 못한다.

③ A는 꽃사슴을 잡기로 하고, B는 자리를 이탈해 토끼를 잡는다. 이 경우 A는 얻는 것이 없고, B는 4일치 식량을 확보한다.

④ A와 B가 모두 꽃사슴을 잡기로 한다. 이 경우 두 사람은 사냥감을 나누어 10일치 식량을 확보한다.

이상의 네 가지 상황을 비교해보면 두 사람이 협력해서 꽃사슴을 사냥하는 것이 가장 좋은 선택이다.

좋은 결과를 얻고 싶다면 반드시 타인과 힘을 합쳐 협력해야 한다. 그런데 이때 항상 문제가 되는 것이 바로 '내분'이다.

내기를 좋아하는 부부가 있었다. 어느 날 부부는 마을 사람 A를 만나 '내일 날씨 말하기' 내기를 하자고 제안했다.

먼저 남편이 A에게 말했다. "만약 내일 비가 안 오면 당신에게 200달러를 주겠소. 내일 비가 오면 당신이 나에게 100달러를 주시오."

이렇듯 남편은 내일 비가 올 가능성이 크다고 보았지만 아내는 그와 정확히 반대로 생각했다.

그녀는 A에게 이렇게 말했다. "만약 내일 비가 오면 200달러를 드릴게요. 내일 비가 안 오면 당신이 내게 100달러를 주면 돼요."

당신이 A라면 이 부부와 내기를 하겠는가? 내일 비가 오면 A는 남편에게 100달러를 주어야 하지만, 아내로부터 200달러를 받아서 총 100달러의 이익을 얻는다. 또 내일 비가 안 오면 A는 남편으로부터

200달러를 받고, 아내에게 100달러를 주어서 또한 총 100달러의 이익을 얻는다. 즉, 내일 날씨가 어찌되든 100달러가 생기는 내기니 안 할 이유가 없다!

## 개인의 이익을 포기하는 편이 더 나을 때도 있다

중국 서한 시대의 학자 류향劉向이 쓴 《전국책戰國策》에 나오는 내용이다.

"전국시대에 각 제후국이 진秦에 대응한 전략은 크게 두 가지였다. 하나는 여섯 나라가 진나라에 승복하고 그 안에서 이익을 도모하는 전략이다. 책사 장의張儀가 주도하는 이 전략을 횡橫이라 했다. 다른 하나는 여섯 나라가 연합해서 진나라에 저항하려는 전략이다. 책사 소진蘇秦이 주도하는 이 전략은 종縱이다. 여섯 나라는 각자 정치를 하다가 결국 진나라에 의해 멸하였다."

전국시대에는 총 일곱 개 나라가 있었다. 나라마다 힘이 각각 달랐는데 그중 가장 강한 것은 바로 진나라였다. 진나라는 다른 여섯 나라보다 훨씬 강하기 때문에 각 나라와 일대일로 싸우면 승리가 확실했지만 만약 이들이 연합해서 공격한다면 승리를 장담할 수 없었다.

여섯 나라 역시 자신의 처지를 정확히 파악하고 있었다. 어떤 나라든지 단독으로 진나라를 적대한다면 곧 스스로 멸망의 구렁텅이로 걸어 들어가는 것과 마찬가지였다. 사실 진나라를 무찌르는 데 꼭 여섯 나라가 모두 나설 필요는 없었다. 만약 다섯 나라가 연합해서 진나라를 무너뜨린다면 동참하지 않은 한 나라는 전쟁을 치르느라 병사와 장수를 잃지 않고도 자국의 안녕을 도모할 수 있었다.

당신이 이 여섯 나라 중 한 나라의 군주라면 어떻게 하겠는가? 진나라와의 전쟁에 출병하겠는가?

어쩌면 자국의 처지가 가련해서, 혹은 진시황의 횡포를 더 이상 참을 수 없어서 주저 없이 출병할 수도 있다. 하지만 실제 상황은 어땠을까? '현명한 군주'라면 어떻게 했을지 논리적으로 따져보자.

우선 이 '현명한 군주'가 일하는 방식을 가정해야 한다. 이 군주는 나라를 다스리는 데 반드시 두 가지 원칙을 준수한다. 첫째, 반드시 백성을 최우선으로 돌보고 아낀다. 그래서 자신의 백성을 전쟁터로 내몰 생각이 전혀 없다. 둘째, 나라가 어차피 멸망할 위기에 처했다면 그 시기를 최대한 미루고자 한다. 어쩌면 그 기간에 승리의 가능성을 찾을 수도 있기 때문이다.

다른 다섯 나라가 군사를 일으켜 진나라에 항거하기로 했다고 하자. 만약 '이 나라'도 여기에 동참한다면 전쟁의 승리에 기여하고 명분도 세울 것이다. 하지만 진나라가 워낙 강한 적이다 보니 전쟁으로 말미암은 각종 피해가 분명히 발생한다. 사실 굳이 출병하지 않더라도 다른 다섯 나라가 진나라를 충분히 무너뜨릴 수 있다. 진나라가 아무리 강하다 한들 다섯 나라가 연합해서 사방으로 공격하는

데 이겨낼 만큼은 아니기 때문이다.

그러니까 다른 다섯 나라가 출병할 때, '이 나라'는 출병하지 않는 것이 가장 좋은 선택이다.

실제로 여섯 나라는 모두 매우 논리적이고 이성적인 사고를 했다. 그래서 다른 나라들끼리 진나라를 치기를 내심 바라다가 끝내 하나씩 진나라에 무너지고 말았다.

그들은 왜 나라를 빼앗기면서도 아무런 조치를 취하지 않았을까? 왜 끝까지 연합하지 않았을까? 대체 어떤 방법으로 이 문제를 해결해야 했을까?

출병하지 않는 나라에 상응하는 대가를 치르게 하면 어떨까? 예를 들어 연합 정부를 구성하는데 동참하지 않는 나라를 무력으로 제압하는 방법이 있다. 하지만 이것은 이론적으로만 가능하다. 진나라와 전쟁을 벌이기도 전에 여섯 나라끼리 싸우면 멸망만 재촉한다. 어쩌면 이는 진나라가 가장 바라는 상황일지도 모른다.

이성적인 사람은 모두 자신의 이익을 최대화할 수 있는 관점으로 상대방의 선택을 분석한 후, 자신에게 가장 유리한 선택을 내린다. 하지만 이것이 오히려 공동의 파멸을 가져올 수도 있다. 그런데 만약 여섯 나라가 모두 비이성적이라면, 예를 들어 각국의 군주가 모두 매우 호전적이어서 백성들이 전쟁터에서 죽든, 나라꼴이 만신창이가 되든 신경 쓰지 않고 오로지 진나라와 전쟁을 벌이는 데만 몰두할 것이다. 그러니까 아이러니하게도 군주들이 비이성적일 때 오히려 연합의 가능성이 높아지며, 승리까지 이끌어낼 수 있다!

## 가격 전쟁에는 승자가 없다

석유수출국기구OPEC는 이란, 이라크, 쿠웨이트, 사우디아라비아, 베네수엘라의 다섯 개 나라가 석유 시장에서 발언권을 높이기 위해 결성한 단체다. 1960년에 결성된 후 지금까지 아시아, 아프리카, 라틴 아메리카 등 주요 석유생산국들이 참여하면서 명실상부한 가장 영향력 있는 국제 조직 중 하나가 되었다. 총본부는 베네수엘라에 있다.

현재 OPEC은 석유 시장의 가격파동을 방지함으로써 국제 석유시장의 가격 안정에 기여하고 있다. 회원국들은 석유를 통한 수입을 안정적으로 보장받고 있는 동시에 석유소비국에 더욱 경제적이고, 장기적인 석유를 공급하고 있다.

OPEC의 궁극적인 목표는 각 회원국의 석유 정책을 통일하고, 가장 합당한 수단을 동원해 회원국 공동의 이익을 보호하는 것이다.

회원국들은 공동 협의를 존중하고 준수해야 한다. 이들은 일부러 석유 생산량을 줄여 가격을 비교적 높은 수준으로 유지함으로써 공동의 이익을 보장하고 있다.

국제석유시장의 가격은 수요와 공급의 관계로 결정되며 OPEC의 각 회원국은 시장에서 가장 큰 공급상이다. 만약 이들이 공동 협의를 어기고 자국의 석유 생산량을 늘린다면 국제 석유 가격이 하락할 것이 분명하다. 이는 곧 OPEC 회원국의 이익이 감소한다는 의미다. 반대로 회원국들이 모두 연합해서 생산량을 줄이면 가격이 올라 회원국에 매우 유리해진다. 다시 말해 모든 회원국이 저생산을 유지할 때 유리한 것은 분명한 사실이다. 그런데 다른 나라들이 모두 저생산을 유지하는 상황에서 한 나라만 생산량을 늘린다면 어떻게 될까? 이 나라는 분명히 매우 큰 이익을 얻을 수 있다. 이와 같은 이유로 공동 협의를 위반하고 생산량을 늘리는 것은 일부 회원국에 매우 유혹적인 일이다. 그래서 한 회원국이 생산량을 늘리면 다른 회원국들 역시 즉각 생산량을 늘릴 수밖에 없다.

이상의 내용은 OPEC이 실질적인 역할을 하지 못하는 이유이기도 하다. 실제로 OPEC은 결성된 후로 회원국들의 '공동 협의 위반' 문제가 끊이지 않고 있다.

공동 협의를 위반하면 지킬 때보다 더 큰 이익을 얻을 수 있다면 위반하는 것이 이성적이다. 특히 이익의 차이가 클수록 더욱 그러하다. 이때 이성적인 사람이라면 분명히 공동 협의를 위반할 것이다.

다음은 시장에서의 경쟁관계, 가격 결정 전략을 간단하게 재현한 게임이다. 특히 MBA 강의에서 학생들의 실전 감각을 키우기 위해 자주 사용된다고 한다. 이것은 경쟁자의 생각을 예측하는 것에 관련된 게임이다. 게임의 내용은 다음과 같다.

① 학생들을 5~6조로 나눈다. 각 조는 하나의 항공사다.

② 현재 모든 항공사의 이윤율은 9%를 유지하고 있다. 이 상황에서 만약 세 개 미만의 항공사가 가격 인하 전략을 채택해서 박리다매를 추진한다면 이 회사들의 이윤율은 12%까지 오른다. 반면에 가격을 인하하지 않은 항공사의 이윤율은 6%까지 내려간다. 만약 세 개 혹은 그 이상의 항공사가 가격을 인하하면 모든 회사의 이윤율이 6%로 떨어진다.

③ 각 조 조장이 선생님 자리로 모인다. 선생님은 이들에게 상술한 내용을 알려주고, 우선 조장들끼리 이에 관해 협상하도록 한다. 조장들은 기본적인 합의에 도달한 후, 각자의 조로 돌아가서 상황을 알린다.

④ 각 조는 5분 동안 토론해서 가격 인하 여부에 관한 최종 결정을 내린 후, 이를 종이에 써서 선생님에게 제출한다.

⑤ 선생님이 결과를 발표한다.

다음의 내용을 생각해보자. ① 조장으로서 당신은 어떤 기준을 가지고 다른 조장들과 협상했는가? ② 조원들은 어떤 기준으로 가격 정책을 결정했는가? 당신의 조는 조장들이 확정한 기본 합의를 준수했는가?

최종 결론: 이 게임은 매우 간단해 보여도 종종 전혀 예상하지 못한 의외의 결과가 나오기도 한다. 대부분의 경우 항공사들은 모두 가격 인하를 선택해서 결과적으로 모든 항공사가 손실을 입는 일이 발생한다.

처음에는 조장들끼리 모든 항공사가 가격을 인하하지 않고 9%의 이윤율을 유지하기로 협의했어도 나중에 이윤율 12%의 유혹을 견디지 못하고 가격을 인하하는 회사가 등장한다. 이렇게 되면 모든 항공사가 가격을 인하해서 항공사 전체의 이윤이 6%까지 내려간다. 모든 기업은 이윤의 최대화를 추구하므로 사실 불가피한 일이다.

우리는 이 게임을 통해 두 가지를 배울 수 있다. 첫째, 경쟁자를 얕보지 마라! 둘째, 절대 가격 전쟁을 벌이지 마라! 가격 전쟁에는 최종 승자가 없다. 경영은 가격 전쟁이 아니라 업계의 규칙과 시장의 수요에 근거해 하는 것이다.

## 1 더하기 1은 2보다 커야 한다

많은 국가가 카르텔cartel을 법으로 금지하고 있지만 중국에서는 오랫동안 존재해왔다. 특히 TV 회사의 가격 카르텔이 대표적이다.

2000년 6월, 중국의 아홉 개 TV 제조 기업은 선전深圳에서 'TV 기업 회장단 회의'를 열고 '업계의 자율성 강화, 시장 규범화, 과도한 경쟁 지양'을 골자로 하는 공동 협의를 발표했다. 또 기능과 화면 크기를 기준으로 각각 최저 가격을 결정했다. 이는 그동안 꾸준히 하향세를 이어오던 TV 가격에 제동을 건 조치였다. 기업들은 가격 제한을 통해 더 이상의 가격 하락을 막고 공동의 이익을 보장하고자 했다.

그런데 회장단 회의 다음날, 슝마오 TV熊猫彩電가 협의를 깨뜨리는 일이 발생했다. 슝마오 TV는 자사의 '2999 완전 평면 컬러 TV'를 난징南京에서 535달러에 팔기 시작했다. 전날 협의한 최저 가격에서 87달러가량 낮은 가격이었다. 얼마 후 7월 초에는 TCL 그룹이 업계를 긴장시키는 벌였다. 'TCL 왕파이王牌 29인치 디지털 TV'를 원가보다 432달러나 저렴하게 팔아 727달러 선을 무너뜨린 것이다. 이것은 완전 평면 컬러TV의 판매가보다 29~73달러 정도 비싼 가격이었다!

난징과 베이징뿐 아니라 우한武漢에서도 TV 가격 전쟁의 불꽃이 타오르기 시작했다. 7월 13일, 우한 최대의 TV 판매처 세 곳에서 동시에 '사상 최초의 파격가'를 내세우며 가오루화高路華의 '2198 컬러 TV'를 무려 116달러에 팔기 시작했다. 결과적으로 'TV 기업 회장단 회의'는 TV 가격을 상승시키기는커녕 가격 하락을 촉진하는 역할을 한 셈이었다.

7월 22일, 베이징의 다중大中 전자상가는 진싱金星의 29인치 'D2925F TV'를 275달러에 팔았다. 또 톈진天津의 화롄華聯 전자상가는 러화樂華의 29인치 TV를 288달러라는 낮은 가격에 판매했다. 이어서 캉자康佳, TCL왕파이, 하이신海信, 사화厦華 등이 연이어 가격을 크게 낮췄다. 이렇게 해서 'TV 기업 회장단 회의'에 참여한 기업들이 모두 가격 전쟁에 휘말리게 되었다.

당시 이 업계의 거의 모든 기업과 판매상이 필사적으로 '가격 전쟁'을 피하려고 했다. 각 유통 단계의 주체로서 가격 전쟁이 일어났을 때 입을 수 있는 손실이 큰 것을 알고 있었기 때문이다. 하지만 마음과 달리 가격 전쟁은 결국 발발하고 말았다. 그러자 기업들은 '무고함'을 적극적으로 홍보했다. 자신들은 TV를 제조해서 모두 판매상에게 팔았을 뿐, 이후에 판매상이 얼마에 파는지는 알 수 없는 일이라고 했다. 또 판매상들이 각종 경축 이벤트의 명목으로 저렴하게 파는 것까지 관여할 수는 없지 않으냐고 항변했다.

하지만 업계 관계자들은 이것이 핑계에 불과하며 그야말로 '말도 안 되는 소리'라고 일축했다. 그들은 상품 가격을 그처럼 대폭 인하하는 일은 절대 판매상 혼자 결정할 수 있는 일이 아니라고 했다. 제조 회사가 판매상에게 가격을 인하해주지 않는데 설마 판매상이 손해를 보며 사온 가격보다 저렴하게 판매했겠는가? 일부 관계자들은 기업이 '한 입으로 두 말 했다'라는 오명을 벗어나려고 책임을 판매상에게 돌리는 것뿐이라고 비난했다.

실제로 판매상 역시 할 말이 많았다. 원래 가전제품은 팔아봤자 이윤이 크지 않고, TV 시장은 이미 포화되어서 판매 자체가 많지도 않았다. 게다가 판매상이 많아져서 서비스, 브랜드 등 여러 분야에서 경쟁이 치열했다. 이런 상황에서 상품 가격을 인하했으니 이윤이 거의 없는 것이나 마찬가지였다.

들리는 바에 의하면 'TV 기업 회장단 회의' 내부에 이미 갈등이 있었다고 한다. 7월 19일에 러화그룹은 사화와 슝마오가 29인치 일반 평면 TV를 최저가로 합의한 29달러보다 저렴하게 팔고 있다며 저가

덤핑 혐의를 제기했다. 여기에 사화와 슝마오가 크게 반발하면서 갈등이 심해졌다.

이와 유사한 크고 작은 갈등이 제대로 해결되지 않고 누적되는 상황에서 심지어 가격 전쟁을 두둔하는 의견까지 등장했다. 진싱은 시장 경제에서 가격 전쟁은 불가피하며 아무리 제한하려 해도 결국 사라지지 않을 거라고 했다. 이외에도 가격 전쟁이 기업의 경쟁력을 강화하는 요소가 될 거라는 의견이 많았다.

경제학자들 역시 가격 전쟁을 부정적으로만 볼 필요는 없다고 했다. 이들은 기업이 가격 전쟁을 벌이면 이윤이 점점 줄어들기 때문에 새로운 경쟁 수단을 고려할 수밖에 없는 데 주목했다. 이는 곧 해외 시장을 개척하는 등 글로벌화를 적극적으로 추진하는 계기가 된다. 그래서 가격 전쟁이 단기적으로는 기업을 위기로 몰고 가는 것처럼 보이지만 장기적으로는 더 큰 발전에 유리할 수 있다고 했다.

사실 TV 제조 기업들의 가격 카르텔 전략은 매우 단순하다. 다 같이 높은 가격을 유지해서 모두에게 유리한 국면을 만들자는 것이다. 그러나 다른 이들이 모두 높은 가격을 유지할 때 당신만 낮은 가격을 선택한다면 판매량이 증가해 더 많은 이윤을 얻을 수 있다. 문제는 당신만 이런 생각을 하는 것이 아니기 때문에 결과적으로 모두의 이윤이 줄어든다는 사실이다.

그렇다면 가격 전쟁으로 말미암은 저가 경쟁은 결코 피할 수 없는 걸까? 결론부터 말하자면 그렇지 않다. 앞에서 이야기한 무질서한 가격 경쟁을 근절하는 여러 가지 방법이 존재한다. 여기에서는 '차별화'와 '상호연맹'의 두 가지를 소개하겠다.

'차별화'란 가장 효과적이고 탁월한 방법으로 '경쟁자들을 완전히 넘어서는 것'을 의미한다. 예를 들어 자동차 업계에서 볼보 Volvo는 안전성으로, BMW는 고급스러움으로 경쟁업체들을 넘어섰다. 이들은 완전히 다른 소비자군을 형성함으로써 악성 경쟁을 피할 수 있었다.

이러한 '경지'에까지 오르려면 어떻게 해야 할까? 첫째, 사고방식이 독창적이어야 한다. 주변 환경, 업계의 상황, 경쟁업체와 자사의 장단점 등에 대한 종합적인 분석을 기초로 다른 사람이 보지 못하는 것, 찾아내지 못하는 문제들을 파헤쳐야 한다. 그 과정에서 자사의 핵심 경쟁우위를 정확하게 찾고, 유리한 자원을 충분히 활용해서 할 수 있는 일과 반드시 할 일을 체계적으로 수행해야 한다.

둘째, 업무 영역을 명확하게 하고 브랜드의 미래를 계획해야 한다. 자신의 기업이 사회에서 어떤 역할을 하고 어떤 가치를 창조할지 깊이 생각하는 것이 좋다. 또 소비자에게 차별화된 이익을 제공해야 하는데 그러려면 반드시 소비자를 철저히 분석해야 한다. 그들의 희로애락을 이해하고, 아직 만족하지 못한 수요가 무엇인지 확인해서 그 마음속에 있는 '스위치'를 정확하게 눌러야 하는 것이다.

셋째, 실력과 미래 환경을 바탕으로 상품의 특징과 마케팅 전략을 확정하고, 차별화된 브랜드를 만들어 업계의 무차별 경쟁에서 벗어나야 한다.

'상호연맹'이란 업계 안에서 자원, 기술력 등 세부 분야의 협력을 통해 형성된 가치사슬이다. 기업마다 각각 다른 기업보다 뛰어나거나 부족한 분야가 있다. 이 경우 서로 협력해서 이른바 '시너지 효과'를 창출해야 한다. 예를 들어 마케팅 협력, 생산 협력, 소매 협력, 연구개발 협력 등이 있다. 이것이 바로 '1+1〉2'를 실현하는 방법이다.

양측은 각종 협력을 통해 반드시 이전보다 더 많은 이익을 얻어야 하며 이익 분배와 위험성은 동일해야 한다.

## 세상은 돌고 돈다

### 눈에는 눈, 이에는 이

미국 미시건 대학The University of Michigan의 로버트 액설로드Robert Axelrod는 사람 사이의 협력에 관한 실험을 했다. 그는 우선 두 가지 전제를 세웠다. 첫째, 모든 사람은 이기적이다. 둘째, 한 사람이 내리는 결정에는 다른 요소가 작용하지 않는다. 즉, 사람들은 오로지 자신의 이익을 최대화하려는 의도로 결정을 내린다.

액설로드의 실험은 '컴퓨터 시뮬레이션'이었다. 그는 게임이론과 행동과학 전문가들을 피실험자로 삼고 토너먼트 게임을 벌였다. 피

실험자들은 '협력과 배신' 둘 중 하나를 선택할 수 있다. 두 명 모두 '협력'을 선택하면 각각 8점을 받는다. 만약 두 사람의 선택이 다르면 '협력'을 선택한 쪽이 0점, 배신을 선택한 쪽은 10점을 받는다. 또 두 명 모두 '배신'을 선택했다면 각각 2점씩 받는다. 총 200회 진행된 게임에서 총점이 가장 높은 사람이 승리한다.

최종 승리자는 캐나다 토론토대학University of Toronto의 수학교수 아나톨 라포포트Anatol Rapoport였다. 그의 전략은 매우 단순했다. 바로 '맞대응Tit for Tat'이다. 좀 더 쉽게 설명하자면 '눈에는 눈, 이에는 이'로 대처한 것이다. 그는 첫 번째 대결에서만 '협력'을 선택하고 그 이후부터는 상대의 선택을 그대로 따라했다. 상대가 협력을 선택하면 협력을, 배신을 선택하면 배신을 선택하는 식이다.

액설로드는 실험 결과를 검증하기 위해 다시 한 번 실험을 진행했다. 내용과 규칙은 그대로였다. 두 번째 실험에서도 최종 승리자는 역시 '맞대응' 전략을 취한 사람이었다.

이 실험에서 우리는 '맞대응'이야말로 가장 효과적인 인간관계 전략이라는 사실을 알 수 있다. 쉽게 설명하자면 '네가 나한테 하는 것만큼 하겠다', '네가 나를 건드리지 않으면, 나도 너를 건드리지 않겠다'는 식이다.

이 전략은 다음의 행동 준칙을 통해 상대방을 장기적인 협력 대상으로 이끌어낼 수 있다.

① 착하게 대하라!: 협력하며, 절대 먼저 배신하지 않는다.

② 보복하라!: 상대방의 배신에 반드시 보복해야 한다.

③ 관용을 베풀어라!: 상대방이 배신했다고 해서 계속 보복할 수는 없다. 나중에라도 그가 협력하려고 한다면 그렇게 하는 편이 좋다.

맞대응 전략은 응용 범위가 무척 넓다. 예를 들어 어떤 사람이 주먹으로 당신을 한 대 쳤다고 하자. 그러면 당신 역시 맞대응 전략에 근거해서 그에게 주먹을 날려야 한다. 하지만 이 행위 자체가 당신의 고통을 줄여주지는 않는다. 오히려 안 그래도 맞아서 아픈데 주먹까지 휘둘러야 하니 더 힘들지도 모른다. 그럼에도 이렇게 '맞대응'하는 이유는 하지 않는다면 상대를 더욱 공격적으로 만들 수도 있기 때문이다. 그래서 맞대응은 상대방을 제지하는 효과적인 방법이 될 수 있다. 기업들끼리 치열한 경쟁을 벌이는 와중에 서로 보복성 조치를 취하는 것 역시 그 행위로 손실을 메우려는 것이 아니다. 일종의 경고로 자신의 입장을 상대에게 전달하는 방식이라고 할 수 있다.

상대가 나를 대하는 방식으로 대하는 것이야말로 가장 공평하고 합리적인 대응이다.

### 불공평에는 반드시 보복이 따른다

A와 B는 일정한 액수의 돈을 나눠 가져야 한다. A가 돈을 나누는 방식을 제안하면, B는 이에 대해 동의 혹은 거부할 수 있다. 만약 A

가 말한 방식을 B가 거부하면 두 사람 모두 돈을 가질 수 없다. 100달러라고 했을 때, A가 70:30을 제시하고 B가 동의하면 A가 70달러를, B가 30달러를 가져가겠지만, B가 거부한다면 두 사람 모두 한 푼도 가져가지 못한다.

그러므로 A는 입에서 나오는 대로 말해서는 안 되며 반드시 B의 반응을 예측한 후에 제안해야 한다. A는 'B가 이성적이라면 자신이 어떤 방식을 제안해도 동의할 것'이라고 생각한다. 물론 극단적으로 A에게 유리한 방식, 예를 들어 A가 100달러를 전부 가지고 B에게 한 푼도 주지 않는 식만 아니라면 말이다. 생각해보면 당연한 이야기다. 동의하면 아주 적은 돈이라도 받겠지만 거부하면 그나마도 없기 때문이다. 이때 A가 이성적인 사람이라면 0.01달러처럼 '극히 적은' 돈을 B에게 주고, 자신은 99.99달러를 가질 것이다. 이때 그가 제안한 방식은 99.99:0.01이 된다. B는 이것이 매우 불공평하다고 느끼겠지만 방법이 없다. 동의하면 0.01달러라도 받겠지만, 거부하면 그나마도 없지 않은가? 그러나 이것은 모두 논리적 추론일 뿐, 실제 상황과는 크게 다르다.

영국 수학자이자 게임전략가인 켄 빈모어Ken Binmore는 이 실험에서 A를 맡은 사람들이 제시한 방식이 '50:50'으로 편중된 것을 발견했다. 또 B 역할을 한 사람들이 대부분 '받을 수 있는 돈이 총액의 30% 미만이면 거부하고, 30% 이상이면 동의'한 것으로 드러났다.

이 실험 결과에서 무엇을 느꼈는가? 만약 당신이 상대방에게 '공평'과 거리가 먼 행동을 하면 그는 손해를 감수하고라도 당신에게 '보복'할 것이 분명하다! "내가 가진 것이 적어서 근심이 아니라, 불공평한 것이 근심이다 不患寡而患不均"는 말이 있다. 현명한 군주는 이 말을 정치에 대입해 '나라를 다스림에 있어 백성이 부족한 것이 있을까 걱정하지 말고, 불평등한 것을 걱정하라!'고 언제나 되새겼다. 당신이 타인을 대할 때 역시 이와 같아야 한다.

## 비이성적인 사람이 최종 승리를 거둔다

A와 B는 케이크 하나를 잘라 나누기로 했다. A가 자르고, B가 최종 결정을 한다. B가 동의하면 각자 A가 나눈 대로 가져가지만 동의하지 않으면 아무도 케이크를 가져갈 수 없다.

그러므로 A는 반드시 B의 반응을 예측해야 한다. A는 B가 이성적인 사람이라면 어떻게 자르든 받아들일 거라고 생각할 것이다. 동의하지 않으면 아무것도 가져갈 수 없기 때문이다. 그러므로 B에게 케이크 귀퉁이 약간만 주고 나머지를 전부 차지하는 것이 가장 좋은 선택이다. 수치로 표현하자면 99.9:0.1이다. B의 입장에서는 억울할 정도로 적은 양이지만 빈손으로 돌아가고 싶지 않다면 동의해야 한다.

눈치 챘겠지만 여기까지는 앞에서 이야기한 100달러를 나누는 사례와 똑같다. 다만 이번에는 상대방의 '이성의 정도'를 미리 알고 있다. 그렇다면 결과가 조금 달라지지 않을까?

B가 비이성적이라면 A가 케이크를 99.9:0.1로 잘라 놓은 것을 보고서 크게 화낼 것이 분명하다. 물론 이 분배 방식에 동의하지도 않는다. 그러면 두 사람 모두 케이크를 가져갈 수 없다.

당연히 A도 이런 상황을 원하지 않는다. 그래서 B가 비이성적이라는 사실을 A가 알고 있다면 절대 '너는 부스러기만 가져가라!'는 식의 극단적인 분배를 할 리가 없다. 그랬다가는 둘 다 아무것도 먹지 못하는 상황이 발생하기 때문이다. 정리하자면 A가 가질 수 있는 케이크는 B의 입맛(어쩌면 B가 케이크를 안 좋아할 수도 있다)이나 B가 얼마나 비이성적인가에 따라 결정된다고 할 수 있다.

아주 극단적인 두 가지 상황을 분석해보자. 첫째, B는 극도로 이성적인 사람이고, A도 그것을 알고 있다. 이때 A는 주저하지 않고 케이크 귀퉁이 정도만 B에게 줄 것이다. 그리고 B는 '극도로 이성적'인 사람이므로 어쩔 수 없이 이를 받아들일 것이다.

둘째, B는 극도로 비이성적인 사람이고, A도 이를 잘 알고 있다. B에 대해서 좀 더 말하자면 그는 언제나 앞뒤 상황을 따지지 않으며 사리 분별을 전혀 못한다. 또 항상 막무가내로 행동하고 다른 사람에 대한 배려도 없어서 무슨 일을 하든지 억지를 부리고 종종 생떼를 쓰기도 한다. 사실 그는 A가 어떤 방식을 제안해도 절대 받아들이지 않을 생각이다. B는 자기가 전부 다 가질 수 없다면 '거부권'을 동원해서 아무도 못 가져가게 만들겠다고 으름장을 놓을 사람이다. 이때

A가 이성적인 사람이라면 아마 자신이 케이크의 0.1을 가지고 B에게 99.9를 줄지도 모른다.

현실에서 B는 '사나운 사람'으로 불리며 손가락질 받을 것이다. 하지만 현실에서는 '더 사납고, 더 비이성적인 사람'이 승리를 거둘 가능성이 더 높다. 그래서 '비이성'은 종종 사람들이 일을 할 때 취하는 방식이기도 하다. 이치와 도리 따위는 아랑곳 않는 비이성적인 사람을 어떻게 당해내겠는가?

### 공평에 다가가는 법

일곱 명이 모여 사는 공동체가 있다. 이들은 이곳에서 평등한 지위를 누리고 있다. 또 각자 자신의 이익을 추구하기 때문에 더 많은 것을 얻을 수 있는 기회가 있으면 주저하지 않고 그렇게 한다. 이들은 매일 커다란 죽을 한 솥 끓여 나누어 먹는다. 양이 부족한 것은 아니지만 모두들 공평하게 나누는 것이 제일 좋다고 생각한다. 문제는 죽을 나누는 방법이었다. 일곱 사람은 모두 머리를 맞대고 이 문제를 해결하기로 했다.

**방법 1.** 한 명에게 죽 나누는 일을 맡긴다. 그런데 이렇게 하면 일을 맡은 사람이 자기만 많이 먹고 다른 사람들은 조금씩 줄 수 있다. 누가 맡든지 관계없이 죽을 나누는 사람이 가장 많이 먹게 될 것이다.

**방법 2.** 매일 한 명씩 돌아가며 죽을 나눈다. 이것은 매우 공평해 보이지만 일주일 중 죽을 나누는 하루만 배불리 먹을 수 있고, 나머지 6일은 배에서 꼬르륵 소리가 날 정도로 제대로 먹지 못할 수도 있다. 이 역시 좋은 방법이 아니다.

**방법 3.** 모두가 신뢰하는 한 명을 뽑아 죽 나누는 일을 맡긴다. 일곱 명 중 가장 도덕적이고 품성이 좋은 사람이 한다면 분명히 공평할 것이다. 하지만 어느 정도 시간이 흐르면 자신과 친한 사람에게만 죽을 더 많이 줄 수도 있다.

**방법 4.** 일곱 명을 '배식팀'과 '관리팀'으로 나누어 죽을 나누는 사람이 임의대로 하지 못하게 '감독 기관'을 둔다. 공평의 관점에서 보면 이 방법이 가장 효과적이다. 하지만 관리팀이 항상 간섭하고 그때마다 배식팀이 반발하느라 죽이 전부 식을 것이다.

**방법 5.** 일곱 명이 돌아가며 죽을 나누는데 대신 그 사람이 가장 마지막에 죽을 가져간다. 그들은 드디어 가장 합리적인 방법을 찾았다! 놀랍게도 이렇게 하니까 일곱 명의 그릇에 똑같은 양의 죽이 담겼다. 죽을 나누는 사람은 누군가에게 죽을 많이 주면 결국 자신이 적게 먹어야 한다고 생각해서 항상 죽을 똑같이 나누려고 했다.

사람들은 모두 자신에게 가장 유리한 행동을 선택해서 최대의 효과를 얻으려고 한다. 또한 상대방도 그러리라고 예상한다. 그렇기에 '공평'하기만 하다면 모든 사람이 만족하고 불만이 사라진다.

## 당신의 감정도 역시 다른 사람에게 투자할 것이다

어느 날 이른 아침, 조수 B가 걱정스러운 표정으로 편집장 A의 사무실로 들어왔다.

"인쇄소 사장님, 기분이 안 좋아보이세요. 왜 그러신지 모르겠네요."

"어떻게 안 좋은데?"

"글쎄요. 평소에는 항상 미소를 짓고 계시거든요. 오늘 아침에도 웃고 계시기는 했지만 뭐랄까……, 억지로 웃는 느낌이랄까요."

"무슨 일이지?"

급한 서류를 보느라 고개를 숙인 채 이야기를 듣던 A는 그제야 고개를 들었다. 비로소 B의 얼굴을 본 그는 깜짝 놀랐다.

감기에 걸린 B가 잠까지 제대로 못 잤는지 두 눈이 빨갛게 충혈된 것이 아닌가? 이뿐 아니라 얼굴 피부는 축 쳐지고 입술은 부었는지 튀어나와서 매우 화가 난 것 같았다. 항상 활발하고 유쾌한 그녀의 모습이라고는 믿을 수 없을 정도였다. 편집장 A는 오늘 아침에 B를 본 사람이라면 누구나 어색한 웃음을 지었을 거라고 생각했다.

종종 상대방이 자신을 대하는 태도가 친절하지 않거나 예의 없다는 생각이 들 때가 있다. 왜 저러지? 혹시 나를 싫어하나? 생각할수록 화가 나고 기분이 좋지 않다. 하지만 바로 당신이 상대방의 이런 태도를 만든 것은 아닐까?

상대방이 거울을 들고 당신의 얼굴을 비춘다면 깜짝 놀라 뒤로 물러설지도 모른다. '세상에! 이게 나야? 표정이 왜 이렇지?'

그렇다. 정말 큰일이다! 당신의 표정과 말투가 상대방을 더 멀어지게 만들고 더 이상 당신에게 친절을 베풀지 못하게 하다니!

상대방을 향해 '어둡고 유쾌하지 않은 감정'을 전달하면 이 감정이 결국 당신에게 다시 돌아온다. 이것이 바로 인간관계의 악순환이 발생하는 이유다.

즐겁고 유익한 인간관계를 만들고 싶은가? 그렇다면 당신이 먼저 상대방에게 즐겁고 유익한 사람이 되어야 한다.

## ; 사람은 모두 이기적이다

### 손해보고 싶은 사람은 없다

다음은 '협력'을 주로 연구하는 두 명의 교수가 한 실험이다.

네덜란드에서 '사회 문제와 협력에 관한 세미나'가 열렸다. 세미나가 성공적으로 마무리된 후, 두 명의 학자가 참석자들에게 재미있는 게임을 제안했다.

두 사람은 우선 커다란 봉투를 보여주면서 현장에 있는 학자 43명에게 원하는 만큼의 돈을 봉투 안에 넣으라고 했다. 43명이 모두 넣은 후에 봉투 안의 돈이 250달러가 넘으면 모두에게 자비로 10달러씩 주겠다고 했다. 그러나 만약 250달러를 넘지 못하면 봉투 안의 돈을 두 사람이 가지고 한 푼도 돌려주지 않겠다고 했다.

사실 이것은 몇 단계만 계산하면 되는 단순한 게임이었다. 250달러가 넘으려면 참가자 한 명당 얼마씩 넣어야 할까? $250 \div 43 = 5.81$이니 각자 5.81달러를 넣으면 된다. 그런데 혹시 이 중에 '쩨쩨한 사람'이 있을지도 모르니 조금 더 내야 안심할 수 있다. 이렇게 해서 모두 7달러씩 넣으면 목표액인 250달러를 넘는 것은 문제도 아니다. 이렇게 해서 나중에 10달러씩 돌려받으면 3달러를 벌 수 있다.

이렇게 생각하면 이것은 참가자에게 매우 유리한 게임이다. 그런데 여기에 하나의 규칙이 있다. 참가자들끼리 봉투에 넣을 돈에 대해 이야기할 수 없고, 다른 사람이 얼마를 넣는지 볼 수도 없다. 게임 방법을 모두 들은 참가자들은 즐거운 마음으로 게임을 시작했다.

커다란 봉투가 43명의 손을 거쳐 게임 주최자에게 돌아왔다. 잠시 후, 결과가 발표되었다. 봉투 안의 돈은 245.59달러였다! 목표액인 250달러에서 아주 조금 모자란 것이다!

결과가 발표된 후, 세미나장은 크게 술렁였다. 참가자들은 믿지 못하겠다는 표정이었다. 대체 어떻게 된 걸까? 43명은 모두 각자의 분야에서 인정받은 교수와 전문가로 도덕적으로도 뛰어난 사람들이다. 게다가 지금 방금 '협력'에 관한 세미나를 했는데 이런 결과가 나오다니! 너무 아이러니하고 기가 막힌 일이었다. 어쨌든 그들은 게임에서 졌으니 한 푼도 돌려받지 못했다.

게임이 모두 마무리 된 후, 참가자들은 삼삼오오 모여 이 의외의 결과에 대해 토론을 시작했다. 양심 있는 누군가가 5달러를 넣었으면 이겼을 거라고 말하는 사람도 있고, 자기가 5달러, 아니 10달러를 넣었어야 했다고 아쉬워하는 사람도 있었다.

이 게임에서 10달러보다 많이 넣은 사람은 단 한 명도 없었다. 모든 참가자가 자신이 넣어야 할 몫을 다른 사람이 넣었을 거라고 생각했기 때문이었다. 그러니까 다른 사람보다 더 많이 넣을 필요가 없는 것이다. 낭비이니까! 어떻게든 목표액을 넘을 거라고 확신한다면 돈을 적게 넣을수록 더 이익이다. 하지만 모든 사람이 이렇게 생각했다면 어떻게 되었을까?

당신이 이 게임에 참가한 43명 중 한 명이라고 하자. 다른 사람들이 모두 7달러씩 넣으면 당신은 돈을 넣지 않고도 10달러를 벌 수 있다. 설령 다른 사람들이 넣은 돈이 전부 250달러를 넘지 않더라도 손해는 아니다. 넣은 돈도 없고, 받을 돈도 없으니까. 그러니까 당신의 가장 좋은 선택은 바로 '한 푼도 내지 않는 것'이다.

이렇게 생각한 사람이 많을수록 결과는 더 비극적일 뿐이다. 너무 똑똑해서, 생각을 너무 많이 한 바람에 이런 일이 발생한다. 너무 논리적인 것은 종종 독으로 다가오기도 한다.

## 왜 새치기를 좋아하는가?

얼마 전, 한커우漢口에서 베이징까지 기차를 탈 일이 있었다. 나는 역에 들어서서 표를 사고 해당 개찰구 앞에 가서 줄을 섰다. 그런데 검표원이 개찰을 시작하자마자 별로 길지 않던 줄에 갑자기 대혼란이 일어났다. 뒷사람들이 막무가내로 밀면서 앞으로 돌진하는 바람에 줄이 몇 배로 두꺼워졌다. 이 와중에 짐을 든 사람, 아이를 데리고 있는 여성 등이 사방에서 새치기하면서 대열에 들어왔다. 옷을 멋들어지게 차려 입은 젊은이들 역시 조금도 거리낌 없이 당당하게 새치기했다. 보아하니 한두 번 해본 솜씨가 아니었다.

나는 화를 꾹 눌러 참으면서 대체 이 문제를 어떻게 해야 할지 생각했다. 처음에 떠오른 방법은 두 가지였다.

'곤봉을 든 우람한 남성 몇 명에게 감독을 맡겨서 새치기하는 사람이 있으면 바로 끌고 나갔으면 좋겠다. 아니야, 그래도 몰래 새치기하는 사람이 있을 거야. 차라리 두꺼운 쇠파이프 통로를 만들어서 한 명씩 들어가도록 하면 어떨까? 이렇게 하면 옆으로 끼어드는 사람이 없을 텐데……'

하지만 이 두 가지는 모두 실현가능성이 없다. 곤봉은 너무 폭력적이라 사회의 안정과 화합에 도움이 되지 않을 테고, 쇠파이프 통로 역시 말이 안 된다. 중국에 줄을 서는 곳이 얼마나 많은데 그런 흉측한 것을 일일이 설치할 수 없기 때문이다. 결국 할 수 있는 일은 아무것도 없다. 중국에서 기차를 타려면 한 차례 전쟁을 피할 수 없다. 또 그 전쟁이 아무리 치열해도 사람들은 결국 기차에 오르고, 기차는 제시간에 출발한다. 하지만 이렇게 되면 질서를 지키지 않은 사람은 이익이고, 질서를 잘 지키는 사람은 손해 아닌가?

선진국 사람들은 중국인들보다 훨씬 줄을 잘 선다. 종종 유럽이나 미국에 금융위기가 출현해서 은행에 돈을 찾으려는 사람이 몰려 '북새통'을 이뤘다는 뉴스가 나오는데 막상 화면을 보면 이때 역시 차분하게 줄을 서고 있다. 우리는 출금은 말할 것도 없고, 입금할 때도 그들만큼 줄을 잘 서지 못한다. 대체 어떻게 된 일일까?

중국인들이 줄을 서지 않는 이유는 단 하나다. 줄을 설 때보다 서지 않을 때가 훨씬 유리하기 때문이다.

모든 사람이 줄을 서기로 결정했다면 매우 빠른 속도로 앞으로 나아갈 수 있다. 하지만 다른 사람이 줄을 서든 말든 당신은 새치기를 선택할 수도 있다. 이렇게 하면 줄 전체의 속도는 느려지겠지만 당신은 빨리 갈 수 있으니 가장 좋은 선택이다. 문제는 대부분의 중국인이 이렇게 생각한다는 것이다. 그러다보니 너도나도 새치기하면서 걷잡을 수 없이 뒤엉켜서 모든 사람의 속도가 크게 느려진다. 정리하자면 사회 전체로 볼 때는 모든 사람이 줄을 서야겠지만, 개인은 다른 사람이 모두 줄을 설 때 새치기하는 것이 가장 좋다.

특히 이 줄이 일회성, 그러니까 이후에는 다시 이들과 줄을 설 일이 없다면 대부분 사람이 새치기를 선택할 것이다. 보복을 당할 일이 없기 때문이다. '어차피 그는 내가 누군지 모를 거야'라고 생각한다면 줄을 서지 않고 새치기하는 편이 가장 좋은 선택이다. 이런 생각들이 중국에서 줄을 서야 하는 모든 곳을 '난장판'으로 만드는 것이다.

물건을 사거나 기차를 탈 때에는 보통 모르는 사람들과 줄을 선다. 이들은 모두 자신의 이익만 생각하고 효용을 최대화할 수 있는 전략을 선택한다.

그렇다면 외국인들이 그렇게 줄을 잘 서는 까닭은 무엇일까? 그들도 상황은 우리와 같다. 다만 다른 요소가 개입하기 때문에 줄 서는 모습이 중국인들과 하늘과 땅 차이인 것이다. 생각해보자. 만약 당신이 중국에서 새치기하면 뒤에 선 사람이 인상을 찌푸리거나 작은 소리로 욕한다. 하지만 미국에서라면 뒤에 선 사람들이 모두 크게 화를 내며 당신을 큰소리로 비난한다. 그러니까 미국에서 새치기하려면 '다른 사람의 비난'이라는 요소를 반드시 고려해야 한다.

비난이든 다른 수단이든 새치기를 하는 것이 효용이 더 낮다면 사람들은 절대 새치기하지 않는다. 오히려 더 적극적으로 줄을 설 것이다.

### 해결하기 어려운 문제: 고부관계

시어머니와 며느리의 관계는 오랫동안 해결되지 않는 문제다. 고부관계는 언뜻 보면 두 여성 사이의 게임처럼 보이지만 사실 이것은 매우 복잡한 인간관계 중 하나다. 두 명의 게임 참가자(시어머니와 며느리)는 상호작용의 환경 속에서 각자 확보한 정보에 의존해서 이익을 최대화하고 위험을 최소화하는 전략(행동)을 선택해야 한다.

며느리가 시집오고 얼마 지나지 않으면 곧 시어머니와 며느리의 인간관계가 성립된다. 두 사람은 고부관계가 형성되기 전에 각각 독립적인 개체였다. 그래서 상호 소통과 이해 없이는 생활습관, 문화 그리고 배경의 차이 때문에 갈등을 빚는다. 그러므로 두 사람은 반드시 상대방의 성격과 일 처리 방식 등을 이해하는 과정을 겪어야 한다. 이때 두 참가자(시어머니와 며느리)가 선택할 수 있는 전략은 투쟁 혹은 양보다. 그러면 다음과 같은 네 가지 상황이 출현 가능하다.

① 시어머니와 며느리가 모두 투쟁을 선택한다. 두 사람의 효용은 모두 −3이다.

② 며느리는 투쟁, 시어머니는 양보를 선택한다. 며느리의 효용은 0, 시어머니의 효용은 −5다.

③ 며느리는 양보, 시어머니는 투쟁을 선택한다. 며느리의 효용은 −5, 시어머니의 효용은 0이다.

④ 시어머니와 며느리가 모두 양보를 선택한다. 두 사람의 효용은 모두 −1이다.

위의 내용을 분석해보면 두 사람을 '동시에' 만족시키는 선택은 '모두 양보를 선택한 경우'다(④). 하지만 실제로는 대부분의 시어머니와 며느리가 투쟁을 선택한다. 두 사람을 따로 떼어놓고 보면 투쟁을 선택했을 때 얻는 효용이 양보를 선택했을 때보다 크기 때문이다(②,③). 바로 이 때문에 모두가 원하지 않는 결말, 즉 양측의 효용이 모두 낮은 상황(①)이 발생한다.

그렇다고 해도 두 사람의 관계가 단절되지는 않는다. 시어머니와 며느리는 계속 만나야 하고, 전략을 선택해야 한다. 앞에서 이야기한 것은 모두 며느리가 시집오고 얼마 지나지 않았을 때다. 시간이 흐르고 상호 교류의 시간이 많아지면 상대에 대한 각종 정보를 확보하고 이를 분석할 수 있다. 한 시어머니는 며느리가 '매우 교활하고 포악하며 욕심이 끝도 없는 이기적인 여성'이라고 결론을 내렸다. 반면에 며느리는 '남편의 집안이 도덕과 윤리, 특히 효도를 중요하게 생각하고 시어머니는 매우 현명하고 마음이 너그러운 여성'이라는 결론을 내렸다. 만약 이 두 사람이 모두 자기 입장에서 문제를 바라보며 상대방이야 어떻게 되든 관계없이 자신의 이익만 최대화하려고 하면 어떻게 될까? 이 집안에 곧 '암투'가 벌어질 확률이 높다.

고부관계는 근본적으로 옳고 그름의 구분이 없으며 승패도 없다. 어차피 벌어질 암투와 전쟁이라면 이익을 최대화하고 위험을 최소화하는 것이 중요하다. 물론 양측이 모두 상대방의 입장에서 문제를 생각해보고, 차이를 인정하며 타협을 통해 화합과 공존을 추구하면 얼마나 좋겠는가? 하지만 한쪽이 관용적인 태도로 양보를 선택했는데 다른 한쪽은 무리하게 투쟁의 태도를 강화한다면 상황이 달라질 수밖에 없다. 상호작용의 환경 조건에 약간의 변화가 발생하면 두 사람은 그때마다 매우 민감하게 전략을 조정할 것이다.

사람이란 절대 완벽하게 이성적일 수 없다. 그러나 이성과 비이성이 적절하게 조화를 이루지 못하고 비이성이 이성을 주도한다면 일이 어떻게 될지 전혀 예측할 수 없다.

## 공유지의 비극

과거 영국은 '공유지 제도'를 채택했다. 이것은 봉건 지주가 자신의 영지 중에서 경작하지 않는 토지(공유지)를 목장으로 만들어서 목축민에게 무상으로 개방하는 제도다. 이것은 원래 자기 땅이 없는 농민들에게 혜택을 주기 위해 만든 제도였다. 농민들은 무상으로 운영하는 공유지에 최대한 많은 소와 양을 키우려고 했다. 그 결과 감당할 수 없을 정도로 가축이 많아져서 공유지는 얼마 지나지 않아 '불모지'로 전락하고 말았다. 그 안에서 기르던 소와 양들은 뜯어 먹을 풀이 없어서 모두 죽었다. 영국인들은 이 일을 '공유지의 비극'이라고 부른다.

'공유지의 비극'은 '인클로저 운동 enclosure movement'과도 관련이 있다. 15~16세기의 영국은 목초지, 삼림, 소택지 沼澤地 등이 모두 공공용지였다. 땅을 경작하는 사람은 있었지만 농작물을 수확한 후에는 울타리를 허물고 '공공 목장'으로 삼은 것이다. 당시 영국은 대외무

역의 확대와 더불어 목양업牧羊業이 크게 발전했다. 이런 이유로 엄청난 수의 양들을 공공용지에서 키웠다. 얼마 후, 양들이 그 안의 풀을 모두 뜯어 먹고 토질이 크게 악화되면서 다시 한 번 '공유지의 비극'이 출현했다. 얼마 후, 귀족들이 폭력적인 수단을 동원해서 불법으로 토지를 점유하고 공공용지 주변에 울타리를 쳐서 사유화하기 시작했다. 이것이 바로 유명한 '인클로저 운동'이다.

인클로저 운동 탓에 수많은 농민과 목축민이 생계를 유지하기 위해 경작하던 토지를 잃었다. 그 결과 영국에서는 '양이 사람을 먹어 치운다'고 풍자될 정도의 비극적인 일들이 벌어졌다.

여기까지는 역사책 속의 이야기다. 이제 역사책에 언급되지 않은 이야기를 해보자. 인클로저 운동으로 말미암은 진통이 잠잠해진 후에 영국인들은 놀랍게도 초지草地의 품질이 크게 향상된 것을 발견했다. 이는 곧 영국인 전체의 효용을 크게 끌어 올렸다.

곧 토지 재산권 제도가 확립되었다. 이렇게 해서 이전의 공유지가 개인의 사유지로 전환되자 토지 관리의 수준과 효율도 크게 올라갔다. 지주들은 이익을 최대화하기 위해 초지의 품질을 열심히 관리했다. 또한 가정이 생산 단위가 되면서 노동생산성의 효율 역시 상승했다. 이후 영국이 '해가 지지 않는 나라'로 위세를 떨친 것 역시 인클로저 운동에서부터 그 근원을 찾을 수 있다.

당신이 공유지에서 양을 기르는 목축민 1,000명 중 한 명이라고 가정해보자. 당신은 기르는 양의 수를 선택할 수 있다. 그런데 만약 다른 목축민들이 모두 양을 많이 기른다면 공유지 안의 풀이 빠른 속도로 사라질 것이다. 그렇다고 당신 혼자 양을 적게 길러봤자 해결될 문제도 아니다. 장기적으로나 단기적으로나 당신에게 가장 유리한 선택은 바로 '많은 양을 기르는 것'이다.

'공유지의 비극'은 결국 토지 재산권을 명확하게 함으로써 해결되었다. 누구나 크든 작든 자기 소유의 땅이 생기면 최선을 다해 토질을 관리하기 때문이다.

사람들은 거의 매일, 아니 매순간 오로지 자신에게 유리한 것과 불리한 것에 대해서 생각한다. 국가가 제공한 공공재는 어떻게 되든 관심이 없다.

## 관광객은 봉이다

유명 관광지나 기차역에서 파는 상품은 대체로 비싸다. 이뿐 아니라 종종 가짜 상품까지 섞여 있는 경우도 있다. 여행을 떠나면 그곳을 기념할 만한 무언가를 사고 싶다. 하지만 만약 터무니없이 비싸거나, 품질이 형편없는 물건이라면 사고 싶은 생각이 사라진다.

관광지의 상점들이 선택할 수 있는 전략은 두 가지다. 바로 고객에게 사기를 치는 것과 치지 않는 것이다. 관광객 역시 물건을 구매하거나 하지 않는 두 개의 선택이 있다. 그러면 다음과 같은 네 가지 상황이 출현 가능하다.

① 상점이 사기를 치지 않고, 관광객이 구매하는 경우: 상점의 효용은 5, 합리적인 가격에 물건을 구매한 관광객의 효용은 10이다.

② 상점이 사기를 치고, 관광객이 구매하는 경우: 안 좋은 상품을 높은 가격에 판 상점의 효용은 10, 구매한 상품에 만족하지 못한 관광객의 효용은 5다.

③ 상점이 사기를 치지 않고, 관광객이 구매하지 않는 경우: 물건을 팔지 못한 상점의 효용은 −5, 관광객의 효용은 0이다.

④ 상점이 사기를 치고, 관광객이 구매하지 않는 경우: 좋은 상품을 확보하는 비용이 들지 않은 상점의 효용은 0, 관광객의 효용 역시 0이다.

지금 당신이 여행 중인 관광객이라면 어떻게 하겠는가?

이상의 논리적인 분석을 할 수 있다면 당신은 절대 관광지에서 물건을 사지 않을 것이다. 구매 여부와 관계없이 상점 입장에서는 사기를 치는 쪽이 훨씬 유리하기 때문이다. 그래서 상점이 사기를 치기로 했다면 관광객은 물건을 구매하지 않는 편이 가장 좋은 선택이다. 실제로 여행을 다녀 보면 이런 결과를 눈으로 확인할 수 있다. 관광객이 상점 앞을 지나가면 호객꾼들이 목이 터져라 손님을 부르지만 막상 상점 안으로 들어가는 사람은 별로 없지 않은가?

이것은 양측 모두에게 안 좋은 결과다. 왜 이러한 일이 발생할까?

바로 이것이 '일회성 거래'이기 때문이다. 관광객이 물건을 구매한 후 다시 그곳을 방문하는 일은 많지 않다. 집에 돌아가서 가격이 터무니없이 비싸다거나 품질이 떨어지는 것을 발견할 수도 있다. 하지만 일부러 돈을 들여 여행지로 가서 상점에 '환불'을 요구하는 사람이 몇이나 있겠는가?

일회성 거래에서 불리한 것은 결국 소비자다. 그런데 만약 이 상점이 관광지가 아닌 어느 동네에 있다면 상황이 완전히 달라진다.

소비자가 상점 근처에 거주하면 한 번으로 끝나지 않고 여러 차례 상품을 구매할 가능성이 크다. 이때 상점이 사기를 친다면 고객은 절대 다시 이곳에 오지 않을 것이다. 그러므로 이 경우 상점은 반드시 '정직하고 합리적인 가격으로' 판매해야 한다.

거래가 무한히 반복될 가능성이 있을 경우에는 상점이 사기 행위에 대한 대가를 반드시 치러야 한다. 다시는 거래하지 않겠다는 고객이 많아질수록 고립되어 살아남기 어려워진다. 이는 곧 처참한 결과를 가져올 수 있기 때문에 대부분의 상점은 사기 행위를 선택하지 않는다.

## ; 멀리 있는 이익이 더 중요하다

### 뇌물을 받으려면 앞날을 생각하라!

미국의 어느 농촌 마을에 사는 아이가 있었다. 어느 날 그의 집을 방문한 이웃이 5달러와 10달러짜리 지폐를 보여주며 원하는 것을 고르라고 했다. 아이는 5달러짜리 지폐를 선택했다. 그러자 사람들은 바보 같다며 아이를 놀렸다. 어떤 사람들은 일부러 아이를 찾아와서 다시 지폐를 보이며 고르라고 했다. 아이는 그때마다 5달러짜리를 선택했고, 사람들은 재미있다며 웃었다. 이 이야기는 주변 마을에까지 퍼져나갔다.

수십 년이 지난 후, 이 아이는 미국의 대통령이 되었다. 한 기자가 대통령의 어릴 적 이야기를 듣고 질문했다.

"그 이야기가 사실인가요?"

"그렇습니다."

"왜 5달러를 선택했습니까?"

"처음에 10달러짜리 지폐를 선택했다면 누가 또 와서 지폐를 골라보라고 했겠습니까?"

이것이 일회성 게임이었다면 아이는 10달러짜리 지폐를 선택해야 했다. 그러나 그는 다시 게임을 할 것을 예상했기 때문에 5달러를 선택했다. 그의 예상은 정확히 맞았다. 이 아이는 멀리 있는 이익을 볼 줄 알았던 것이다.

전국시대 노나라 왕 목공穆公의 대신 공의휴公儀休는 원래 생선이라면 사족을 못 쓰는 사람이었다. 그래서 공의휴가 재상의 자리에 오르자 수많은 사람이 앞다투어 생선을 보냈다. 그러나 그는 이 생선들에 눈 한 번 돌리지 않고 하인들에게 모두 돌려보내라고 지시했다. 공의휴의 동생은 형의 행동을 이해할 수 없었다. 그도 그럴 것이 모두 전국 각지에서 최상품으로 꼽히는 생선들이었기 때문이다. 잡자마자 보낸 것이라 어찌나 싱싱한지 펄떡이다가 물통에서 튕겨 나오기까지 했다. 다시 잡아서 물통에 넣으려면 하인이 몇 명이나 달려들어야 할 정도였다. 답답한 동생은 공의휴에게 달려가 이렇게 물었다.

"형님은 그렇게 생선을 좋아하시면서 어찌 한 마리도 받지 않으십니까?"

"내가 생선을 무척 좋아하는 탓에 사람들이 보낸 생선을 받지 않는 것이다."

"무슨 말씀이십니까?"

"너는 이들이 나를 좋아해서 생선을 보냈다고 생각하느냐? 그렇지 않다. 그들이 좋아하는 것은 재상이 손에 쥔 권력이다. 그들은 내가 이 권력으로 자신들을 편애하고 다른 사람들을 배척하기를 바란다. 사람들이 보낸 생선을 먹으면 그들이 원하는 일을 처리해주어야 한다. 이런 식으로 법을 집행하면 절대 공정할 수 없다. 내가 생선을 먹고 불공정한 행동을 했다면 조만간 재상의 자리도 잃을 것이다. 그때는 아무리 생선이 먹고 싶어도 보내는 사람이 없을 뿐 아니라 직접 사 먹을 녹봉도 사라진다. 지금 생선을 받지 않는 것은 공정하게 일을 처리하기 위해서 파직당하지 않으려는 것이다. 너도 알다시피 나는 생선을 무척 좋아한다. 그러니 내가 직접 사 먹어야겠다. 그래야만 앞으로도 계속 생선을 사먹을 수 있기 때문이다. 다른 이에게 기대는 것보다는 스스로 하는 것이 제일 좋은 법이다."

부패한 공무원은 뇌물을 받으면서 이것이 자신의 미래에 얼마나 커다란 영향을 미칠지 생각하지 않는다. 세상에는 비밀도, 완전범죄도 없다! 자신의 앞날을 생각하지 않고 돈의 유혹을 참지 못하는 탐관오리들이야말로 세상에서 가장 무지한 인간들이다.

### 잘해야 오래할 수 있다

한漢과 당唐의 도읍이었던 장안長安에 약국을 하는 송청宋淸이라는 사람이 있었다. 그는 누구에게나 친절하고 인정이 넘치며 좋은 약을 팔기 때문에 먼 곳까지 이름이 퍼져나갔다.

송청은 약재를 고를 때 매우 엄격했다. 그는 좋은 약에 기꺼이 높은 값을 쳐주었다. 또 약초를 팔러온 사람들에게 언제나 예의를 갖추었으며 맛있는 식사를 대접했다. 멀리서 온 사람이면 자신의 집에서 하룻밤 묵고 갈 수 있도록 배려했다. 그래서 약초를 캐는 사람들이라면 모두 송청에게 약재를 팔고자 했다.

약이 좋다보니 손님도 많았다. 송청이 파는 약은 단 한 번도 문제가 발생한 적이 없었기 때문에 모두 그를 깊이 신뢰했다. 또 병자가 돈이 없을 때는 "병을 고쳐 사람을 구하는 것이 우선이지. 약값은 언제든 돈이 생기면 와서 계산해도 되네"라고 따뜻하게 말했다.

　송청은 외상으로 약을 가져간 사람이 1년이 지난 후에도 돈이 없어 갚지 못해도 독촉하지 않았다. 그리고 매년 말에 그 해의 외상 장부를 모두 태워 없앴다. 이런 이야기가 전해질 때마다 사람들은 입을 모아 그의 인품을 칭찬했다.

　물론 그를 비웃는 사람도 있었다. "송청이라는 사람은 분명히 머리에 문제가 있어. 아니라면 어찌 그렇게 바보 같은 일을 하는가!"

　이런 이야기를 들을 때마다 송청은 이렇게 말했다.

　"나는 내가 바보 같다고 생각하지 않습니다. 약을 팔아 돈을 버는 것은 가족이 편하게 사는 데 필요하기 때문입니다. 내 식솔들은 지금 잘 살고 있으니 이것으로 되었습니다. 40여 년 동안 약을 팔면서 외상 장부를 수없이 많이 태웠습니다. 이들은 돈을 갚지 않으려고 한 것이 아닙니다. 어떤 사람은 나중에 관리가 되어 돈을 번 후에 나를 찾아와 돈을 갚았습니다. 외상 장부를 가지고 있든 태우든 돈을 갚을 사람은 모두 갚습니다. 끝까지 안 갚은 경우는 많지 않습니다. 돈이 없는 사람의 앞뒤 사정을 봐주지 않고 계산만 독촉한다면 어느 누가 우리 집에 와서 약을 사겠습니까? 선한 마음으로 사람들을 대하면 그들의 신뢰를 얻을 수 있습니다. 사람들은 신뢰하는 사람을 찾아오게 되어 있습니다. 이것은 억만금을 주어도 살 수 없는 정情입니다."

　이처럼 송청은 좋은 품성으로 사람들의 신뢰를 얻었고 많은 존경을 받았다. 그의 사업 역시 점점 더 번창해서 장안 최고의 부자 중 한 명이 되었다.

일회성 거래가 아니라면 계산을 독촉하는 것은 결코 좋은 선택이 아니다. 선한 마음으로 사람을 대할 때 얻을 수 있는 것, 예를 들어 명예와 존경 등을 놓칠 수 있기 때문이다. 지금 당장은 조금 손해를 보더라도 시선을 멀리 두어야 한다. 조금만 기다리면 더 많은 것을 얻을 수 있기 때문이다.

몇 그루의 나무를 버려 숲 전체를 얻을 수 있다는 사실을 명심해야 한다.

### 거짓말에는 대가가 따른다

다음은 이솝 우화의 '양치기 소년' 이야기다.

옛날에 한 양치기 소년이 있었다. 그는 매일 양떼를 몰고 산으로 가서 풀을 뜯게 했다.

어느 날, 소년은 너무 심심해서 '뭐 재미있는 일이 없을까?'를 곰곰이 생각했다. 그리고 산 아래 밭에서 일하는 농부들을 보고 큰소리로 외쳤다.

"늑대다! 늑대가 나타났어요! 도와줘요!"

농부들은 이 소리를 듣고 깜짝 놀라서 곁에 있는 곡괭이와 낫을 들고 산 위로 뛰어 올라갔다.

"걱정 말거라! 우리가 가서 늑대를 쫓아주마!"

잠시 후, 농부들이 산 위에 도착했다. 전속력으로 달린 그들은 숨이 턱까지 차서 헉헉거리면서도 사방을 둘러보며 늑대를 찾았다. 그러나 늑대는 그림자조차 없었다! 이 모습을 본 양치기 소년은 큰소리로 웃으며 말했다.

"하하하! 정말 재미있어요! 다들 속았죠?"

농부들은 크게 화를 내며 산 아래로 내려갔다.

다음날, 또 심심해진 소년은 전날과 똑같은 거짓말을 반복했다. 착한 농부들은 이번에도 늑대를 쫓으러 산 위로 올라왔다. 그러나 이번에도 늑대는 없었다.

양치기 소년은 웃느라 허리도 제대로 피지 못했다. "하하하! 또 속다니!"

농부들은 자꾸 거짓말을 하는 양치기 소년에게 단단히 화가 나서 앞으로는 절대 그의 말을 듣지 않기로 했다.

며칠 후, 소년이 양떼를 풀어 놓은 곳에 진짜 늑대가 나타났다. 그는 공포에 질려서 온힘을 다해 산 아래의 농부들을 향해 소리쳤다.

"늑대가 나타났다! 도와주세요! 정말로 늑대가 나타났다고요!"

농부들은 소년이 외치는 소리를 들었지만 거짓말이라고 생각했기 때문에 신경도 쓰지 않았다. 결국 소년의 양은 모두 늑대에게 죽임을 당했다.

다른 사람을 속이면 신뢰라는 커다란 대가를 치러야 한다.

중국 역사에도 '양치기 소년' 같은 일이 실제로 있었다. 바로 서주西周의 유왕幽王이 '봉화로 제후들을 희롱'한 이야기다.

유왕은 정치에는 관심이 없고, 매일 여흥을 즐기며 주색酒色만 탐했다. 그는 젊고 아름다운 애첩 포사褒姒에게 빠져 정비正妃인 신후申后를 폐하고 포사를 정비로 삼았다.

겉모습은 아름다우나 성격이 괴팍했던 포사는 아무리 재미있는 일이 있어도 잘 웃지 않았다. 유왕은 크게 걱정하며 포사에게 말했다.

"왕후는 이처럼 아름다우니 작은 미소만 지어도 주변 사람을 크게 감동시킬 것이오."

"폐하, 저는 아기였을 때부터 웃는 것을 좋아하지 않았으니 이상하게 여기지 마십시오."

유왕은 이 말을 믿지 않고 반드시 그녀를 웃게 만들겠다고 마음먹었다. 얼마 후, 그는 온 나라 곳곳에 "새로운 왕후를 웃게 하는 사람에게 상금 1천 냥을 주겠다"라고 알렸다.

이 소식이 전해지자 사람들이 왕궁으로 몰려들었다. 그중에는 혀를 길게 빼고 눈알을 뒤집는 등 괴상한 얼굴을 해 보이는 사람도 있었고, 황당무계한 이야기를 하는 사람도 있었지만 포사는 여전히 웃지 않았다.

유왕의 대신 중에는 괵석보虢石父라는 사람이 있었다. 그는 평소에도 아첨으로 유왕의 눈과 귀를 가리는 간신이었다. 이번에도 그는 꾀를 내어 '봉화로 제후들을 희롱'해서 왕후를 웃게 하자고 제안했다. 옛날에는 적이 보이면 즉각 봉화대에 알렸다. 각 제후국에 봉화대가 있어서 하나가 불을 붙이면 이를 본 옆 제후국도 봉화대의 불을 붙여 다음 제후국에 알렸다. 낮에는 불꽃이 잘 보이지 않으니 햇볕에 말린 늑대의 똥에 불을 붙여 '늑대 연기'로 위험을 알렸다. 또 밤에는 땔감에 불을 붙였다. 이런 식으로 봉화대에서 봉화대로 신호가 전해지면 각국의 제후들이 군사를 이끌고 왕을 구하러 왔다.

유왕은 괵석보의 계획을 듣고 무척 재미있어 하며 실행에 옮기기로 했다. 날씨가 아주 좋은 어느 날, 유왕은 포사를 데리고 성루로 올라갔다. 가장 높은 곳에 서니 먼 곳의 산과 물까지 모두 한 눈에 내려다보였다. 유왕은 봉화에 불을 붙이라고 명령했다. 잠시 후 늑대 연기가 하늘 높이 피어올랐다. 늑대 연기가 봉화대에서 봉화대로 전해졌다. 이를 본 제후들은 오랑캐가 침입했다고 여기고 급하게 군사와 말을 준비해 도읍 호경(鎬京)으로 왔다. 그런데 오랑캐는 한 명도 보이지 않고, 저 높이 성루 위에서 유왕과 포사가 술을 마시며 여흥을 즐기고 있는 것이 아닌가? 어찌된 영문인지 몰라 어리둥절해하는 제후들의 모습을 본 포사는 크게 웃었다. 유왕은 포사가 웃는 것을 보고 매우 기뻐하며 괵석보에게 상금 1천 냥을 내렸다. 제후들은 그제야 자신들이 희롱당한 것을 알고 분노했다.

얼마 후, 폐위된 정비 신후의 아버지가 유왕에 앙심을 품고 군사를 일으켜 반란을 도모했다. 유왕은 깜짝 놀라 봉화에 불을 붙여 제후들에게 도움을 요청했다. 그러나 제후들은 이 또한 유왕과 포사의 '놀이'라고 여기고 움직이지 않았다.

결국 호경이 반란군에 함락되었다. 유왕은 리산驪山 아래까지 도망갔지만 결국 죽임을 당했고, 포사 역시 반란군에 끌려가 죽었다.

같은 자리에서 두 번이나 넘어지고 싶은 사람은 없다. 당신이 어떠한 의도를 가지고 다른 사람을 속인다면 그는 평생 이 일을 기억할 것이다. 인연을 끊을 생각이 아니라면 반드시 정직하고 신중하게 상대를 대해야 한다.

## 제8장
# 논리 실전 훈련

# 생각을
# 연습하라!

논리적 사유는 일종의 기술이다. 이것은 선천적으로 타고나는 소질이 아니며 후천적인 학습과 훈련을 통해서만 익힐 수 있다. 이 장에서는 논리적 사유의 기술을 이해하고, 실제로 응용하는 연습을 해보자.

## 더 많이 변론하라! 논쟁을 줄이고, 궤변은 버려라!

'논리적인 대화'의 첫 번째 전제는 '양측이 모두 이성적으로 대화하고자 한다'이다. 그러나 우리 주변에는 이성적으로 대화하려는 사람이 생각보다 많지 않다. 어떻게 하는지 몰라서 안 하는 사람도 있고,

상대방을 거칠게 몰아붙이려고 일부로 안 하는 사람도 있다.
　다음의 이야기는 몰라서 안 하는 경우다.
　한 어머니가 아들이 늦게까지 자지 않는 것을 보았다. 그녀는 아들이 수면 부족으로 체력이 떨어질까봐 걱정되어 이제 그만 들어가 자라고 말했다.
　"벌써 11시야. 이제 그만 자야지!"
　"아직 숙제를 다 못했어요."
　"이렇게 늦었는데 아직도 못했다고?"
　"숙제가 많아서요."
　"내가 어제 너희 반의 다른 아이에게 물어봤어. 그 아이는 매일 저녁 10시 전에 숙제를 끝낸다고 하더구나."
　"사람마다 상황이 다르잖아요. 왜 다른 사람과 비교하세요?"
　"네가 이렇게 늦게까지 숙제를 못했으니 그렇지. 이게 말이 되니?"
　"제가 오늘 저녁 내내 숙제하는 거 보셨잖아요. 놀지도 않았다고요."
　"아니야. 방금 전에 30분 동안 인터넷했잖아."
　"숙제하려고 자료 찾은 거예요."
　"어떻게든 이유를 갖다 붙이는구나."
　"그럼 믿지 마세요."
　"너를 사랑해서 하는 말이잖아. 어쩜 그렇게 철이 없니?"
　아들은 결국 귀를 막고 어머니의 말을 듣지 않았다.
　이 어머니는 이성적인 대화를 진행하는 방법을 몰랐다. 그래서 좋은 뜻으로 시작한 대화가 논쟁이 되어버리고 만 것이다. 이런 상황은 일상에서 아주 흔히 발생한다.

이 책에서 말하는 변론이란 다른 사람과의 변론뿐 아니라 자신과의 변론도 포함한다. 굳게 믿어 의심치 않는 관점을 변론의 대상으로 삼아보자. 그리고 이 관점에 대해 사실과 논리를 이용해서 반박해보는 것이다. 반박하는 데 성공한다면 왜 이러한 관점이 생겼는지 생각해보면 된다. 혹시 비이성적인 이유 때문에 형성된 것은 아닐까?

이외에도 각종 '토론대회'를 눈여겨보는 것도 좋다. 특히 참가자들이 정말 제대로 된 토론을 하는지, 혹시 논쟁을 벌이거나 궤변을 늘어놓는 것은 아닌지 살펴보자. 만약 그들의 하는 말이 논쟁이나 궤변으로 느껴진다면 그 논리적 허점이 어디에 있는지 생각해보면 된다. 또한 양측이 각각 논제에 대해 어떠한 관점을 가지고 있는지 보고, 이러한 관점들이 사실과 논리의 기초 위에 성립되었는지 확인하자.

## 끊임없이 질문하고 다양한 각도로 생각하라!

일상에는 권위나 전통처럼 '항상 그래왔던 것'으로 여겨지는 일들이 있다. 어느 날 당신은 이런 일들이 사실과 맞지 않거나 논리적 허점이 있는 것을 발견할지도 모른다. 그러면 주저하지 말고 자신에게 질문을 던져야 한다. 설령 당신이 틀렸다는 결론이 나오더라도 이를 통해 스스로 부족한 부분을 채울 수 있다.

질문하는 능력을 갖추려면 우선 관찰을 잘할 줄 알아야 한다. 평소에 주변의 각종 사물에 대해 주의를 기울이고, 사물과 사물 사이의 공통점과 차이점을 찾아보자. 사물에 대해 세심하게 관찰하기만 해도 그 핵심을 발견하고 새로운 결론을 이끌어낼 수 있다. 이것이 귀납歸納이다. 관찰과 귀납을 반복함으로써 논리적 사고방식을 훈련할 수 있다.

샤오왕은 손전등의 건전지를 거의 다 쓴 것 같아 새 건전지 두 개를 사왔다. 그런데 막상 바꾸려고 하니 기존의 건전지에 아직 약간의 전력이 남아 있어서 그냥 버리기가 아까웠다. 결국 그는 헌 건전지 하나와 새 건전지 하나를 손전등에 넣었다. 그렇게 하면 헌 건전지가 '남은 힘을 발휘'할 것 같았기 때문이다.

손전등은 며칠 지나지 않아 다시 크게 어두워졌다. 화가 난 샤오왕은 건전지를 산 가게에 가서 불량품 아니냐고 따졌다. 점원은 자초지종을 듣고서 이렇게 대답했다. "손님, 이것은 새 건전지가 불량이라서가 아니라 잘못된 방법으로 사용해서 일어난 일입니다."

그렇다. 샤오왕은 건전지에 관한 아주 간단한 지식도 몰랐던 것이다. 그저 헌 건전지를 버리는 것이 아까운 마음에 결국 새 건전지마저 못 쓰게 만들었다.

현대인들은 어렸을 때부터 각종 시험을 치르면서 성장한다. 이런 시험들은 대부분 표준화되어서 단 하나의 정답만 있다. 이것은 우리가 논리적 사유 능력을 기르는 데 장해물이 되었다. 표준화된 시험은 대부분 기억력을 측정하는 것이어서 다양한 각도의 사고가 필요 없다. 그런데 살다보면 아주 복잡하고 다양한 가설을 세워서 가장 좋거나 합리적인 답안을 찾아내야 할 일들이 있다. 이때 단 하나의 답안에 익숙한 사람들은 어찌할 바를 모르고 당황하다가 속수무책으로 피해를 당하기도 한다. 바로 이런 이유로 반드시 논리적 사유 능력을 활발하게 만들어야 하는 것이다.

단체사진을 찍어본 적 있는 사람이라면 모든 사람이 눈을 뜨고 있을 때 셔터를 누르는 일이 얼마나 어려운지 잘 안다. 그래서 사진 찍는 사람들이 큰소리로 "하나, 둘, 셋!"을 센다.

그런데 단체사진을 주로 찍는 전문 사진사에 따르면 이처럼 숫자를 세는 전통적인 방법이 문제를 완벽하게 해결할 수는 없다고 한다. 그에 따르면 어떤 사람은 계속 눈을 잘 뜨고 있다가도 이상하게 "하나, 둘, 셋!"이라고 말하기만 하면 주의력이 흐트러진다. 또 어떤 사람은 심지어 "셋!"을 외치는 순간에 딱 맞춰 눈을 감기도 한다.

그는 이 문제를 해결하기 위해 생각의 각도를 조금 바꾸어 큰 효과를 보았다. 사진사는 우선 사람들에게 모두 눈을 감으라고 했다. 그리고 자신이 "하나, 둘, 셋!"을 외칠 테니 "셋!"을 하는 순간 눈을 뜨라고 했다. 그 결과 눈을 감은 사람이 한 명도 없이 모두가 만족하는 좋은 사진이 나왔다고 한다.

생각의 각도를 조금만 바꾸면 의외로 어려운 문제가 술술 풀린다. 이것이 논리적 사유를 훈련하는 좋은 방법이다. 생각을 더욱 활발하게 하고, 주변 사물에 대해 열정과 호기심을 잃지 말자. 그러면 그 안에서 규율을 발견하고 본질을 읽게 될 것이다.

## ; 비이성을 극복하라!

비이성이란 사랑이나 신앙 같은 긍정적인 감정뿐 아니라 분노, 질투, 원한 등의 부정적인 감정까지 모두 포함한다.

어느 늦은 밤, 고속도로를 달리던 자동차의 타이어에 구멍이 났다. 운전자가 급히 한쪽으로 차를 세우고 내려서 살펴보았더니 한쪽 타이어가 완전히 내려앉아 있었다. 그는 예비용 타이어로 교체하려고 했지만 자동차를 들어 올릴 때 사용하는 잭jack을 찾을 수가 없었다. 늦은 시간인데다 한적한 고속도로라 한참을 기다렸는데도 지나가는 차 한 대 없었다. 이때 그의 눈에 저 멀리 길가에 불이 켜진 집이 보였다. 운전자는 일단 운에 맡겨보기로 하고 그 집으로 향했다.

그는 걸어가면서도 계속 생각했다. '저 집에 사람이 없으면 어쩌지? 사람은 있어도 잭이 없으면 어떻게 하나? 어쩌면 사람도 있고,

잭도 있는데 빌려주지 않을 수도 있어…….'

그런데 생각을 하면 할수록 슬슬 화가 치밀어 오르더니 집 앞까지 도착했을 때는 무척 흥분한 상태가 되었다. 운전자가 씩씩거리며 문을 두드리자 주인이 나왔다. 그는 주인을 보자마자 달려들어 이렇게 소리쳤다. "잭 하나 가지고 무슨 유세를 그렇게 부려?"

늦은 밤에 봉변을 당한 주인은 그를 미친 사람이라고 생각하고 급히 집으로 들어가 문을 잠갔다.

이 운전자는 논리적인 사고 능력이 극히 부족한 사람이었다. 비이성은 그의 사고 능력까지 마비시켜 바보 같은 행동을 하게 만들었다. 논리적 사유를 훈련하면 내면의 비이성적인, 특히 부정적인 감정을 극복하는 데 큰 도움이 된다.

한 사람이 사막에서 낡은 램프 하나를 주웠다. 램프를 깨끗하게 닦자 그 안에서 램프의 신이 나오더니 이렇게 말했다. "저를 구해주셔서 감사합니다. 제가 당신의 소원을 하나 들어드리겠습니다. 한 가지 기억하셔야 할 것이 있습니다. 무슨 소원을 말씀하시든 그 두 배에 해당하는 일이 당신의 이웃에게 일어날 것입니다."

그는 이 말을 듣고 매우 기뻐하며 어떤 소원을 말할지 한참동안 고민했다. 그런데 문득 이런 생각이 들었다. '내가 땅을 받으면 이웃은 나보다 두 배나 큰 땅을 받겠지. 금은보화 한 상자를 달라고 하면 이웃은 두 상자를 받을 테고. 미녀 한 명을 말하면 이웃은 미녀 두 명을……'

생각할수록 이웃은 한 일도 없는데 이처럼 큰 이익을 얻는 것이 괘씸했다. 잠시 후, 그는 큰 결심을 한 듯이 이렇게 말했다. "저를 절반 정도 죽을 만큼 때려 주십시오."

질투의 감정이 없는 사람은 없다. 램프를 주운 사람의 이야기는 무슨 일을 할 때 질투 때문에 얼마나 터무니없는 일이 일어나는지 매우 잘 보여준다.

우리는 반드시 내면의 비이성을 극복해야 한다. 그래야만 논리적 사유 능력이 크게 발전할 수 있다.

## ;논리적 사고를 연습하라!

논리적 사고 능력을 키우려면 많은 연습이 필요하다. 어떤 일에 대해 머리를 쥐어짰을 때, 종종 "아! 뇌세포가 파괴된 것 같아!"라고 말하기도 한다. 그러나 사실 인간의 뇌는 몸의 근육과 마찬가지로 사용할수록 발달하기만 하지 절대 파괴되지 않는다. 그러므로 반드시 의식적으로 논리적 사고를 연습하면 뇌 발달에도 큰 도움이 될 것이다. 다음은 고전적인 논리적 사고 훈련 문제들이다.

## 문제 1. 대체 누가 살인범인가?

한 탐험대가 사하라 사막을 관통하는 중에 모래 폭풍을 만났다. 다행히 부상자는 없었지만 정신없이 피하는 중에 보급품을 모두 잃고 남은 것은 각자 몸에 지닌 수통 하나뿐이었다. 그날 저녁, 탐험대원 A는 동료 C를 죽이기로 결심하고 C가 잠들었을 때 그의 수통 안에 독을 넣었다. 한편 탐험대원 B 역시 C를 죽이려 했다. 그는 C의 수통에 작은 구멍을 뚫어 물이 조금씩 새도록 해서 목말라 죽게 할 생각이었다. 물론 B는 A가 C의 수통에 독을 넣은 일은 전혀 모르고 있었다. 그날 밤, C의 수통 안에 있는 물이 모두 샜다. 며칠 후 C는 갈증을 이겨내지 못하고 목말라 죽었다. C의 죽음은 누구의 책임일까?

참고답안: ① 살인범은 B다. C는 독살당한 것이 아니라 목이 말라 죽었기 때문이다. A가 독을 넣지 않았더라도 어차피 B의 행동 때문에 죽었을 것이다. ② 살인범은 A다. B의 행동은 C의 사망이라는 최종 결과와 직접적인 연관이 없을 수도 있었다. A가 독을 넣었기 때문에 B가 수통에 구멍을 뚫지 않았어도 C는 어차피 사망했다.

당신은 누가 살인범이라고 생각하는가? 이 문제는 아마 영원히 결론 나지 않으리라고 본다. 나는 개인적으로 둘 중 한 명이 C의 죽음에 책임져야 한다면 A라고 생각한다. B가 한 행동으로 C는 독이 든 물을 마시지 못했다. 진심에서 우러나온 행동이든 아니든 B는 C를 죽인 것이 아니라 오히려 그의 생명을 연장한 셈이다. 물론 이 의견에 반박하는 사람도 있을 수 있다. 그들은 물이 새어버려서 C가 독이 든 물을 한 모금도 마시지 않았는데 어떻게 A에게 죄를 씌울 수 있냐는 이유에서다.

결국 이것은 모두의 합의를 이끌어내기가 무척 어려운 문제다. 그러나 도덕, 법률, 인과관계 등 몇 가지 영역의 논리와 지식을 끌어와서 다각도로 사고할 만한 문제인 것만은 틀림없다. 도덕적인 관점에서 보면 A와 B 두 사람은 모두 살인의 동기가 있다. 그러나 법률은 동기가 아니라 결과만 보기도 한다. 동원할 수 있는 모든 지식과 논리적 사고 능력으로 이 문제를 깊이 사고해보자.

### 문제 2. 탐험가의 위치

이 역시 매우 잘 알려진 문제로 지금까지 무척 다양한 답변이 나왔지만 아직 완벽하다고는 할 수 없다.

한 탐험가가 어느 지역에 깃발 하나를 꽂은 후에 이곳에서부터 다시 남쪽으로 100미터를 이동했다. 그런 후에 다시 동쪽으로 100미터를 갔다. 이때 그는 깃발이 자신의 정북방향에 있는 것을 발견했다. 이 탐험가가 깃발을 꽂은 곳은 어디인가?

참고답안: 가장 일반적인 답안은 '북극점'이다. 왜냐하면 북극점에서는 모든 방향이 남쪽이기 때문에 깃발이 북극점에 있고 탐험가가 깃발의 남쪽 100미터 지점에서 다시 동쪽으로 100미터를 갔어도 깃발은 여전히 그의 정북방향인 것이다.

그러나 이것이 유일한 답은 아니다. 엄밀히 말하면 이 문제의 답은 무궁무진하다. 예를 들어 남극점에 근접한 어느 지역을 관통하는 위선緯線은 그 둘레가 정확히 100미터다. 그렇다면 탐험가가 깃발을 이 위선에서 북쪽으로 100미터 떨어진 지점에 꽂은 것일 수도 있다. 이때 그가 깃발에서 남쪽으로 향해 100미터 걸어가면 정확히 이 위선에 도착하게 된다. 그리고 이 위선을 따라 동쪽으로 100미터 이동하면 남극점을 둘러싸고 한 바퀴를 돈 셈이다. 그럼 아까 출발한 곳에 도착한 것이니 깃발이 정북방향에 있는 것이다. 같은 이치로 위선의 둘레가 50미터, 혹은 25미터인 경우도 가능하다. 남극점을 둘러싸고 두 바퀴, 혹은 네 바퀴만 돌면 되기 때문이다.

### 문제 3. 데이트를 하는 방법

무척 아름다운 여성이 있었다. 그녀는 많은 남성으로부터 데이트 신청을 받았지만 수줍음이 너무 많은 성격 탓에 매번 거절했다. 그녀의 취미는 논리학으로 다양한 문제를 골똘히 생각하는 것을 즐겼다. 어느 날, 역시 논리학에 푹 빠진 한 남성이 그녀에게 관심을 보였다. 그는 그녀와 데이트할 방법을 궁리하다가 묘책을 떠올리고 신이 났다.

"제가 두 가지 질문을 할게요. 당신은 '네, 아니오'로만 대답할 수 있습니다. 미리 이야기하지만 질문을 잘 듣고 신중하게 생각한 후에 대답해야 해요. 답변은 모두 논리적이어야지 서로 모순되어서는 안 됩니다. 논리학을 좋아하시니 무슨 말인지 알겠죠?"

여성은 재미있어하며 흔쾌히 말했다. "좋아요! 질문해보세요."

당신이 이 남성이라면 어떤 질문을 했을까? 어떻게 질문해야 이 여성과 데이트할 수 있을까?

참고답안: ① 첫 번째 질문: "두 번째 질문이 '나와 데이트하겠어요?'라면 당신의 대답이 이 질문의 대답과 같을까요?" ② 두 번째 질문: "나와 데이트하겠어요?"

첫 번째 질문의 대답이 '네'라면 두 번째 질문의 질문도 '네'여야 한다. 이 경우 그는 그녀와 데이트할 수 있다. 첫 번째 질문의 대답이 '아니오'라면 두 번째 질문의 대답은 반드시 '네'여야 한다. 즉, 그는 이번에도 그녀와 데이트할 수 있다.

어쩌면 더 기발한 질문이 있을지도 모른다. 모두 머리를 굴려 생각해보길 바란다.

## 문제 4. 사람일까, 뱀파이어일까?

사람과 뱀파이어가 공존하는 기괴한 섬이 있었다. 어느 해에 이 섬에 전염병이 돌면서 절반의 사람과 절반의 뱀파이어가 모두 실성하는 일이 일어났다. 이렇게 해서 이 섬에는 '정상인 사람, 실성한 사람, 정상인 뱀파이어, 실성한 뱀파이어' 이렇게 네 종류의 주민이 살게 되었다. 겉으로 봐서는 전혀 구분할 수 없다.

다만 정상인 사람은 항상 진실을 말하고 실성한 사람은 항상 거짓을 말한다. 뱀파이어는 이와 반대다. 정상인 뱀파이어는 항상 거짓을 말하고, 실성한 뱀파이어는 항상 진실을 말한다. 섬의 주민들은 모두 '네, 아니오'로만 대답한다.

어느 날, 한 논리학자가 이 섬을 방문했다. 그는 가장 처음 만난 주민 P가 네 종류의 주민 중 어디에 속하는지 알고 싶었다. 논리학자는 첫 번째 질문으로 우선 P가 사람인지 뱀파이어인지 알아냈다. 그리고 두 번째 질문으로 정상인지, 실성했는지 파악했다. 논리학자는 어떻게 질문했을까?

참고답안: ① 첫 번째 질문: "당신은 정상인가요?" 이때 P의 대답이 '네'라면 사람이고, '아니오'라면 뱀파이어다. 아니면 "당신은 실성했나요?"로 물어도 된다. 이때 P의 대답이 '아니오'라면 사람이고, '네'라면 뱀파이어다. ② 두 번째 질문: "당신은 뱀파이어인가요?" 이

때 P의 대답이 '네'라면 실성한 것이고, '아니오'라면 정상이다. 아니면 "당신은 사람인가요?"로 물어도 된다. 이때 P의 대답이 '네'라면 정상이고, '아니오'라면 실성한 것이다.

### 문제 5. 길을 묻는 방법

천당과 지옥으로 가는 갈림길이 있다. 길이 갈라지는 곳에 두 사람이 서 있는데 한 명은 천당에서, 다른 한 명은 지옥에서 왔다. 천당에서 온 사람은 진실만을, 지옥에서 온 사람은 거짓만을 말한다. 여기까지는 당신이 아는 내용이다. 문제는 누가 천당에서 왔는지, 누가 지옥에서 왔는지 모르는 것이다.

지금 당신은 천당으로 가려고 한다. 그러나 길을 모르기 때문에 반드시 이들에게 물어보아야 한다. 질문의 기회는 단 한 번뿐이다. 어떻게 물어야 할까?

참고답안: ① 첫 번째 방법은 둘 중 아무에게나 "제가 저분에게 '천당에 가려면 어느 길로 가야 하나요?'라고 묻는다면 잘 알려주실까요?"라고 질문하면 된다. 그리고 대답과 반대로 가면 천당으로 갈 수 있다. ② 두 번째 방법은 둘 중 아무에게나 한 쪽 길을 가리키면서 "저분이 이 길을 천당으로 가는 길이라고 말할까요?"라고 질문하면

된다. 눈치 챘겠지만 이 경우 두 사람은 모두 사실과 반대되는 대답을 할 것이다. 즉, 당신이 가리킨 길이 천당으로 가는 것이었다면 두 명 모두 '아니오'라고, 지옥으로 가는 것이었다면 '네'라고 할 것이다. 물론 이와 유사한 방식으로 다르게 물어볼 수도 있다.

## 문제 6. 누가 누구인가?

요정 A, B, C가 있다. 셋 중 하나는 항상 진실만, 다른 하나는 항상 거짓만 말한다. 그리고 나머지 한 명은 그때그때 다르게 대답한다. 지금 당신은 항상 진실 혹은 거짓말만 하는 요정과 때마다 다른 대답을 하는 요정이 누구인지 알아내야 한다. 그런데 이들은 항상 'Da' 혹은 'Ja'로 대답하지만 당신은 둘 중 어느 것이 '네' 혹은 '아니오'인지 모른다. 기회는 세 번뿐이다. 어떻게 질문해야 할까?

참고답안: 상당히 어려운 문제다. ① A에게 첫 번째 질문을 해보자. "내가 너에게 두 개의 질문을 한다고 가정해보자. 하나는 'Da가 옳다는 의미니?'고, 다른 하나는 '만약 내가 너에게 '너는 진실만 말하는 요정이니?'와 'B는 때마다 다르게 말하는 요정이니?'라고 묻는다면 대답은 같니?'야. 이 두 질문에 대한 대답이 같니?" 만약 A가 진실 혹은 거짓을 말하는 요정이고 대답이 Da라면, B가 때마다 다르

게 말하는 요정, C가 진실 혹은 거짓을 말하는 요정이다. 만약 A가 진실 혹은 거짓을 말하는 요정이고 대답이 Ja라면, B는 때마다 다르게 말하는 요정이 아니라 진실 혹은 거짓을 말하는 요정이다. 만약 A가 때마다 다르게 말하는 요정이라면, B와 C는 모두 때마다 다르게 말하는 요정이 아니다. 그러므로 A가 누구든 관계없이 그의 대답이 Da라면 C가 진실 혹은 거짓을 말하는 요정, 대답이 Ja라면 B가 진실 혹은 거짓을 말하는 요정이 된다. B가 진실 혹은 거짓을 말하는 요정이라고 가정해도 무방하다. ② 이번에는 B에게 두 번째 질문을 하자. "내가 너에게 두 개의 질문을 한다고 가정해보자. 하나는 'Da가 옳다는 의미니?'고, 다른 하나는 '로마는 이탈리아에 있니?'야. 이 두 질문에 대한 대답이 같니?" B가 진실을 말하는 요정이라면 Da라고, 거짓말을 하는 요정이라면 Ja라고 대답할 것이다. 그러므로 B의 대답으로 그가 어떤 요정인지 알 수 있다. ③ 다시 B에게 세 번째 질문을 하자. "내가 너에게 두 개의 질문을 한다고 가정해보자. 하나는 'Da가 옳다는 의미니?'고, 다른 하나는 'A가 때마다 다르게 대답하는 요정이니?'야. 이 두 질문에 대한 대답이 같니?" B가 진실을 말하는 요정이고 대답이 Da라면 A가 때마다 다르게 말하는 요정, C가 거짓말을 하는 요정이 된다. 만약 그의 대답이 Ja라면 C가 때마다 다르게 말하는 요정, A가 거짓말을 하는 요정이다. B가 거짓말을 하는 요정이고 대답이 Da라면 A가 아니라 C가 때마다 다르게 말하는 요정이다. 그러면 A는 진실을 말하는 요정이 된다. 만약 그의 대답이 Ja라면 A

는 때마다 다르게 말하는 요정이고, C는 진실을 말하는 요정이다.

## 문제 7. 방 찾아가기

 어느 음식점의 특실 세 곳에 모두 손님이 있다. 각각 남자 두 명, 여자 두 명, 그리고 부부다. 직원들은 음식과 서비스를 정확하게 제공하기 위해서 방문 앞에 '남남', '남녀', '부부'라는 쪽지를 써 붙였다. 그런데 장난을 좋아하는 직원이 쪽지를 모두 바꾸어서 전부 사실과 다르게 붙여놓았다.
 음식을 가져가야 하는 직원은 단 한 번만 문을 두드린 후에 안에서 나는 대답 소리에 근거해 세 방을 모두 구분해야 한다. 어느 방문을 두드려야 할까?

 참고답안: '남녀'라고 적힌 쪽지가 붙은 방문을 두드려야 한다. 모든 쪽지가 잘못 붙어있는 것이니 그 방은 남자 두 명, 혹은 여자 두 명이 있는 방일 것이다. 방문을 두드린 후에 나는 대답 소리로 남자 방인지 여자 방인지 쉽게 판단할 수 있다. 이 방의 손님이 확실해지면 나머지 두 방도 쉽게 알 수 있다.

## 문제 8. 긴급 수술

한 시골 병원에 급성 장염 환자가 이송되었다. 이 환자를 치료하려면 세 명의 의사가 연이어 수술해야 했다. 그런데 문제는 환자가 현재 전염병이 유행하는 마을에서 왔다는 것이다. 어쩌면 그 역시 전염병 바이러스 보균자일 수도 있다. 그러므로 수술할 때 환자와 의사는 물론이거니와 수술을 하는 의사끼리도 직간접적으로 접촉해서는 안 된다. 문제가 하나 더 있다. 이 병원에 현재 소독된 수술 장갑이 단 두 켤레뿐이다. 어떻게 해야 안전하게 수술할 수 있을까?

참고답안: 가장 안전한 순서는 다음과 같다. 이해를 돕기 위해 수술 장갑을 각각 A와 B로 부르겠다. ① 첫 번째 의사: A를 먼저 착용하고 그 위에 B를 착용한 후 수술한다. 이렇게 하면 B의 겉면만 환자와 접촉한다. ② 두 번째 의사: 첫 번째 의사로부터 B를 받아 착용하고 수술한다. 이렇게 하면 첫 번째 의사와 두 번째 의사 사이에 수술 장갑으로 인한 접촉이 발생하지 않을 수 있다. ③ 세 번째 의사: 첫 번째 의사로부터 A를 받아 뒤집어 착용한다. 이렇게 하면 첫 번째 의사와 세 번째 의사 사이에 접촉이 발생하지 않는다. 그리고 다시 두 번째 의사로부터 B를 받아 A 위에 착용하고 수술한다. 그러면 환자와 접촉한 장갑은 계속 B의 겉면이 된다.

이러한 순서로 수술하면 환자와 의사 세 명 사이에 접촉 없이 가장 안전하게 수술할 수 있다.

## 문제 9. 데이터를 저장하는 법

어느 날, 외계인이 지구에 왔다. 그는 인류와 평화롭게 교류하고 많은 과학기술을 전수해주었다. 외계인이 다시 우주로 돌아갈 날이 얼마 남지 않았을 때, 지구인 대표는 그에게 감사의 표시로 전 세계 도서관의 장서를 모두 선물하겠다고 했다.

"우리 지구인은 당신들만큼 과학 기술이 뛰어나지는 않지만 책에 우리의 역사와 문화가 모두 기록되어 있습니다. 원하신다면 가져가도 좋습니다."

"그 책들은 인류가 수천 년 동안 쌓아온 보물과 같은 것입니다. 제가 가져가는 것은 말이 안 됩니다. 게다가 제 우주선에 전부 담을 수도 없고요. 하지만 제가 여러분의 역사와 문화에 관심이 있는 것만은 부정할 수 없군요. 가능하다면 책의 내용을 모두 디지털 데이터로 만들어 가져가고 싶습니다."

"오! 그렇다면 책의 내용을 모두 스캔해서 저장장치에 넣어 드리면 되겠군요. 그렇게 하는 편이 확실히 간편하겠네요!"

"아니, 뭐 그럴 필요도 없습니다. 약 1센티미터 정도 길이의 금속만 있으면 자료를 모두 담을 수 있습니다."

지구인 대표는 외계인의 첨단 과학기술에 다시 한 번 감탄했다. 그리고 어떻게 하면 그렇게 작은 금속에 전 세계 도서관의 방대한 자료를 담을 수 있는지 알려줄 수 있냐고 물었다. 외계인의 방법은 무엇일까?

참고답안: 외계인은 이렇게 대답했다. "우선 지구인들이 사용하는 알파벳, 숫자, 기호 등에 모두 일련번호를 매깁니다. 각각 구분하기 위해서죠. 예를 들어 영어 'cat'은 일련번호 '301022'이가 되는 식입니다. 그런 다음에 고속 스캐너로 책의 내용을 스캔한 후, 모두 합치면 각각의 일련번호가 이어져서 아주 기다란 숫자가 되겠죠. 이 숫자 앞에 소수점을 더하면 소수가 되겠죠. 그리고 길이 1센티미터의 금속 위에 각각의 소수에 대응하는 점을 표시하면 됩니다. 이렇게 하면 모든 책의 내용을 기록할 수 있습니다."

## ; 언제나 논리를 사용하라!

논리적 사고에 대해 안다고 해서 모든 논리 문제를 해결할 수는 없다. 논리의 기술을 실생활에 적용하려면 많이 연습해서 익혀야 한다. 그러므로 항상 논리를 염두에 두고 행동하는 것이 좋다. 일을 할 때, 자신의 생각을 설명할 때, 객관적 사물을 평가할 때 등등 언제나 논리적으로 생각하고 행동하자. 다음은 논리적 사고로 분석해볼 만한 문제들이다. 열심히 머리를 굴려보기 바란다!

### 문제 1. 걱정해야 하나?

하루 종일 자신을 걱정하는 사람은 얼마나 우울한 삶을 살까? 하지만 단 한 번도 자신을 걱정해본 적이 없는 사람 역시 마냥 좋기만 하지는 않다. 생각도 못한 상처를 입을 수도 있기 때문이다. 아무런 걱정 없이 하루하루를 살아가는 사람, 항상 걱정하며 앞일을 준비하는 사람, 어느 쪽이 더 나은가? 친구들은 나의 가장 큰 단점이 바로 '걱정 없는 것'이라고 말하곤 한다. 하지만 사실 나는 친구들의 말에 크게 걱정하고 있다.

### 문제 2. 걱정에 대하여

한번은 친구들과 식사를 하면서 '걱정'을 주제로 이야기를 나눈 적이 있다. 한 친구는 걱정이 삶의 일부분이며 벗어날 방법이 없다고 말했다. 전형적인 낙관주의자인 나는 이 말을 듣고 흥분해서 친구와 토론을 벌였다. 나 역시 걱정에서 벗어날 방법은 찾지 못했지만, 그래도 걱정이 삶의 일부분이라는 말에 동의할 수 없다고 했다. 또 걱정은 해로운 것이니 반드시 벗어나야 한다고 덧붙였다. 걱정은 일의 해결에 아무 도움도 되지 않으며 긍정적인 마음가짐이야말로 일의 효율을 높일 수 있다고 생각하기 때문이다.

　식사가 끝나고 집으로 돌아오면서 친구들과 나눈 이야기를 되새겨 보았다. 생각을 정리하던 나는 어느 순간, 뭔가 이상한 것을 발견했다. 나는 계속 '최대한 걱정거리를 피하고 그것이 우리 삶에 미치는 악영향을 없애야 한다'고 주장했다. 반면에 친구는 '걱정은 어차피 피할 수 없는 것으로 삶의 일부분'이라고 했다. 어? 그렇다면 친구의 태도가 오히려 '걱정의 영향력'으로부터 벗어난 것 아닌가?

## 문제 3. 누가 더 유리한가?

　선생님이 학생 두 명에게 게임을 제안했다.
　"재미있는 게임이 있어. 지갑을 꺼내서 책상 위에 올려놔. 그럼 내가 안에 있는 돈을 세어 볼게. 너희 둘 중 돈이 적은 사람이 상대방의 돈을 가져가는 거지!"
　학생 A는 이렇게 생각했다.
　'내 돈이 더 많으면 돈을 잃겠지. 하지만 친구의 돈이 더 많으면 그의 돈을 가져 올 수 있겠군. 그렇다면 얻는 돈이 잃는 돈보다 많은 거잖아! 나한테 정말 유리한 게임이군!'

학생 B 역시 A와 똑같이 생각하고 자신에게 유리하다며 좋아했다. 그런데 참가자 모두에게 유리한 게임이 있을 수 있을까?

### 문제 4. 못하는 것일까, 안하는 것일까?

흡연을 즐기는 여성 A가 남편에게 이렇게 말했다. "나는 담배에 중독된 것이 아니야. 내 의지로 담배를 피우는 거지. 마음만 먹으면 얼마든지 담배를 피우지 않을 수 있다고. 하지만 아직 그래야 하는 이유를 찾지 못한 것뿐이지. 나는 언제든 담배를 끊을 수 있다고 확신해!"

그러자 A의 남편은 이렇게 말했다. "당신은 그냥 핑계를 대는 것뿐이야. 당신 말은 결국 계속 피우겠다는 거잖아. 이미 중독되어서 담배를 계속 피우는 거잖아. 당신은 지금 담배를 끊지 못하는 자신을 위로하고 내면의 나약함을 인정하기 싫어서 그렇게 말하는 거야. 결국 다 핑계라고!"

역시 흡연을 즐기는 여성 B는 남편에게 이렇게 말했다. "절대 내가 원해서 피우는 것이 아니야. 어쩔 수 없는 거라고. 담배를 끊으려고도 해봤는데 내 자신을 제어할 수가 없었어. 이미 중독되었으니까. 아! 나는 의지가 너무 약한가봐. 담배를 끊는 것이 너무 힘들어!"

그러자 B의 남편은 이렇게 말했다. "핑계 대지마! 당신이 안 피우려고 마음만 먹으면 안 피울 수 있지. 사실 당신은 담배를 피우고 싶은 동시에 죄책감을 느끼는 것뿐이야. 그래서 스스로 중독된 거라고 믿으면서 거짓말하고 있지. 결국 다 핑계라고!"

## 문제 5. 내가 말했잖아!

친구 두 명과 산책 중에 내세에 대한 이야기가 나왔다. 친구 A는 사람이 죽으면 그 영혼이 '천국'과 유사한 어떤 곳에 간다고 주장했다. 그러자 친구 B는 말도 안 된다며 미신일 뿐이라고 했다. 그들은 한참 논쟁을 하더니 내게 의견을 물었다. 나는 잠시 생각해보고 A의 편을 들어주었다. A의 말대로라면 나중에 우리가 모두 죽은 후에 다시 만날 수 있기 때문이다. 그러면 나는 A와 함께 '그것 봐! 내가 말했잖아!'라고 말하며 B를 놀릴 수 있다. 내세 따위는 없다고 확신하는 B가 맞더라도 잃을 것은 없다. 어차피 죽은 후에 다시 만날 일도 없으니까.

## 문제 6. 행복한가, 행복하지 않은가?

다른 사람이 자신을 부러워하는 것이 몹시 불편한 사람이 있었다. 그는 매우 뛰어난 학자로 세계적으로도 유명한 대학의 교수였다. 어느 날 고향에 갔는데 친척, 친구들이 모두 좋은 대학에서 일하는 그를 부러워했다. 참을 수 없었던 그는 결국 사표를 내고 이름 없는 작은 대학에 일자리를 얻었다. 얼마 후, 그는 연구논문을 발표해 호평을 받았다. 그러자 학계의 인사들이 그의 뛰어난 학문과 능력을 부러워했다. 또 그가 작은 대학에서 강의하는 것을 두고 명예와 권위를 좇지 않는 진정한 학자라며 치켜세웠다. 하지만 이런 칭찬과 흠모는 그를 더욱 불편하게 만들 뿐이었다. 결국 그는 연구는 계속하되 다시는 논문을 발표하지 않기로 결정했다. 연구 성과는 모두 상자에 차곡차곡 모아 나중에 자신이 죽으면 다른 사람이 정리해 발표하도록 조치했다.

그가 1년 동안 연구 성과를 발표하지 않자 대학은 임용조건을 들어 그를 해고했다. 하지만 그는 조금도 개의치 않았다. 아무도 그를 부러워하지 않았기 때문이다. 그는 그동안 검소하게 생활하며 저축한 돈으로 낙향해서 작은 호숫가 옆에 집을 짓고 살았다. 그의 집은 주변의 아름다운 풍경과 잘 어우러져서 아주 멋졌다. 그러자 이번에는 사람들이 그가 사는 곳을 몹시 부러워했다. 특히 지나가던 사람들까지 집과 주변 풍경이 정말 아름답다고 한마디씩 하자 정말 미칠

노릇이었다. 결국 그는 재산을 모두 처분해서 기부하고 집도 없이 전국을 떠돌기 시작했다.

드디어 아무도 그를 부러워하지 않게 되었다. 그는 마침내 완벽한 평화와 삶의 즐거움을 만끽했다. 우연히 옛 동료를 만나기 전까지는 말이다. 반갑게 인사를 나눈 두 사람은 각자 어떻게 지냈는지 이야기했다. 그의 이야기를 들은 동료는 놀라워하며 말했다. "아! 정말 행복한 삶이군! 나는 자네가 정말 부러워!"

### 문제 7. 이기주의 혹은 이타주의

평생 흑인의 인권을 위해 싸워 온 백인 남성이 있었다. 그는 흑인의 정치, 경제적 평등을 위한 것이라면 무슨 일이든 뛰어들어 열심히 활동했다. 어느 날, 집회에서 한 흑인 친구가 그에게 말했다.

"진심으로 고맙네. 자네는 항상 흑인의 자유와 권리를 위해 일하지 않았나! 정말 대단한 일이야. 자네는 정말 이타적인 사람이군!"

"내가 이타적이라고? 아니야, 그렇지 않아. 나에 대해 완전히 잘못 알고 있군. 나는 이타적인 사람도 아니고, 지금 이런 활동을 하는 것은 모두 계획적이라네. 나는 윤회설을 믿는 사람이야. 다음 생에 백인으로 태어날 수도 있지만 흑인으로도 태어날 수 있지. 확률은 아마 반반 정도이지 않겠나? 그래서 지금 이렇게 흑인의 인권을 위해 노력하는 거라네. 그러면 다음 생에 흑인으로 태어나도 차별받지 않겠지!"

## 문제 8. 그는 정말 겸손한 사람인가?

A: "당신은 정말 겸손한 사람이군요."

B: "아뇨, 전혀 그렇지 않습니다."

A: "무슨 말씀이십니까? 아니라고 하실수록 겸손하다는 이야기입니다. 겸손하다는 칭찬조차 받아들이지 못하니까요. 저는 알고 있습니다. 부인할수록 당신이 얼마나 겸손한지 말하는 것과 같아요!"

B: "아니, 정말 아닌데요. 저는 조금도 겸손하지 않은데······."

다음은 겸손에 대한 또 다른 이야기다.

'세상에서 가장 겸손한 사람'이라고 칭송 받는 사람이 있었다. 그는 편지를 쓰고 서명할 때, 항상 '세상에서 가장 겸손한 ××'이라고 썼다. 어느 날, 한 학생이 이를 이상하게 여기고 선생님께 물었다.

"이런 식의 서명은 겸손하지 않은 것 아닌가요? 왜 사람들은 그를 '세상에서 가장 겸손한 사람'이라고 칭찬하는 거죠?"

"모르겠니? 그는 정말 뼛속까지 겸손한 사람이란다. 자신의 겸손이 얼마나 대단한 미덕인지 모를 만큼 겸손한 거지!"

## 문제 9. 대체 어떻게 해야 하나?

세상에는 가족, 친구 등 당신을 사랑하는 사람이 많다. 하지만 그들은 당신을 사랑하는 동시에 종종 당신에게 상처를 주기도 한다. 물론 특별한 의도나 악의가 있어서는 아닐 것이다. 이런 경우 당신은 어떻게 대처하는가? 아마 묵묵히 참아 넘길 것이다. 그가 고의로 그런 것이 아닌 것을 알고 있기 때문이다. 괜히 말을 했다가 오히려 그에게 상처를 줄 수도 있다. 하지만 나는 이렇게 참는 것만이 능사가 아니며 큰 손해라고 말하고 싶다.

그렇다면 당신은 어떻게 대처해야 할까? 바로 '눈에는 눈, 이에는 이' 식으로 상대방과 똑같은 상처를 주면 된다. 하지만 이것은 성공 확률이 낮으며 오히려 큰 싸움으로 번질 수 있다. 더 큰 문제는 상대방이 이 사태의 책임을 당신에게 뒤집어씌울 수 있다는 것이다. 왜냐하면 그는 처음에 자신이 당신에게 상처를 준 것조차 의식하지 못하기 때문이다. 그의 입장에서 이 싸움의 시작은 당신이다.

정리하자면 묵묵히 참아 넘기거나, 똑같이 대응하는 것 모두 좋은 방법이 아니다. 그렇다면 제3의 방법을 생각해보자. 내가 보기에 가장 좋은 방법은 자신의 결점과 단점을 객관적으로 따져 보고, 완벽하게 개선해서 상대방이 당신에게 상처를 줄 여지를 없애는 것이다. 이렇게 하면 당신에게 상처를 주는 어떠한 말에도 면역이 생길 것이다. 그런데 어쩌면 당신의 친구들은 이를 좋아하지 않을 수도 있다.

그들은 아마 당신이 예전만큼 재미있지 않다고 여길 것이다. 예전에는 설령 상처를 받더라도 자주 만나고 교류하며 여러 가지 활동을 같이 했지만 이제는 소홀해졌기 때문이다. 친구들 입장에서는 당신의 변화가 심하게 말해서 '사회 도피'로 보일 수도 있다. 심리상담사를 찾아가 보라고 조언할지도 모른다!

보아하니 이 방법도 그다지 효과적이라고 할 수는 없겠다. 그렇다면 친구가 무의식중에 상처를 줄 때, 대체 어떻게 해야 하나? 이렇게 어려운 문제는 위대한 성현聖賢만이 안다.

## 문제 10. 정신이상자들의 토론

어느 정신병원에 입원한 환자 네 명이 모여 앉아 이야기를 나누고 있다.

갑: "나는 원래 무신론자였어요. 이 세상에 신이란 없다고 믿었고 신을 믿는 행동은 모두 잘못되었다고 생각했어요. 하지만 나 혼자 신이 없는 세상과 맞서 싸우려니 너무 힘들었어요. 그래서 어쩔 수 없이 신이 존재하지 않는 현실 세계로부터 신이 존재하는 상상 속의 세계로 도망쳤죠. 나는 지금 이 상상 속의 세계에서 무척 행복하게 살고 있답니다."

을: "재미있는 이야기네요. 사실 나는 당신과 정확히 반대였어요.

나는 신의 존재를 믿는 유신론자였죠. 이 세상 어딘가에 분명히 신이 있다고 확신했습니다. 그래서 혹시 뭐 하나라도 잘못할까봐 벌을 받을까 봐 무서웠죠. 어느 날 밤, 나는 심한 악몽을 꾸고 잠에서 깼어요. 그때 더 이상은 이렇게 살 수 없다고 생각했죠. 그래서 나는 신이 존재하는 현실 세계로부터 신이 존재하지 않는 상상 속의 세계로 도망쳤답니다. 나 역시 이곳에서 아주 행복해요."

병: "두 분 모두 정말 흥미로운 이야기를 해주셨어요. 하지만 내가 보기에 '신이 존재한다'거나 '신이 존재하지 않는다'는 모두 환상일 뿐이에요. 증명할 수 없는 일이니까요. 그러니까 두 분은 현실 세계가 아니라 결국 자신의 환상으로부터 도피한 거죠. 사실 저는 두 분과 생각이 달라요. 말씀 드렸다시피 나는 '신이 존재한다'거나 '신이 존재하지 않는다'는 모두 환상이라고 생각한답니다. 엄밀히 말하면 '세상에 신이 존재하든 하지 않던'이라고 말하는 것조차 환상이에요. 명제를 증명할 증거를 찾을 수가 없으니까요. 그런데 형식논리학에서는 명제가 참이든 거짓이든 사실과 부합하지 않을 수도 있잖아요. 나는 이것이 너무 이상하고 불안했어요. 그래서 모든 형식논리학이 적용되는 세상을 창조하고 그 안으로 도망쳤죠."

정: "재미있군요. 당신은 자신이 현실로부터 환상 속으로 도망쳤다고 생각하는군요. 하지만 사실은 그 반대랍니다. 형식논리학의 배중률은 원래 세상에 완벽하게 적용할 수 있습니다. 당신은 배중률을 의심했을 때 이미 환상의 세계에 살고 있었습니다. 그리고 다시 환

상의 세계로부터 현실 세계로 도망친 거죠! 여러분의 이야기는 나와 완전히 다르네요. 나는 언제나 현실 세계로부터 도망치고 싶었지만 적당한 방법을 찾지 못해서 무척 괴로웠답니다. 그러던 어느 날, 내가 배중률은 굳게 믿지만 모순율에는 결코 동의할 수 없다는 생각이 들었어요. 즉, 나는 어떤 일들은 참인 동시에 거짓일 수도 있다고 믿습니다. 그러니까 이 세상은 현실인 동시에 환상일 수도 있죠. 이렇게 해서 나는 아무것도 하지 않았지만 현실 세계를 도피할 수 있었습니다!"